# Kunstdenkmäler in Irland

Wolfgang Metternich

# Kunstdenkmäler in Irland

Wissenschaftliche Buchgesellschaft

Einbandgestaltung: Schreiber VIS, Seeheim
Umschlagmotive: Rosserk Friary, Co. Mayo, Ansicht von Südwesten/Monasterboice, Co. Louth, Tall Cross, Westseite
Fotos: Wolfgang Metternich

Die Deutsche Bibliothek verzeichnet diese Publikation in der Deutschen Nationalbibliografie; detaillierte bibliografische Daten sind im Internet über http://dnb.ddb.de abrufbar.


Gedruckt auf säurefreiem und alterungsbeständigem Papier
Layout: Schreiber VIS, Seeheim
Prepress: Lasertype GmbH, Darmstadt
Printed in Germany

**Besuchen Sie uns im Internet: www.wbg-darmstadt.de**

ISBN 3-534-14909-2

# Inhalt

Irland – Insel der Konflikte und der Kultur ............... 7

I. Vorgeschichte – Steinzeit und Bronzezeit ............. 10

II. Eisenzeit und Frühmittelalter – Die „Kelten“.......... 34

III. Hochmittelalter – Die Anglonormannen .............. 76

IV. Spätmittelalter – Iren und Angloiren.................. 122

V. Aufklärung und Aufbruch – Die englische Kolonie .... 178

VI. Das moderne Irland – A Nation Once Again?......... 206

Glossar ........................................................ 216

Literatur ...................................................... 219

Register ....................................................... 222

Bildnachweis ................................................. 224

Londonderry
ULSTER
Belfast
Sligo
CONNACHT
Drogheda
Athlone
Dublin
Galway
LEINSTER
Limerick
Wexford
Waterford
MUNSTER
Cork
Grenzen der Counties
Grenzen der Königreiche vor der anglonormannischen Eroberung
Der Shannon-River

## Irland – Insel der Konflikte und der Kultur

Eine Reise nach Irland ist mit einem normalen Urlaub nicht zu vergleichen. Sie ist immer eine Begegnung mit dem Land als einer unteilbaren Einheit, mit seiner wunderschönen und einzigartigen Landschaft, seinen Menschen, seiner Sprache und seiner Musik, seiner langen Geschichte und seiner Kultur. Obwohl schon fast zur Klischeevorstellung geworden, ist Irland tatsächlich ein Land am Ende Europas, am Rande unseres Gesichtskreises, mit einer Geschichte, die sich nur selten im Gleichtakt mit der Entwicklung in Mitteleuropa und auf dem Kontinent ereignete.

Die grüne ferne Insel hatte immer eine eigene Zeitrechnung, auch wenn die historischen Perioden zunächst der zwischen Mittelmeer, Nordsee und Atlantik gewohnten Epochengliederung entsprechen. Das scheint für die Vorgeschichte, die Stein-, Bronze- und Eisenzeit ebenso zu gelten wie für das Früh-, Hoch- und Spätmittelalter. Dazwischen stößt man jedoch schon auf eine gravierende Lücke von weitreichender Bedeutung. Irland hatte weder direkt noch indirekt teil an der griechisch-römischen Antike, an deren geistiger Kultur, deren zivilisatorischen Errungenschaften und vor allem am antiken Städtewesen. Dafür dauerte hier die Eisenzeit mehr als doppelt so lange wie im übrigen Europa und ermöglichte eine kulturelle Blüte auf höchstem Niveau, als der Kontinent und Teile des Mittelmeerraumes gerade durch den Zusammenprall eisenzeitlich geprägter Stammeskulturen mit der antiken Zivilisation in eine lange konfliktreiche Periode eintraten, aus der nach schweren Geburtswehen das christliche Abendland des Mittelalters hervorging.

Als im untergehenden Weströmischen Reich die „Völkerwanderung“ und die aus dieser hervorgehenden Staatswesen mit germanischem Etikett und einer buntgemischten Bevölkerung zu neuen politischen Strukturen, bei gleichzeitig großer Einbuße an antiker Geisteskultur, führten, trat Irland, soeben vom Christentum erreicht, in eine der glanzvollsten Perioden seiner Geschichte ein. Frei von den überholten Strukturen der antiken Reiche vermochte die Insel nicht nur, in einer sehr eigenen, gleichwohl gründlichen Weise, das geistige Erbe der Antike in die eigenen kulturellen Traditionen zu integrieren, sondern auch in einer Jahrhunderte währenden Missionstätigkeit dem Kontinent viel von der verlorenen oder beschädigten antiken Kulturtradition zurückzugeben. Vom 7. bis zum 12. Jh. kamen in immer neuen Wellen sowohl einzelne Eremiten wie Columban, Kilian oder Gallus, später ganze Gemeinschaften in Form der iroschottischen Mönche ins Frankenreich und bis nach Italien, wo sie mit ihren Klostergründungen Keime in den Boden legten, aus denen sowohl eine christliche Erneuerung wie auch antike Bildung zu neuer Blüte wuchs.

Nimmt man die Zeit vom Beginn der Christianisierung bis zu der radikalen und gewaltsamen Umgestaltung aller Verhältnisse unter den englischen Tudor-Königen und den frühen Stuarts, dauerte das Mittelalter in Irland viel länger als im restlichen Europa. Eine wirkliche Renaissance gab es hier nie, kein Wunder, da doch die Antike, die es wieder zu beleben galt, Irland nie in ihre Welt einschloss. Die beiden Meere und das wie eine Barriere dazwischen liegende England bewirkten immer wieder eine Abschnürung, die Einflüsse vom Kontinent kaum oder nur in modifizierter Form wirksam werden ließen. Schottland und Skandinavien waren näher, Island, Grönland und Amerika in Reichweite. So ist es nicht überraschend, wenn der frühchristliche Heilige Brendan, der „Seefahrer", mit seinem Boot in diese Richtung fuhr, wo eine endlose Wasserwüste Einsamkeit, aber auch, bei aller Entbehrung, Frieden und Nähe zu Gott, fern aller Konflikte des alten Europa, verhieß. Irland ist ein Land im Atlantik, mit Blick nach Amerika und mit Bewohnern, die ringsum vom Meer umgeben, dennoch allezeit Landratten, Viehzüchter und Bauern geblieben sind. Denn über das Meer kam immer nur Unheil: die Wikinger, die Anglonormannen, die Engländer. Ein friedliches Land war Irland in seiner langen Geschichte nur selten.

Über Irland mit dem Anspruch zu schreiben, alles über dieses Land mitzuteilen, ist unmöglich. So wie der Reisende sich beschränken muss, beschränken soll, wenn er den Genuss über die schiere Menge des Gesehenen stellen will, so stellt auch dieses Buch nur eine Auswahl aus der unerschöpflichen Menge der Denkmäler mit historischem und kulturellem Bezug vor. Der *Shell Guide to Ireland* nennt sie fast alle – mit jeweils einer oder einer halben Zeile. Einige Führer behandeln viele mehr als die nachfolgenden Seiten und passen daher bestenfalls in ein großzügig bemessenes Bücherregal. Dieses Buch versucht fast eine Quadratur des Kreises: einen Abriss über 6000 Jahre irischer Geschichte und Kultur anhand einer überschaubaren – und erlebbaren – Zahl von Denkmälern aus allen Epochen, die Irland geprägt haben. Denkmäler von der Jungsteinzeit bis zum heutigen Aufbruch des *Celtic Tiger,* dem europäischen Schwellenland an der Wende zum 21. Jh., werden im Detail und in ihrem historischen Kontext, natürlich auch im Bild, dem Benutzer und Leser dieses Buches vorgestellt.

Die Auswahl der besprochenen Denkmäler folgt unterschiedlichen Kriterien. Die berühmtesten Sehenswürdigkeiten sind selbstverständlich dabei. Aber auch unbekannte und wenig besuchte historische Orte wurden in die Liste, die der Leser als Vorschlag verstehen mag, aufgenommen: der gewaltige Dolmen des Labby Rock, das in einer hinreißenden Landschaft gelegene Gräberfeld von Carrowkeel, die frühchristlichen Stelen von Carrowntemple, manche abgelegene Abtei oder Burg aus dem langen irischen Mittelalter bis hin zur Zigarettenfabrik des 20. Jh. Manchmal gab gerade die Einbettung in die Landschaft den Ausschlag, ein anderes Mal musste zwischen gleichartigen Denkmälern das Los geworfen werden. 45 000 Ring-Forts, 3000–4000 Burgen, Hunderte von Abteien erzwingen einfach eine Auswahl. Die Informationen zu einer überschaubaren Anzahl von Denkmälern stehen oft für viele weitere von gleichem Charakter. Das gilt für die steinzeitlichen Gräber, die Rundtürme, die Hochkreuze, die Klöster der Bettelorden, die *Tower Houses* und viele andere mehr.

Das Buch ist deshalb nicht nur ein Führer und Begleiter auf Reisen, es ist vor allem auch ein begleitendes Buch zur Geschichte Irlands und seiner Kultur. Es will ganz gelesen werden. Was zu einem Denkmal gesagt wird, gilt für viele andere, ebenso wie bei einzelnen Denkmälern dieser, bei anderen jener Aspekt besonders betont wird. Zusammen mit der Einleitung in die jeweilige Epoche ergibt deshalb erst die Summe der einzelnen Darstellungen zu den besprochenen Denkmälern ein einigermaßen vollständiges Bild.

Irland ist ein faszinierendes Land, aber auch ein Land im Umbruch, ein Land mit zahlreichen Problemen. Es war dem Autor ein Anliegen, diese Probleme nicht auszuklammern, seien es die harmlosen, wie die allerorten grassierende Keltomanie, die im Einklang mit einem allzu schlichten irischen Nationalismus in einem Iren keltischer Prägung den guten Menschen und Kulturträger par excellence sehen will, oder die ernsthaften, die in Form des alltäglich erlebbaren Nordirland-Konfliktes einen Aufenthalt in den Krisenregionen von Belfast, Armagh oder Londonderry nicht angeraten sein lassen. Die Berge von Ulster, die Glens von Antrim und die sanften Küsten von Down lohnen mit ihren Denkmälern aus allen Epochen der irischen Geschichte allemal einen Besuch, die Brennpunkte des Nordirland-Konfliktes sind kein Reiseziel. Es gibt einige Initiativen, die hoffen lassen, dass auch das in seiner langen Geschichte, bis in unsere Tage, so gebeutelte Irland einer friedlichen und besseren Zukunft mit mehr Wohlstand und Chancen für alle entgegengeht. Der Friede, den so viele der Kulturdenkmäler in den einsamen und von den Zeitläuften nahezu unberührten Landschaften noch immer ausstrahlen, wäre der ganzen Insel von Herzen zu gönnen.

# I. Vorgeschichte – Steinzeit und Bronzezeit

Wir wissen nicht, wann der *homo sapiens* erstmals seinen Fuß auf die in historischer Zeit *Ériú* oder heute Irland genannte Insel setzte. Die neuere Forschung spricht einigermaßen übereinstimmend davon, dass mesolithische Jäger und Sammler um 8000–7000 v. Chr., vermutlich von Schottland her über die Meerenge der Irischen See kommend, begonnen hätten, das Land dauerhaft zu besiedeln. Darauf verweisen die überwiegend im Nordosten des Landes erschlossenen Siedlungsplätze mit mesolithischem Fundmaterial, unter denen die Fundstellen von Mount Sandel bei Coleraine im Co. Derry besonders gut erforscht sind. Die größte Anzahl der mesolithischen Fundorte liegt in den östlich benachbarten Counties Antrim und Down und nimmt dann nach Süden hin bis zur Linie Galway–Dublin rapide ab. Im Süden des Landes findet man nur noch wenige Siedlungsspuren aus dieser Zeit. Man hat die Siedlungsschwerpunkte im Norden in der Vergangenheit auch mit den dortigen guten Flintvorkommen, die eine Produktion brauchbarer Steinwerkzeuge ermöglichten, erklärt. Inzwischen ist aber gerade im Süden, z. B. in Ferriter's Cove, Co. Kerry, Werkzeugproduktion nachgewiesen, ohne dass dort geeignete Flintvorkommen anstehen. Möglicherweise handelt es sich bei der dünnen mesolithischen Besiedlung Südirlands einfach um eine Forschungslücke, die durch geeignete Maßnahmen zu schließen wäre.

Eine ältere Besiedlung bis an die Altsteinzeit vor mehr als 10000 Jahren heran wird nicht ausgeschlossen, doch stehen entsprechende, gut datierte Funde noch aus. Auch dürfte das Klima in der Altsteinzeit eine Besiedlung über einen längeren Zeitraum kaum zugelassen haben. 20000 v. Chr. war Irland bis auf wenige Zonen an der Westküste noch von einem arktischen Eispanzer bedeckt, und als das Eis sich 10000 Jahre später, bis auf die hohen Gebirgsregionen Schottlands, von den Britischen Inseln zurückgezogen hatte, war Irland weitgehend eine unwirtliche Kältesteppe, in der einzeln umherschweifende Jagdtrupps zeitweilig ihr Auskommen finden mochten, die aber für eine dauernde Besiedlung noch ungeeignet war. Erst mit der allmählichen Erwärmung und der Ausbreitung von dichten Wäldern mit jagdbarem Wild, durchzogen von fischreichen Gewässern, bot Irland auf Dauer die Lebensbedingungen für die Ansiedlung der ersten Menschen. Deren Siedlungen haben in der Landschaft keine auffallenden oder gar monumentalen Relikte hinterlassen, ganz im Gegensatz zu der nachfolgenden neolithischen Periode.

Das Neolithikum, die Jungsteinzeit, wird gerne mit einem gewaltigen Innovationsschub in der Technik und in den Formen des Wirtschaftens bis hin zum Sozialverhalten der Menschen in einem Zusammenhang gesehen, der viel strapazierten Neolithischen Revolution. Eine verfeinerte und qualitativ verbesserte Werkzeugproduktion durch Steinschliff, die neue Fähigkeit, aus gebranntem Ton und anderen Erden Keramik und damit dauerhafte Vorrats- und Kochgefäße herzustellen, sowie die Kultivierung von Wildpflanzen im Ackerbau und die Domestizierung von Wildtieren für die Weidewirtschaft veränderten in der Tat die Lebensbedingungen der Menschen gravierend. Aus nomadisierenden Jägern und Sammlern mit einer sehr begrenzten Vorratshaltung wurden über längere Zeit an einem Ort sesshafte Ackerbauern und Tierzüchter. Der Übergang vom Mesolithikum zur nachfolgenden neolithischen Periode war jedoch ein sich über Jahrhunderte hinziehender Prozess und gewiss kein plötzlicher Umbruch. Schon die späten mesolithischen Gruppen hatten Wildpflanzen nicht nur gesammelt, sondern auch schon Kultivierungsversuche unternommen, ebenso wie sie versuchten, einzelne jagdbare Tiere in Pferchen oder abgegrenzten Räumen zu halten. Der neolithische Bauer hingegen war durch die frühzeitige Erschöpfung der Böden regelmäßig gezwungen, neue Felder anzulegen und bei zunehmender Entfernung auch seine Behausung zu verlegen. Die Jagd, der Fischfang und das Sammeln von Wildfrüchten blieben, wie in mesolithischer Zeit, eine wichtige Ergänzung der Nahrungsproduktion. Nomadische und sesshafte Lebensweise trennten sich nur allmählich voneinander. Trotz allen Fortschritts hatten es die Menschen nicht leicht. Im Gegensatz zu manchen romantischen Vorstellungen unserer Tage, nach denen friedfertige und wohlhabende neolithische Bauern, in vollkommenem Verständnis und im Einklang mit der Natur, unterstützt durch die neuen technischen und landwirtschaftlichen Errungenschaften, ein auskömmliches und glückliches Leben führten, standen diese, gerade durch die neuen Lebens- und Produktionsweisen, vor immensen Schwierigkeiten und Herausforderungen. Die Fähigkeit, geeignete von weniger ertragreichen Böden zu unterscheiden, wurde nur langsam und unter schwersten Schäden für die Umwelt und die von dieser abhängigen Menschen erworben. Der Burren in Co. Clare und die westlich von ihm im Atlantik liegenden Aran-Inseln in Co. Galway, durch zahlreiche vorgeschichtliche Monumente als damals dicht besiedelte und intensiv genutzte Regionen ausgewiesen, wurden schon durch die frühen Farmer in die heutige Steinwüste verwandelt, als man durch extensive Rodung die dünne Humusschicht schutzlos der Erosion preisgab. Die durch Landwirtschaft und Viehhaltung erzwungene Sesshaftigkeit hatte auch Nachteile. Konnten die Menschen in früheren Zeiten den Wildherden folgen und sich bei erschöpften Nahrungsressourcen in einer anderen, noch unbewohnten Region neue Nahrungsgrundlagen erschließen, so waren die Menschen ab dem Neolithikum zunehmend gezwungen, sich mit den Rahmenbedingungen ihres Siedlungsraumes auseinander zu setzen, diese zu gestalten und allmählich erst zu verbessern. Das Neolithikum ist die Epoche, in der die bis dahin meist umherschweifenden Gruppen von Menschen in der Form der Sesshaftigkeit erstmals in der langen Entwicklung ihrer Art völlig neue, allerdings zukunftsträchtige Daseinsformen ausprobieren und erlernen mussten. Insoweit man den Begriff zeitlich nicht in unzulässiger Weise verkürzt, handelte es sich durchaus um eine „Revolution“, um eine Umkehrung und radikale Veränderung aller bisherigen Lebensverhältnisse. Das prähistorische Irland vermittelt durch seine aus dieser Zeit erhaltenen prähistorischen Denkmäler einen guten Einblick in das Geschehen.

Der endlose Streit, ob die neuen Daseins- und Wirtschaftsformen, die technischen Errungenschaften des Neolithikums, ausgehend von einem fortschrittlichen, im kleinasiatischen und südosteuropäischen Raum zu lokalisierenden Zentrum von Ost nach West fortschreitend mit einer neu einwandernden Bevölkerung irgendwann Irland erreichten oder ob diese Fortschritte gleichzeitig an verschiedenen Orten einsetzenden Entwicklungsschüben zu verdanken sind, sei an dieser Stelle nur gestreift. Zu entscheiden ist er derzeit ohnehin nicht. Zweifellos haben bei schnellen Fortschritten oder einer langsameren Entwicklung die Rahmenbedingungen am jeweiligen Ort – eine gute Nahrungsgrundlage, die leichte Zugänglichkeit der Rohstoffe, der problemlose Erfahrungsaustausch einzelner Gruppen von Menschen, auch über größere Entfernungen, u.a. – eine nicht unerhebliche Rolle gespielt. Zu bedenken ist allerdings, dass, nachdem lange Zeit auf der Basis der Forschungen an dem neolithischen Siedlungsplatz Lough Gur, Co. Limerick, die Meinung vorherrschte, die neolithischen Produktions- und Lebensformen hätten in Irland erst mit dem Beginn des 3. Jt. eingesetzt, nunmehr eine ganze Reihe von Befunden vorliegen, die Ackerbau in Irland schon im 5. Jt. v. Chr. möglich erscheinen lassen. Unstrittige Belege für frühen Ackerbau liegen allerdings in Ballynagilly, Co. Tyrone, für die Zeit kurz nach 4000 v. Chr. vor, während am gleichen Ort Radiokarbondaten – allerdings von nicht hinreichend einzuordnendem Fundmaterial – sogar bis in die Zeit zwischen 4369 und 4770 v. Chr. zurückreichen. Bei den Errungenschaften der neolithischen Epoche war Irland offensichtlich kein Nachzügler.

Die sichtbaren Hinterlassenschaften der Jungsteinzeit sind in Irland, wie im übrigen Europa, sehr ungleich verteilt. Den fast 1500 gesicherten Megalithgräbern aller Größenordnungen stehen nur wenige Befunde aus den Siedlungen der damals Lebenden gegenüber. Das ist nicht weiter erstaunlich. Während die Behausungen der Menschen damals und noch Jahrtausende danach aus vergänglichen Baustoffen, Holz, Lehm und Schilf, errichtet waren, baute man die Ruhestätten der Toten in Material und Bautechnik für die Ewigkeit: aus Stein und geschützt unter hohen Grabhügeln aus Erde und Geröll, die sich in ihren Ausmaßen ohne weiteres mit den späteren Pyramiden Ägyptens messen können.

Unter den erschlossenen neolithischen Siedlungen seien Lough Gur, Co. Limerick, und Céide Fields, Co. Mayo, beide durch informative *Visitor's Centres* dem Besucher zugänglich gemacht, hervorgehoben. Ausgrabungen vom Ende der 30er Jahre des letzten Jahrhunderts legten am Lough Gur eine neolithische Siedlung von ca. 3000 v. Chr. mit runden und rechteckigen Hausgrundrissen, Steinkreisen und Menhiren, natürlich auch Megalithgräbern frei. In Céide Fields, Co. Mayo, gelang ab 1969 die Freilegung eines unter dem Moor verborgenen Systems von Feldern, Gärten und Weideflächen, die in der Zeit von 3710–3220 v. Chr. von neolithischen Farmern nicht zuletzt zur Trennung von Weide- und Ackerland angelegt wurden. Zusammen mit den Behausungen und Gräbern geben sie tiefe Einblicke in das Wirtschaften und die Lebensweise ihrer Bewohner vor mehr als 5000 Jahren.

Den ersten Rang unter den vorgeschichtlichen Denkmälern beanspruchen jedoch eindeutig die großen Megalithgräber. Das Boyne Valley, das „Tal der Könige" Irlands, mit den riesigen und reich geschmückten Anlagen von Newgrange, Knowth und Dowth, Co. Meath, lässt dabei zu Unrecht die ausgedehnten Gräberfelder von Carrowmore und Carrowkeel, Co. Sligo, von Loughcrew, Co. Meath, und Fourknocks, Co. Dublin, in den Schatten treten, ganz abgesehen von den noch weniger bekannten Denkmälern in Nordirland. Die Fülle der Megalithgräber ist kaum übersehbar, eine Datierung und chronologische Ordnung, auch wegen der langen Belegung bis in die eisenzeitliche Epoche, nur bedingt möglich. Man unterscheidet vier Haupttypen: das *Passage Tomb* (Ganggrab), das *Court Tomb* (Grab, dem ein hofartiger Raum zugeordnet ist), das *Portal Tomb* (Grab, dessen Eingang von einem Paar senkrecht stehender Steine flankiert ist) und das *Wedge Tomb* (Grab mit keilförmigem Grundriss). Die *Passage Tombs* haben Parallelen von der Iberischen Halbinsel bis zu den Britischen Inseln und Skandinavien, ohne dass man deshalb eine einheitliche Megalith-Kultur in ganz Westeuropa annehmen kann. Dafür wissen wir einfach zu wenig von den einzelnen Kulturräumen und ihren unbestreitbaren Unterschieden. In Irland datieren sie allgemein zwischen 3500 und 2500 v. Chr. und gehören zu den größten ihrer Art in Westeuropa. Gerade in den großen Anlagen im Boyne Valley, in Fourknocks, Co. Dublin, und in Loughcrew, Co. Meath, finden sich auf den Orthostaten Gravuren, deren Sinn sich im Einzelnen, ungeachtet aller Vorschläge und Versuche, einer Deutung noch entzieht, die aber im Zusammenhang mit der Ausrichtung der Gräber auf einen Sonnenkult hinweisen. Die Megalithgräber aller Typen sind, nicht nur in Irland, Gegenstand zahlloser Spekulationen bei vergleichsweise wenigen gesicherten Erkenntnissen. Wir wissen heute, dass sie während der gesamten neolithischen Periode belegt wurden, die *Wedge Tombs* sogar bis in die Bronzezeit hinein, weshalb sie von einigen Forschern ganz dieser Epoche zugeordnet werden. Die unterschiedliche regionale Verteilung der Typen von Megalithgräbern in Irland fällt auf, ist aber eher mit lokalen Gewohnheiten als mit verschiedenen Volksgruppen oder Einwanderungswellen zu erklären, wobei rege Kontakte zwischen den verschiedenen Regionen eine gewichtige Rolle spielen. Die vier Typen treten im Wesentlichen zeitgleich, in einigen Gräberfeldern sogar gemischt auf. Gesicherte Erkenntnisse kann man aus dem Typus eines Megalithgrabes nicht ableiten, diese sind bei einigem Glück nur durch sorgfältige Grabung und durch die dabei auftretenden Funde an Knochen, Keramik, Werkzeugen und weiteren datierbaren organischen Materialien zu gewinnen.

Dem Neolithikum folgt in Irland um 2000 v. Chr. – wiederum in einer längeren Phase des Überganges – die Bronzezeit. Die Anstöße zur Einführung der Metallverarbeitung in Irland, zunächst vor allem die Verhüttung und Verarbeitung von Kupfer und Gold, kamen gewiss von außen. Die von Spanien ausgehende Glockenbecher-Kultur scheint die neue

Metalltechnologie in weiten Teilen Europas, so auch in Irland, eingeführt zu haben. Während die neolithischen Bauern offensichtlich Selbstversorger waren, die alle für den täglichen Bedarf notwendigen Werkzeuge und Gegenstände noch selbst herstellten, machte die Einführung der Metallverarbeitung einen ausgedehnten überregionalen Handel zwingend notwendig, waren doch die für die Bronzelegierung notwendigen Ausgangsstoffe Kupfer und Zinn sowie der Luxusartikel Gold nur an wenigen Orten in Europa zu finden.

Die mit der Glockenbecher-Kultur einhergehende Metallverarbeitung führte zu weiträumigen Kontakten über den gesamten europäischen Kontinent hinweg, was durch Funde von Bernstein aus dem Ostseeraum und ägyptischer Fritten, dunkelblauer, glasartiger Perlen, eindrucksvoll belegt wird. Diese Einflüsse von außen dürfen indes nicht mit den immer wieder postulierten Einwanderungswellen neuer Völkerschaften verwechselt werden. Schon am Beginn der Bronzezeit zeigt sich ein in Irland in der Folge noch oft zu beobachtendes Phänomen, nämlich die Fähigkeit der alteingesessenen Bevölkerung, fremde und überlegene kulturelle Einflüsse unter gleichzeitiger Wahrung althergebrachter eigener Traditionen zu neuen Kulturformen zu assimilieren. Schmuckformen und Symbole konnten so über mehrere historische Perioden hinweg bis in die Eisenzeit hinein weitergegeben werden, was sie allerdings als Leitmotiv einer einzigen Epoche ausschließt.

Die wichtigsten Hinterlassenschaften der Bronzezeit, der reiche Goldschmuck, sind heute im National Museum in Dublin und Ulster Museum in Belfast zu bewundern. Draußen im Land sind es einmal mehr die im Vergleich zur neolithischen Epoche allerdings wesentlich kleineren Zeugnisse der Sepulkralkultur, die Steinkreise, *Stone-* und *Ring-Forts*, und nicht zuletzt die vielen Menhire, allesamt Denkmälertypen, die auch in der nachfolgenden Eisenzeit und z.T. sogar bis ins Spätmittelalter noch errichtet oder zumindest genutzt wurden. Kontinuitäten über mehr als 1000 Jahre sind in Irland die Regel, nicht die Ausnahme. Gleich, ob man die *Wedge Tombs* der Bronzezeit oder dem Neolithikum zuordnet, die Bestattungssitten wurden wesentlich einfacher. Meist fanden sogar nur einfache Erd- oder Urnenbestattungen statt. Die angesprochenen Kontinuitäten dokumentieren am besten die zahlreichen *Ring-Forts*, bei denen sich nach neueren Grabungen und naturwissenschaftlich abgesicherten Datierungen allmählich die Erkenntnis durchsetzt, dass sie vielfach ihren Ursprung in der Bronzezeit haben, allerdings in den nachfolgenden Jahrhunderten umgebaut, erweitert oder in anderer Weise genutzt wurden. Cahermacnaghten, Co. Clare, dessen Ursprung noch nicht zweifelsfrei geklärt ist, war noch bis ins 17. nachchristliche Jh. als Sitz der O'Davorens Ort einer bedeutenden altirischen Rechtsschule. Das gilt ebenso für die gewaltigen Anlagen auf den Aran-Inseln, aber auch für manche der steinernen *Ring-Forts* des Burren in Co. Clare und weitere in den westlichen Teilen Irlands. Genaue zeitliche Einordnungen können auch hier nur sorgfältig durchgeführte Grabungskampagnen mit modernsten Untersuchungsmethoden erbringen. Neben den Gräbern und den *Ring-Forts* sind es die bronzezeitlichen Steinkreise und *Menhire*, die unsere Aufmerksamkeit in Anspruch nehmen. Die Steinkreise, ringförmig angeordnete Orthostaten von bis zu Mannshöhe, kommen gehäuft im südlichen Munster und in Ulster vor. Drombeg, Co. Cork, zählt zu den bekanntesten, aber viele weitere fristen ein kaum beachtetes Dasein im Gelände. Ihre kultische Bedeutung ist unklar, eine Ausrichtung auf den Sonnenstand in einzelnen Fällen gegeben. Sie deshalb pauschal als bronzezeitliche Observatorien zu bezeichnen, wird jedoch der komplexen Natur dieser Anlagen, zu denen nicht selten auch Bestattungen und weitere Steinsetzungen gehören, nicht gerecht. Einzelne Steindenkmäler sind die *Menhire* oder *Standing Stones,* bei denen ebenfalls Bestattungen anzutreffen sind. Sie leben noch in christlicher Zeit als Kreuzstelen fort und haben vielleicht in den Hochkreuzen des frühen Mittelalters ferne Nachfahren. Zu den über Jahrtausende kontinuierlich aufgesuchten und genutzten Orten bronzezeitlichen Ursprungs zählen neben weiteren auch der Hügel von Tara, Co. Meath, oder Navan Fort bei Armagh. Während der prähistorische Kultort Tara einen weiteren Höhepunkt bei dem Versuch, das irische Hochkönigtum im hohen Mittelalter machtpolitisch durchzusetzen, erlebte, hat Navan Fort seit dem Wirken des heiligen Patrick seine kultischen Traditionen auf den unmittelbar benachbarten Sitz des Erzbischofs von Armagh und Primas der Kirche von Irland übertragen. Irland verfügt über weit zurückreichende und epochenübergreifende Traditionen. In den folgenden Kapiteln wird hiervon noch mehrfach die Rede sein.

## **Browne's-Hill-Dolmen, Carlow,** Co. Carlow

▲ *Browne's Hill: Ansicht des Dolmens.*

Der *Dolmen* von Browne's Hill wird in der Regel kurz und knapp als Superlativ unter den steinzeitlichen Gräbern angepriesen. Man schätzt den in der Tat gewaltigen Deckstein aus Granit auf ein Gewicht von 100 t und mehr, womit er der schwerste seiner Art in Europa sein soll. Ob diese Spitzenposition zu Recht besteht, sei dahingestellt. Man vergleiche nur den nicht minder mächtigen Deckstein der *Table des Marchands* bei Locmariaquer in der Bretagne. In jedem Fall legt dieser Stein Zeugnis von den technischen Fähigkeiten der Neolithiker ab, als es galt, ihn in seine vorgesehene Lage zu bringen. Das Wort *Dolmen* kommt aus dem Bretonischen und bedeutet einfach Steintisch oder Steinplatte. Das heute in Irland häufiger gebrauchte, aus dem Irischen abgeleitete Wort *Cromlech* bezeichnet den gleichen Typus und heißt so viel wie schwerer Deckstein. In jedem Fall wird die Deckplatte von wenigen aufrecht stehenden Steinen getragen, wodurch eine polygonale oder annähernd runde Grabkammer entsteht – im Gegensatz zum *Passage Grave* mit einer Grabkammer am Ende eines längeren Ganges. Browne's Hill verkörpert den Typus des *Portal Tomb,* was bedeutet, dass zwei der Orthostaten so gesetzt waren, dass sie einen Eingang in die Grabkammer markierten. Überwiegend waren die *Dolmen* ganz oder teilweise mit Erde bedeckt, dem Grabhügel oder *Cairn*. Der Browne's-Hill-Dolmen wird meist in die Zeit zwischen 2500 und 2000 v. Chr. datiert, den Höhepunkt und Ausgang des neolithischen Zeitalters in Irland.

## **Carrowkeel, Castlebaldwin,** Co. Sligo

Carrowkeel ist kein einzelnes prähistorisches Monument, sondern in erster Linie ein ausgedehntes Gräberfeld auf den Höhen der Bricklieve Mountains. Allein die landschaftliche Situation mit dem weiten Ausblick nach Osten über Lough Arrow, nach Norden zum ebenfalls mit einem Megalithgrab bekrönten Knocknarea westlich von Sligo und weiter zum Benbulben macht Carrowkeel zu einem einzigartigen Erlebnis. Der weite Rundblick, den Carrowkeel mit Loughcrew und Tara, beide Co. Meath, gemeinsam hat, beeinflusste sicher die Absichten derer, die diese Gräber angelegt haben. Das war in der Zeit zwischen 3000 und 2000 v. Chr. der Fall. Die meisten Gräber sind *Passage Tombs,* einzelne, wie z.B. *Cairn E,* zeigen Mischformen mit dem *Court Tomb.* Unterhalb der eigentlichen Nekropole ist in Mullaghfarna auch das *Wedge Tomb* vertreten. Es gibt Ganggräber mit kreuzförmigen Grabkammern, und *Cairn F* hat gar eine Grabkammer in Form eines Lothringerkreuzes mit je zwei Seitenkammern. *Cairn G* ist durch einen eigenen Lichtschacht über dem Eingang mit Newgrange im Boyne Valley, Co. Meath, vergleichbar. Während jedoch Newgrange auf den Sonnenstand zur Zeit der Wintersonnenwende hin orientiert ist, fing *Cairn G* das Licht der aufgehenden Sonne am Tag der Sommersonnenwende und des aufgehenden Mondes zur Wintersonnenwende ein. Auf einem dem Gräberfeld östlich benachbarten, schwer zugänglichen Bergrücken finden sich etwa 50 Steinringe, die als Reste eines neolithischen Dorfes angesprochen werden. Eine Gleichzeitigkeit mit der neolithischen Nekropole konnte allerdings bislang nicht nachgewiesen werden.

▲ *Carrowkeel: Cairn G, Ansicht des Eingangs.*

## Megalithkultur und Esoterik

Die vorgeschichtliche Epoche in Irland, die Zeit vom Beginn der Jungsteinzeit im 5. Jt. v. Chr. bis zur Christianisierung und der Einführung der Schrift im 5. Jh. n. Chr., ist in ihren noch sichtbaren Denkmälern sehr stark von der Sepulkralkultur geprägt. Unter diesen überragen die Megalithgräber der jüngeren Steinzeit, im Boyne Valley, in Loughcrew, in Carrowkeel und in Carrowmore, die Grabdenkmäler der nachfolgenden Epochen. der Bronze- und der frühen Eisenzeit, sowohl an Zahl wie auch an Größe. Das führt in der Wahrnehmung der Besucher nicht selten dazu, alle vorgeschichtlichen Grabdenkmäler, sofern sie nur aus Steinen errichtet wurden, allein der Megalithkultur zuzurechnen.

Unterstützt wird diese Auffassung von einer verunklärenden, mythisch-esoterisch angehauchten Literatur, die in Verfälschung aller historisch-archäologischen Zusammenhänge die verschiedenen prähistorischen Kulturen miteinander vermengt und den Lesern einen nebulösen Brei aus druidisch-keltischem Unsinn zumutet. Davor sei gewarnt. Richtig ist es, diese frühen Kulturen klar voneinander zu unterscheiden: in die Jungsteinzeit mit ihren großen Steingräbern, in der vereinzelt Metalle, z.B. das Kupfer, schon als Schmuck vorkommen, in die Bronzezeit ab ca. 2000 v. Chr., in der die namengebende Metalllegierung die Werkzeug- und Waffenherstellung bestimmte, und die Eisenzeit ab ca. 600 v. Chr., in der zwar die keltische Sprache nach Irland kam, die Kontinuitäten zu den vorangegangenen Epochen aber überwogen.

## **Carrowmore,** Co. Sligo

Wie Carrowkeel ist Carrowmore ein ausgedehntes neolithisches Gräberfeld, südwestlich der Stadt Sligo und östlich unterhalb des alles beherrschenden, 312 m hoch aus dem Meer aufsteigenden Knocknarea mit dem als Grab von Queen Méadh bezeichneten *Cairn* gelegen. Der 10 m hohe und 55 m im Durchmesser betragende *Cairn,* umgeben von weiteren *Cairns* und kleineren Gräbern, ist die beherrschende Landmarke im Umkreis von mehr als 50 km um Sligo. Das eigentliche Gräberfeld von Carrowmore liegt östlich direkt unterhalb des sagenumwobenen Berges. Von den ehemals ca. 80 Megalithgräbern aller Größenordnungen sind noch etwa 60 gut im Gelände zu erkennen. Nur wenige sind direkt beim *Visitor's Centre* in einem umzäunten Areal bequem für die Besucher zugänglich. Dazu zählt Grab Nr. 51, genannt Listoghil, das größte der Nekropole. Es besteht aus einer rechteckigen Grabkammer unter einem mächtigen Deckstein, auf dessen Front man bei günstigem Licht Felsgravuren entdecken kann. Es war ursprünglich von einem *Cairn* bedeckt. Die meisten anderen Gräber liegen verstreut in Wiesen und Weiden. Grab Nr. 7 zeigt den am häufigsten in Carrowmore vorkommenden Typ: einen Steinkreis von ca. 10 m Durchmesser, in dessen Mitte eine von einem Stein bedeckte Grabkammer steht. Der Deckstein ruht in der Regel auf

▲ *Carrowmore: Dolmen mit Steinkreis. Im Hintergrund der Knocknarea.*

drei oder fünf Orthostaten. Sie gelten als die ältesten, ab ca. 4000 v. Chr. angelegten Gräber und entsprechen dem Typ des *Portal Tomb*. Später kamen die aufwendigen *Cairns* mit *Passage Tombs* und meist kreuzförmigen Grabkammern hinzu. Carrowmore vermittelt eine Vorstellung von der neolithischen Gesellschaftsordnung Irlands auf ihrem Höhepunkt, mit nicht nur zahlreichen, sondern in ihrer Vielfalt außergewöhnlichen Beispielen der jungsteinzeitlichen Bestattungskultur.

## **Céide Fields,** Co. Mayo

Neben Lough Gur ist Céide Fields der Ort in Irland, wo die Lebensverhältnisse der Menschen in der Jungsteinzeit derzeit am besten zu erforschen sind. Auf einer hinreißenden Steilküste an der Nordküste von Mayo inmitten ausgedehnter Moore gelegen, konnten hier unter einer in Jahrtausenden gewachsenen, meterdicken Schicht von Torf neolithische Behausungen, Gräber, vor allem aber die Begrenzungen von Feldern, Gärten und Weideflächen ausgegraben bzw. durch Sondierungen festgestellt und so ein Einblick in die Wirtschaftsweise der Farmer in der Zeit um 3000 v. Chr. gewonnen werden. Zu verdanken ist dies einer Klimaverschlechterung am Ende der Jungsteinzeit, in deren Folge sich über dem alten, von den neolithischen Farmern mühsam gerodeten Kulturland eine Torfschicht zu bilden begann, die durch die Entstehung großer Moore zuerst den Getreideanbau und bald auch die Viehzucht unmöglich machte. Die Menschen mussten die Gegend, die noch heute zu den

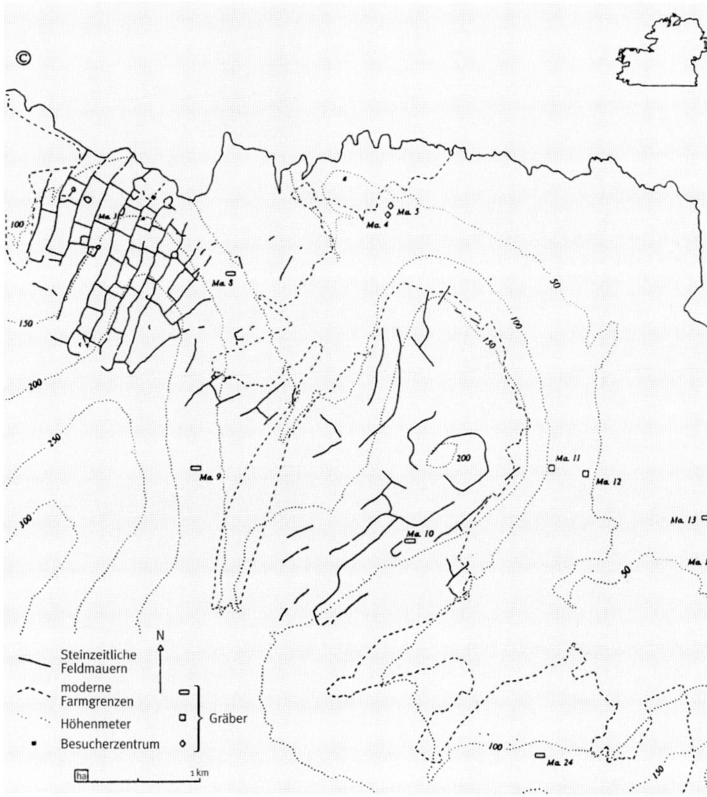


▲ *Céide Fields: Die Begrenzungsmauern der neolithischen Feldsysteme.*

einsamsten in Irland zählt, verlassen; ihre Häuser, Gärten und Felder wurden unter dem Moor begraben und zugleich konserviert. Schon 1934 entdeckt, wurden diese Relikte der Vorzeit seit 1969 systematisch ausgegraben und wissenschaftlich ausgewertet. Im Gelände sieht man nur wenig, aber ein *Visitor's Centre,* das zu den interessantesten Bauten der modernen irischen Architektur zählt, vermittelt dem Besucher umfassende Eindrücke und bietet reichhaltige Informationen über die Ausgrabungen in der moorbedeckten Küstenregion.

## **Creevykeel, Cliffony,** Co. Sligo

In Creevykeel findet man eines der anschaulichsten *Court Tombs,* früher auch *Court Cairns* oder *Horned Cairns* genannt, in ganz Irland. Dieser Typus, bestehend aus zwei oder mehr in der Regel hintereinander angeordneten Grabkammern mit einem Vorhof, dominiert im Norden des Landes. Durch den leicht nach Südosten ausgerichteten Eingang gelangt

▲ *Creevykeel: Das Grab mit dem großen Vorhof.*

man zuerst in den ovalen Vorhof. Dieser war nie überdacht. Er diente dem Bestattungszeremoniell, vielleicht auch dem später noch durchgeführten Totenkult in Form eines alljährlichen Totenmahls oder regelmäßiger Opfer. Keinesfalls wurden Grabanlagen dieser Größenordnung – die ursprüngliche Länge betrug 29 m und wurde später auf insgesamt 46 m erweitert – nur für eine Bestattung angelegt. Sie dienten Generationen über Jahrhunderte hinweg. Am anderen Ende des Vorhofes gelangt man in die beiden miteinander verbundenen Grabkammern. Sie waren einst mit Decksteinen belegt und vermutlich von einem Hügel aus Geröll und Erde überdeckt. Zwei weitere Ganggräber befanden sich in der westlichen Erweiterung und eine dritte, stark zerstörte Kammer am Ende des Grabhügels. Die Grabanlage und die 1935 geborgenen Artefakte enthielten eine neolithische polierte Axt, Flintmesser, aber auch Funde der Bronze- und der Eisenzeit. Nach den Hauptfunden datiert das Grab ins Spätneolithikum um 2500 v. Chr., aber es gibt auch Meinungen, welche den ältesten Teil der Anlage für älter als Newgrange halten, was eine Datierung ins frühe 4. Jt. v. Chr. bedeuten würde.

## **Drumskinny,** Co. Fermanagh

Drumskinny ist ein Steinkreis mit einem Durchmesser von 12,8 m, in dem ursprünglich 39 aufrecht stehende Steine von einer Höhe bis zu 2 m standen. Sieben von ihnen wurden im Laufe der Zeit entfernt und sind seit 1962 durch gleichartige Steine mit der Aufschrift MOF (*Ministry of Finance*) ersetzt. Nordwestlich des Ringes sind die Reste eines *Cairns*

▲ *Drumskinny: Steinkreis mit Steinreihe.*

erkennbar. Auffallend und trotz aller archäologischen Untersuchungen nicht zu deuten ist eine gerade Reihe von Steinen an der Westseite des Kreises, die 7,6 m nach Süden verläuft. Gradlinige Steinreihen sind in der kontinentalen Megalithkultur, vor allem im bretonischen Carnac, gut bekannt, in Irland jedoch absolut ungewöhnlich. Weder sie noch der

Steinkreis oder das Grab geben Hinweise auf den hier geübten Totenkult. Auch die Datierung ist unsicher. Werden die irischen Steinkreise allgemein in die Bronzezeit datiert, so lassen in Drumskinny die Funde von neolithischer Keramik und Steinschabern auch ein früheres Datum für die Nutzung des Platzes durch Menschen in vorgeschichtlicher Zeit zu.

## **Knowth, Boyne Valley,** Co. Meath

▲ *Knowth: Steingravierung auf dem Orthostatenring.*

Im Gegensatz zu Newgrange ist das Innere der beiden *Passage Tombs* des nahe gelegenen Grabhügels von Knowth wegen herabgestürzter Decksteine nicht zugänglich. Die Bedeutung von Knowth liegt für den Besucher einmal in der eindrucksvollen Gruppierung von insgesamt 17 weiteren Grabhügeln mit *Passage Tombs* um den zentralen Grabhügel herum, mehr aber noch in den Felsgravuren auf dem Kranz von Steinen, die den Haupthügel abstützen. Selbstverständlich kommen diese Schmuckformen auch im Innern der Gräber vor. Der Reichtum der Motive übertrifft noch Newgrange und ist vergleichbar mit den Felsgravuren in Loughcrew, Co. Meath, und Fourknocks, Co. Dublin, aber auch in der Bretagne, bei Carnac, in Locmariaquer oder in Gavr'Inis. Einen „Sinn“ haben die Zeichen im Totenkult der Zeit sicher gehabt, aber weder stilistische Unterscheidungen noch inhaltliche Deutungen haben bisher zum Erfolg geführt. Einige dieser Motive blieben jedoch über die Bronze- und Eisenzeit hinweg bis ins hohe Mittelalter für die irische Kunst verbindlich.

## **Labby Rock, Lough Arrow, Cromlech Lodge,** Co. Sligo

Der Labby Rock oder auch Carrickglass Dolmen ist eines der gewaltigsten Megalithgräber Irlands – und eines der unbekanntesten zugleich. Seine Lage ist ganz unüblich: In einem sanften Taleinschnitt liegt das Grab vom Typ des *Portal Tomb* am Talboden, wodurch der mächtige Deckstein von 65–70 t Gewicht für den Betrachter kaum zur Geltung kommt. Es handelt sich nach Browne's Hill immerhin um die schwerste Bedeckung eines Megalithgrabes in Irland. Detaillierte archäologische Untersuchun-

▲ *Labby Rock: Ansicht des Dolmens.*

gen haben hier noch nicht stattgefunden, demgemäß schwankt die Datierung zwischen 4000 und 2500 v. Chr. Dafür hat der Labby Rock einen festen Platz in der irischen Mythologie. In der Legende gilt der *Dolmen* als das Grab von Nuada mit dem silbernen Arm, König der *Tuatha De Danann,* der in der zweiten Schlacht von Moytura von Balor mit dem bösen Auge, König der *Fomoire,* erschlagen wurde. Einige Forscher sehen in dieser mythischen Auseinandersetzung der Vorzeit den Kampf zwischen Eindringlingen auf der Grünen Insel und der alteingesessenen Bevölkerung beschrieben, was in dem *Buch der Einnahme Irlands (Lebor Gábala Érenn)* in epischer Breite geschildert wird.

Solche Mythen als Beleg für historische Ereignisse zu nehmen ist jedoch unangebracht, sind diese Mythen doch erst im Mittelalter und unter christlichem Einfluss formuliert worden.

## **Lough Gur,** Co. Limerick

Der Name Lough Gur steht nicht für ein einzelnes Denkmal, sondern für eine ganze prähistorische Landschaft. Am heutigen *Visitor's Centre,* in seinen Bauten den hier gefundenen vorgeschichtlichen Behausungen nachempfunden, nimmt man auf den ersten Blick nur wenig von der Bedeutung der malerischen Seenlandschaft für die Erforschung der Vorgeschichte wahr. Und nur die größeren Gräber und Steinmonumente haben sich gut sichtbar im Gelände erhalten. Die so bedeutenden, in Ausgrabungen der 40er Jahre gefundenen Reste von runden und rechteckigen neolithischen Hütten sind fast verschwunden. Die reichen hier gemachten Funde, viele davon heute im National Museum in Dublin, entschädigen jedoch die Forschung in reichem Maße. Lough Gur ist einer der wenigen Orte in Irland, wo die Wohnkultur und das Alltagsleben in einer langen Besiedlung vom Neolithikum bis in die Eisenzeit und sogar ins Mittelalter archäologisch fassbar wurden. Neben den neolithischen Behausungen finden sich auch die runden *Ring-Forts* nach-

▲ *Lough Gur: Neolithische Hausformen.*

▲ *Lough Gur: Der zum Kreuz umgearbeitete Stein im Steinkreis von Grange.*

folgender Epochen, die spätestens seit der Eisenzeit die bewohnte und kultivierte Landschaft in Irland prägten, vielleicht aber schon wesentlich früheren Ursprungs sind. Zu den in ihrer Art ungewöhnlichen Denkmälern zählt der riesige Steinkreis von Grange, einer der größten Irlands. Der Durchmesser beträgt 45,7 m und die Steine erreichen eine Höhe von bis zu 4 m. Um den Steinkreis herum zieht sich ein Erdwall. Durch den Wall führt eine von Steinen gesäumte Eingangspassage. Den Eingang markieren auf beiden Seiten große Orthostaten. Neolithische und bronzezeitliche Funde lassen an eine Entstehungszeit um 2000 v. Chr. denken. Bemerkenswert ist die Umarbeitung eines der Steine des Kreises zu einem Kreuz, zweifellos in der Absicht, die heidnische Kultstätte in christlichem Sinn umzuwidmen.

## **Navan Fort, Armagh,** Co. Armagh

Der Ursprung des Kultplatzes Navan Fort liegt in der späten Bronzezeit um 700 v. Chr., die Bedeutung des Platzes als Kultort reicht jedoch bis zum Wirken des hl. Patrick, der im 5. Jh. n. Chr im nahen Armagh eine der ersten christlichen Kirchen errichtete und damit Navan Fort, als *Emain Macha* bis dahin Sitz der Könige von Ulster, dem Verfall preisgab. Vergessen wurde die Bedeutung des Platzes jedoch nie. Hier lebte nach dem altirischen Epos *Táin Bó Cuailnge* kein Geringerer als Cú Chulainn, der mythische Held, der im Kräftemessen zwischen den Leuten von Ulster und Connacht die Letzteren ganz allein zum Rückzug zwang. Der Besucher hat am Ort nicht mehr viel vor Augen. Über die ehemalige Gestalt unterrichten vor allem die Ergebnisse der Grabungen von 1961–1972. In einem umwallten Bezirk mit innen liegendem Graben und einem

▲ *Navan Fort: Rekonstruktion der Anlage von Cairn B.*

Durchmesser von 150 m lagen ab der frühen Eisenzeit einige runde hölzerne Bauten, die von Generation zu Generation, insgesamt neunmal hintereinander, durch neue ersetzt wurden. Als erstaunliche Konstruktion erwies sich der fast 40 m breite *Cairn B,* kein Grab, wie man denken mag. Hier war über fünf konzentrischen Kreisen von Holzpfosten ein steiles konisches Dach errichtet worden, ohne dass der so entstandene Raum lange genutzt wurde. Mit Steinen aufgefüllt, wurde die Konstruktion angezündet und anschließend der Hügel mit Erde bedeckt. Einen Grund für die Maßnahme kennen wir nicht, eine kultische Bedeutung darf jedoch vermutet werden.

## **Newgrange, Boyne Valley,** Co. Meath

Newgrange zählt zu den größten und bedeutendsten Anlagen der Jungsteinzeit in Westeuropa und darf ohne Übertreibung in einem Atemzug mit den mehr als 500 Jahre jüngeren ägyptischen Pyramiden genannt werden. Der bei 90 m Durchmesser 11 m hohe Grabhügel liegt auf einer das Boyne Valley überblickenden Anhöhe, wodurch er an Monumentalität noch gewinnt. Der Eingang zum *Passage Tomb* befindet sich an der Südostseite. Am Ende des 19 m langen Ganges liegt eine kreuzförmige Grabkammer, die sich etwa 5 m in die Tiefe und Breite erstreckt. Die Kammer ist von einem 6 m hohen Kragsteingewölbe überdeckt, eine

▲ *Newgrange: Stein mit Spiralornament am Eingang zum Ganggrab.*

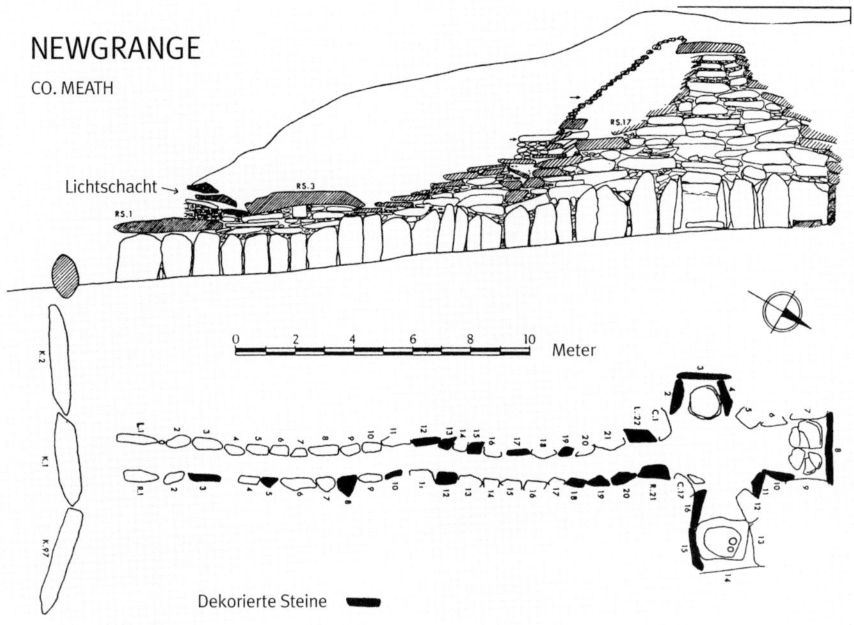


▲ *Newgrange: Längsschnitt und Grundriss des Ganggrabes.*

Bauform, die eine durchgehende Tradition von der Jungsteinzeit bis ins 20. Jh. begründen sollte. In den Seitenkammern stehen große Steinbecken, in denen ursprünglich die verbrannten Reste der hier bestatteten Toten niedergelegt wurden. Sowohl zahlreiche Orthostaten als auch Decksteine im Grabgang, der Kammer und an der Außenseite sind mit in den Fels gravierten Ornamenten – Spiralen, Zackenmustern, Rauten und Wellenlinien – geschmückt. Ungeachtet aller Versuche ist eine befriedigende „Entzifferung" dieser Zeichen bislang nicht gelungen. Dass Elemente eines Sonnenkultes bei der Anlage des Grabes eine Rolle spielten, zeigt der Lichtschacht über dem Eingang. Durch diesen gelangt am Tag der Wintersonnenwende der Strahl der aufgehenden Sonne bis in die rückwärtige Grabkammer. Der Grabhügel selbst ist von einem Kranz stützender Steine, z. T. ebenfalls mit Ornamenten bedeckt, umgeben. In 10–20 m Entfernung umgibt den Hügel ein weiterer Steinkreis von einzeln stehenden, bis zu 2,5 m hohen Steinen. Während jedoch der Grabhügel mit dem *Passage Tomb* im Neolithikum um 3200 v. Chr. angelegt wurde, ist der äußere Steinkreis bereits bronzezeitlich, mit weiteren Relikten ein Verweis auf die mehr als ein Jahrtausend andauernde Nutzung des Platzes. Nach vorausgegangenen umfangreichen Grabungen wurde die Eingangsfront von Newgrange 1972/73 rekonstruiert, wobei die Mauer aus weißem Quarzstein wieder aufgerichtet wurde.

## **Poulnabrone-Dolmen, Ballyvaughan,** Co. Clare

▲ *Poulnabrone: Ansicht des Dolmens.*

Es handelt sich um den neolithischen Grabtypus des *Portal-Dolmens,* der in der steinigen und kargen Landschaft des Burren häufig ist. Poulnabrone gehört zu den archäologisch gut untersuchten Gräbern der Jungsteinzeit. Die 1986 gewonnenen Grabungsergebnisse lassen vermuten, dass es sich hier um mehr als nur ein normales Grab von besonderer Größe handelt. Die Konstruktion gleicht einem direkt auf den Fels gesetzten steinernen Kartenhaus. Die Grabkammer dürfte Innenmaße von 1,20 m × 2,40 m bei einer Höhe von rund 2 m besessen haben. Zwar ist eine Erd- und Geröllanschüttung um die Grabkammer herum anzunehmen, die Ausgräberin Ann Lynch geht aber davon aus, dass der mächtige Deckstein immer sichtbar war. Im Innern wurden die Überreste von 16–22 Erwachsenen und 6 Jugendlichen gefunden, die fast alle eher ein Alter von 30 als von 40 Jahren erreicht haben dürften. Der pathologische Befund verweist auf körperlich hart arbeitende Menschen. Die Leiche eines Kleinkindes ist bronzezeitlich, ein Hinweis auf die lange Nutzung des Grabes. Die Beifunde, eine polierte Axt, Klingen und Schaber, bestätigen die Radiokarbondatierung der Bestattungen auf 3800 bis 3200 v. Chr.

Poulnabrone war wohl kein gewöhnliches Sippengrab. Die Fundumstände lassen vermuten, dass hier, vielleicht nach vorheriger Bestattung an einem anderen Ort, die Reste von herausragenden Gliedern der Gemeinschaft gesammelt wurden, denen als magische Vermittler zu Göttern oder Geistern kultische Bedeutung zukam.

## **Punchestown Menhir,** Co. Kildare

▲ *Punchestown: Der Menhir.*

Der mehr als 7 m hohe *Menhir,* unmittelbar neben der berühmten Pferderennbahn, gilt als der zweithöchste dieser Art auf den Britischen Inseln. Nach seinem Sturz wurde er im Jahr 1930 wieder aufgerichtet. Die ursprüngliche Funktion und Bedeutung dieser Steine ist nur schwer zu benennen. Wegemarken für Überlandwege, Gedenkorte oder der Hinweis auf eine Bestattung kommen infrage. Eine religiöse oder kultische Bedeutung wird in der Regel unterstellt. Der Hinweis von Estyn Evans, dass der englische Landadel noch bis ins 19. Jh. in Landschaftsgärten solche Steine als Blickfang aufstellte, sollte jedoch ebenso ernst genommen werden wie die Überlieferung, dass die Bauern aufrecht stehende Steine dem weidenden Vieh als Kratzpfähle bereitstellten. Letzteres dürfte angesichts der Maße des *Menhirs* von Punchestown gewiss ausscheiden, die Datierung bleibt jedoch immer problematisch. In Punchestown wurden immerhin in einer Steinkiste neben dem Sockel des Monuments die Reste einer Brandbestattung der Glockenbecherkultur des 2. Jt. v. Chr. festgestellt, was bei einem Zusammenhang mit dem Menhir dessen Datierung in die Bronzezeit sicherstellen würde. *Menhire* wurden vom Neolithikum bis in die historischen Zeiten hinein errichtet. Sie begegnen nicht nur in Irland, sondern in allen alten Kulturen Europas und darüber hinaus. Die *Menhire* waren vor allem Zeichen, die in der Landschaft oder in den bescheidenen Ansiedlungen nicht zu übersehen waren.

## **Tara,** Co. Meath

Mit dem Namen Tara verbindet sich die mythische Vorstellung des irischen Hochkönigtums, die, in einzelnen Perioden der irischen Geschichte während des 1. Jt. christlicher Zeitrechnung historisch durchaus greifbar, kaum je die reale Machtposition eines ganz Irland dominierenden Herrschers anzeigt, in jedem Fall aber den Anspruch auf eine kultisch legitimierte Vorrangstellung vor den zahlreichen irischen Kleinkönigen und Clanführern begründete. Allerdings musste diese kultische Legitimation in der Regel vorher von dem Bewerber machtpolitisch durch die Unterwerfung konkurrierender Fürsten nachgewiesen und dauernd abgesichert werden, was in Irland einzelnen Fürsten nur im 11. und frühen 12. nachchristlichen Jh. ansatzweise gelang. Von den hier

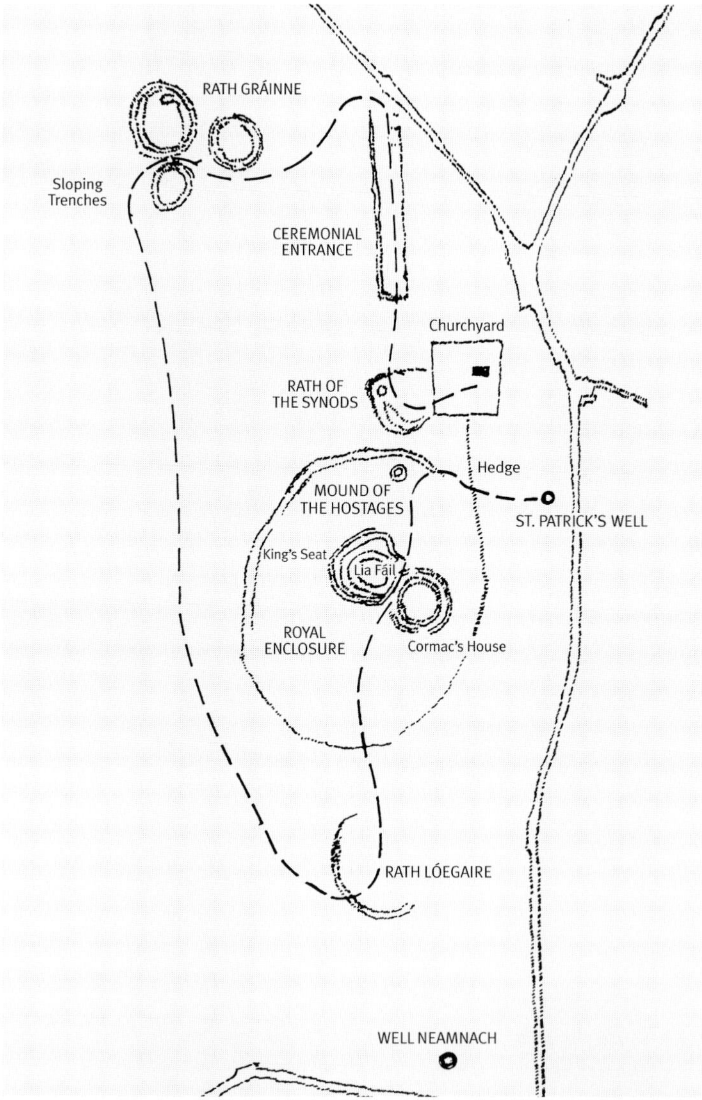


▲ *Tara: Grundriss der Anlage.*

▲ *Tara: Zeremonialeingang, sog. Banqueting Hall.*

einst vorhandenen Bauwerken in Holz- und Flechtwerk-Bauweise ist heute außer ein paar Erdwällen und Hügeln nichts mehr zu sehen. Auf das ausgehende Neolithikum geht noch das Ganggrab Mound of the Hostages zurück, wo ursprünglich auch der *Menhir* Lia Fáil, der heute im benachbarten Ringwall Teach Cormac steht, seinen Platz hatte. Möglicherweise war das Grab des neolithischen Häuptlings Ausgangspunkt für die kultische Bedeutung des Ortes und die Idee der Oberherrschaft über die alten Provinzen Irlands, von denen einige von Tara aus zu überblicken sind. Man erkennt, eher aus der Luft oder auf Plänen, noch weitere Erdwerke, den Kultbezirk des Rath na Ríogh, den Rath of the Synods und den langgestreckten „Bankettsaal", dessen Name durchaus nicht seiner wahren Funktion entsprechen muss. Es dürfte sich bei dieser Anlage eher um einen Zeremonialweg, vergleichbar ähnlichen Anlagen im englischen Stonehenge und Avebury, gehandelt haben. Legenden, Zuschreibungen und Interpretationen überlagern allenthalben die historisch fassbare Wirklichkeit. Tara ist der historische Ort einer Idee vom geeinten Irland, weshalb noch Daniel O'Connell, „der Befreier", 1843 hier mehr als eine Million Patrioten versammeln konnte.

# II. Eisenzeit und Frühmittelalter – Die „Kelten“

Die heutige Republik Irland versteht sich als eine keltische Nation. Das keltische Irisch ist noch vor dem Englischen erste Landessprache und Pflichtfach in den Schulen; die Erforschung der keltischen Geschichte und Kultur wird von den staatlichen Stellen intensiv gefördert und die teilweise ausschließliche Verwendung des Irischen bei Ortsnamen und Wegweisern hat schon manchen Reisenden hoffnungslos in die Irre geführt. Die Keltenliteratur füllt in Bibliotheken und Buchhandlungen ganze Abteilungen, und wenn man sich darüber informieren will, was eigentlich „keltisch“ ist, kommt man angesichts dieser esoterisch unterlegten „Keltomanie“ aus dem Staunen nicht mehr heraus.

Es besteht kein Zweifel daran, dass in Irland über rund 2000 Jahre hinweg von Bewohnern und Zuwanderern fast ausschließlich die keltische Sprache, die sich zum heutigen Irisch entwickelte, gesprochen wurde. Wann und wie die keltische Sprache nach Irland kam ist jedoch völlig offen. Gesichert ist eigentlich nur, dass in Irland beim Auftreten der ersten Schriftquellen zwischen dem 4. und 6. Jh. n. Chr. keltisch gesprochen wurde. Dem steht, vor allem in der Populär- und Reiseliteratur, die Behauptung gegenüber, dass um 600 v. Chr. die ersten Kelten die Grüne Insel erreichten und mit der Einführung des neuen Werkstoffes Eisen das Ende der Bronzezeit herbeiführten. In Stammesverbänden organisiert und durch die eisernen Waffen und Werkzeuge technologisch überlegen, hätten sie die alteingesessene Bevölkerung verdrängt bzw. sich mit deren Resten vermischt und so in Irland eine völlig neue, die eisenzeitliche Kultur geschaffen. Es erscheint überflüssig zu betonen, dass, folgt man der einschlägigen Keltenliteratur, diese „keltische“ Kultur der Eisenzeit zugleich das goldene Zeitalter Irlands einläutete, in dem an den Königssitzen Druiden und Barden in Dichtkunst und Gelehrsamkeit wetteiferten und sagenhafte Helden unaufhörlich große Taten vollbrachten. Die auf der Grundlage der spärlichen Schriftquellen und der archäologischen Befunde gesicherten Tatsachen stellen sich weitaus nüchterner dar.

Vorauszuschicken ist, dass die keltische Epoche auch in Kontinentaleuropa keinen einheitlichen Kulturraum, den manche vom anatolischen Galatien bis zur Iberischen Halbinsel und den Britischen Inseln ausgedehnt sehen wollen, begründete. Die regionalen Unterschiede überwogen bei weitem die Gemeinsamkeiten, auch wenn man in den nach den Fundorten Hallstatt (800–500 v. Chr.) und La Tène (500–100 v. Chr.) benannten Perioden in der Metallurgie und Waffentechnik, der Keramik, den Tracht- und Schmuckformen und den Pferdegeschirren übereinstimmende Merkmale in Herstellung und Gestaltung feststellen kann. Die Kelten sind kein Volk oder gar eine verfasste Nation, sondern lediglich eine Sprachgemeinschaft aus indoeuropäischer Wurzel mit einigen

Gemeinsamkeiten in ihrer kulturellen Darstellung. Diese Sprache war es, die möglicherweise zusammen mit den als eisenzeitlich bezeichneten neuen Technologien und Kulturformen irgendwann in den Jahrhunderten vor der Zeitenwende vom Kontinent her nach Irland gelangte. Bei der Betrachtung der irischen Eisenzeit stößt man deshalb, will man sie einfach mit der frühkeltischen Epoche in Irland verbinden, auf ein unauflösliches Dilemma. Zwar kann man zahlreiche archäologische Funde aus den fünf Jahrhunderten vor Christi Geburt zu den eisenzeitlichen Perioden Hallstatt und La Tène in Beziehung sehen, man kann aus ihnen jedoch weder die Sprache noch die ethnische Zugehörigkeit ihrer Urheber ermitteln. Dass sie dennoch als keltisch bezeichnet werden, beruht in erster Linie auf dem Umstand, dass zwischen ihnen und den keltischsprachigen Kulturen des irischen Frühmittelalters kein deutlicher Bruch zu erkennen ist. Es muss aber ebenso klar hervorgehoben werden, dass ein kultureller Bruch auch nicht zu den davor liegenden Epochen, für den Übergang vom Neolithikum zur Bronzezeit und von der Bronze- zur Eisenzeit, zu erkennen ist. Dies belegen sowohl die Wohnbauten, die Kult- und Wehranlagen, die Sepulkralkultur und die Motive in den Tracht- und Schmuckformen. In diesen Zusammenhang gehören auch Überlegungen, inwiefern man den Einfluss der vorkeltischen Sprachen Irlands für einige eigentümliche Unterschiede zwischen den insel- und festlandkeltischen Sprachgruppen verantwortlich machen kann. Die keltische Sprachforschung beginnt mittlerweile auch von der lange unbestrittenen Theorie Abschied zu nehmen, wonach die beiden inselkeltischen Sprachzweige Britannisch und Goidelisch als Q-Keltisch und P-Keltisch verschiedene Varianten der keltischen Sprache seien. Beide Versionen wurden im späteisenzeitlichen Irland gesprochen und noch heute sind die regionalen Unterschiede des in Irland gesprochenen Keltisch sehr ausgeprägt. Stattdessen haben sprachtypologische Untersuchungen gezeigt, dass zahlreiche Eigenheiten, die das Inselkeltische vom Gallischen und anderen altindoeuropäischen Sprachen unterscheiden, Entsprechungen in den hamito-semitischen Sprachen, also den Berbersprachen Nordafrikas, dem Altägyptischen bis hin zum Hebräischen und Arabischen, haben. Welch weitreichende Verbindungen die vorkeltischen Bewohner Irlands in dieser Richtung gepflegt haben, zeigen der Fund eines Berberaffen in Navan Fort, Co. Armagh, und ägyptischer Perlen in den vorgeschichtlichen Grabanlagen Irlands. Von einer massiven Einwanderung keltischer Stämme oder gar einer gewaltsamen Eroberung des Landes kann nach allen gesicherten Befunden keine Rede sein. Wie genau die keltische Sprache nach Irland kam, wie die Landnahme der „Kelten“ vor sich ging und wie sie sich mit der alteingesessenen Bevölkerung vermischten, wissen wir nicht. Bernhard Maier hält es durchaus für möglich, dass die „Kelten“ bei ihrer Ankunft in Irland auf eine zahlenmäßig weit überlegene Vorbevölkerung nordafrikanischen Ursprungs trafen, die zwar die Sprache der neuen Oberschicht übernahm, jedoch aufgrund ihres kulturellen Beharrungsvermögens das Profil dieser Sprache durchgreifend veränderte, ein Prozess, wie er sich vom 17. bis zum 19. Jh. bei der Durchsetzung der englischen Sprache in vergleichbarer Weise wiederholte.

Dem vorchristlichen Irland der Eisenzeit begegnet der Betrachter einerseits in den Museen mit ihren dort geborgenen Hort-, Schatz- und Grabfunden und der Keramik, andererseits in der offenen irischen Landschaft in Gestalt der zahllosen *Ring-*, *Stone-* und *Hill-Forts.* Deren Zahl ist, ungeachtet aller Inventarisierungsversuche, auch nicht annähernd genau zu ermitteln. Es sind mehr als 45 000. Bei diesen Größenordnungen sind typologische und funktionale Unterschiede zwischen einzelnen Anlagen geradezu selbstverständlich. Hinzu kommt, dass die ältesten von ihnen ihren Ursprung noch in der ausgehenden Bronzezeit haben, während sie andererseits noch bis ins Hochmittelalter hinein erbaut und bis ins 17. nachchristliche Jh. bewohnt und genutzt wurden. Die bislang knapp 120 wissenschaftlich untersuchten und datierten Örtlichkeiten entstanden in ihrer überwiegenden Anzahl zwischen 400 und 1200 n. Chr. Hierzu zählen auch die seltener vorkommenden *crannógs*: künstliche, mit einem niedrigen Wall oder einer Palisade umschlossene Inseln in einem See, die ebenfalls bis ins 17. Jh. bewohnt wurden. Der am meisten vorkommende, eher unspektakuläre Typ, der *Rath* oder *Lios,* ist ein einfacher, aus Erde aufgeschichteter Ringwall mit einer oder mehreren runden Hütten im Innern. Größere Anlagen haben bis zu drei Wälle mit dazwischen liegenden Gräben. In den steinigen Gegenden des irischen Westens, von Donegal bis nach Kerry, sind die *Ring-Forts* häufig aus Mauern in mörtelloser Trockensteintechnik errichtet und werden dann als *Dún, Caiseal, Cashel* oder *Cathair* bezeichnet. Die *Ring-Forts* liegen meist in ebenem Gelände oder auf flachen Kuppen. Die selteneren Anlagen auf Bergen werden auch als *Hill-Forts* bezeichnet. Ein Sonderfall sind die meist an der Küste oder über tiefen Tälern und Schluchten anzutreffenden *Promontory-Forts.* Bei diesen sperrt entweder eine Mauer eine Klippe bzw. einen Bergsporn ab oder eine etwa halbkreisförmige Umwallung trennt den an einer Felskante gelegenen Innenraum von der Umgebung ab. Auch hier gibt es oft mehrere konzentrische Wälle, bisweilen mit wehrhaften Annäherungshindernissen. Die Funktion kann vom Fürstensitz über einen Kultplatz bis hin zum einfachen Bauerngehöft oder gar nur Viehkorral reichen. Ohne detaillierte archäologische Untersuchung ist das kaum zu klären. Einige der größten *Ring-Forts,* vor allem im Westen, sind ganz zum Meer hin orientiert. Ob von hier aus Küstenpiraterie betrieben wurde oder die besonders eindrucksvolle Lage bei der Wahl des Platzes entschied, muss offen bleiben.

Neben den die Landschaft dominierenden *Ring-Forts* fallen die wenigen skulpturalen Hinterlassenschaften der Eisenzeit kaum auf. Sie gehören jedoch zu den wichtigsten Belegen für den Einfluss der La-Tène-zeitlichen Kultur in Irland. Der phallische Stein von Turoe, Co. Galway, und sein Pendant im nahen Castlestrange, Co. Roscommon, gehören zu den schönsten Beispielen. Ähnliche, nicht so vollständig erhaltene Steine aus Killycluggin, Co. Cavan, Derrykeighan, Co. Antrim, und Mullaghmast, Co. Kildare, verraten jedoch durch ihre Ornamentik die ungebrochene, auch in der Eisenzeit noch wirksame Tradition der vorkeltischen Kulturen aus dem Neolithikum und der Bronzezeit. Figürliche Plastik aus der keltischen Eisenzeit hat Irland ebenfalls aufzuweisen. Wo ihnen eindeutig christliche Attribute beigegeben sind, ist eine Datierung nach dem 5. Jh. n. Chr. gesichert. Bei den Figuren auf Boa Island, Co. Fermanagh, bleibt diese Frage offen. Es ist durchaus möglich, dass wir hier eines der wenigen Beispiele keltischer Skulptur vor dem Siegeszug des Christentums ab dem 5. Jh. vor uns haben.

Die Einführung des Christentums in Irland bedeutet einerseits einen entscheidenden Wendepunkt in der langen Geschichte der Insel, andererseits muss betont werden, dass, wie schon bei den Übergängen in den vorausgegangenen Epochen, die in den ersten nachchristlichen Jahrhunderten ausgeprägte eisenzeitliche Kultur sich unter den neuen Einflüssen zwar langsam veränderte, aber in ihren Wesensmerkmalen noch mehr als 500 Jahre fortdauerte. Gewichtige, durch den neuen Glauben eingeführte Neuerungen sind allerdings hervorzuheben. Das Christentum als eine der „Buchreligionen" basierte auf der Schriftlichkeit. Deshalb verfügen wir ab dem Beginn der Christianisierung über die ersten historischen Schriftquellen in der Geschichte Irlands. Eine andere Ausprägung der Schriftlichkeit ist die unvergleichliche irische Buchkunst, deren schönstes Beispiel das vermutlich im 8. Jh. entstandene, reich illustrierte *Book of Kells* ist. Ein weiterer wichtiger Aspekt des Christentums zur Zeit seiner Einführung in Irland ist, dass es sich um eine urban geprägte Religion aus dem Kulturkreis der römischen Antike handelt. Auch wenn die Römer durch Handel und wahrscheinlich sogar einzelne militärische Vorstöße durchaus eine Vorstellung von dem eisenzeitlichen Irland hatten, nahmen sie die Insel doch nie in Besitz. Als die ersten Missionare ab dem Ende des 4. Jh. irischen Boden betraten, konfrontierten sie das Land der *Clans* und Stämme mit Organisationsformen der spätantiken Stadtkultur. Sosehr auch das Christentum neue Akzente in der eisenzeitlichen Gesellschaft Irlands setzte, muss man doch betonen, dass bis zum Hochmittelalter nicht so sehr das Christentum Irland verwandelte, sondern Irland seinerseits das Christentum. Das betrifft weniger die Glaubensinhalte als vielmehr den organisatorischen Aufbau der irischen Kirche.

Es ist heute unbestritten, dass der hl. Patrick, der halb legendenhafte Begründer des irischen Christentums, keineswegs der erste Christ war, der von England oder von Gallien her kommend das Kreuz auf der Grünen Insel aufrichtete. In seiner historisch nur mit Mühe fassbaren Figur verdichtet sich die fast 150-jährige Periode der Ausbreitung des Christentums in Irland, in der Patrick weder der erste noch der einzige, gewiss aber einer der bedeutendsten Verkünder der neuen Religion war. Neben ihm, einem vermutlich aus Nordwestengland stammenden romanisierten Briten, werden der Gallier Palladius und weitere im 5. Jh. zu erschließende Personen genannt, die mit Wissen und Wollen der Päpste von Gallien und England aus in Irland missionierten. Sprachliche Analysen des frühen keltischen Irisch legen nahe, dass es im 4. Jh. einen lebhaften Austausch von Wörtern zwischen dem britisch-provinzialrömischen Latein, dem Walisischen und dem frühen Irischen gegeben hat. Der christliche Wortschatz lässt vermuten, dass es schon lange vor dem Wirken des hl. Patrick, vor allem im südöstlichen Leinster, um 350 Anhänger des neuen Glaubens gegeben hat.

Gemäß seinen spätantiken Traditionen war das Christentum der ersten Missionare eine Bischofskirche auf städtischer Grundlage. Städte aber gab es in Irland vor der anglonormannischen Invasion im späten 12. Jh. nicht. Auch die stadtartigen *Oppida* der kontinentalen Kelten waren in Irland unbekannt. Damit fehlte eine wichtige Voraussetzung für die Organisation der neuen Religion. Eine Diözesan- oder Pfarrstruktur war nicht aufzubauen. Die Hinwendung des irischen Christentums zur Mönchskirche, wie sie bis zum 12. Jh. Bestand hatte, muss vor diesem Hintergrund gesehen werden. Die weitgehende christliche Durchdringung der späteisenzeitlichen irischen Gesellschaft konnte nur auf der Basis der Clanorganisation geschehen. Aber auch externe Faktoren, Beziehungen nach Wales und England, Gallien und Westeuropa, nach Nordafrika und Ägypten, dürfen nicht übersehen werden. Ohne hier das Bild der irischen Gesellschaft zur Zeit ihrer Christianisierung in breiter Form darzulegen, kann man sagen, dass die irische Großfamilie, der *Clan,* prägend auf die Entstehung der irischen Klostergemeinschaft eingewirkt hat. So wie das Clanoberhaupt in seinem befestigten Wohnsitz, dem *Dún, Rath* oder *Lios,* um den sich in Streulage die Behausungen seiner Klientel gruppierten, residierte, finden wir auch den Abt in der frühirischen Klosterfamilie vor. Zwar vermittelt uns das heutige Erscheinungsbild der frühen monastischen Zentren wie Clonmacnoise, Aran oder Glendalough wegen der Veränderungen des Hochmittelalters keine genaue Vorstellung von den ersten Klosteranlagen. Auf der Dingle-Halbinsel und auf Skellig Michael, Co. Kerry, sind jedoch, ebenso wie in Inishmurray, Co. Sligo, noch einige Klostersiedlungen im Zustand der Frühzeit erkennbar. Vor allem in Gallarus, Reask und in Glenfahan kann man sowohl das ummauerte Klosterareal wie auch die verstreut um diesen Kern herumliegenden Zellen der Mönche, die *chlocháns,* mühelos identifizieren. Es verdient hervorgehoben zu werden, dass Reask auch der Fundort mehrerer Steinkreuze ist, die zu den ältesten bekannten Vorläufern der späteren Hochkreuze gehören.

Erst mit der Ausbildung der irischen Mönchskirche fand die eigentliche Durchdringung der irischen Gesellschaft durch das Christentum statt. Wo sich vorher eher Häuptlinge und die Angehörigen der geistigen Elite von den Attraktionen der neuen Religion faszinieren ließen, waren es nun breite Bevölkerungsschichten, die sich über und in den Klöstern dem Christentum zuwandten. Dabei wurde das soziale Modell des *Clans,* der Großfamilie, ebenso übernommen wie die Siedlungsform, natürlich den Erfordernissen einer christlich-asketischen Lebensweise angepasst. Der Abt nahm die Stelle des Häuptlings ein, der auf dem Kontinent so allmächtige Bischof konnte durchaus als einfacher Mönch, lediglich mit den ihm zukommenden Weihen versehen, unter seinen Mitbrüdern leben. Die Regeln des gemeinsamen Lebens waren ebenfalls von den komplizierten Über- und Unterordnungsverhältnissen im *Clan* oder *tuath* beeinflusst, insbesondere stand die Strafgewalt des Abtes der des Häuptlings nicht nach. Selbstverständlich entwickelten die irischen Klostergründer ihre Regeln nach christlichen Grundsätzen. Die Verhältnisse der eisenzeitlichen Gesellschaft Irlands spiegeln sich jedoch in dem gut dokumentierten Klosterleben wider.

Es sind die steinernen Monumente der frühchristlichen Klosterkultur, denen wir, neben den *Ring-Forts,* unter den Denkmälern des Frühmittelalters begegnen. Auch wenn viele der frühen Klöster im Hoch- und Spätmittelalter überformt und verändert wurden, so haben doch einige charakteristische Typen die Zeiten überdauert. Dazu zählen die schlanken Rundtürme, vielleicht eine Weiterentwicklung spätantiker *Campanili* des Mittelmeerraumes, in jedem Fall ein Wahrzeichen der Klöster und auch letzte Zuflucht für Reliquien, Schätze und Bücher bei den Überfällen der räuberischen Wikinger zwischen dem 9. und dem 11. Jh. In einer alten Tradition stehen auch die am Ende des Frühmittelalters errichteten Hochkreuze. In ihnen haben vermutlich die *Menhire* der Vorzeit eine Fortsetzung und Neuinterpretation gefunden, wie die frühesten Kreuzesdarstellungen in Reask und Kilnasaggart nahe legen. Ihre reichen bildhauerischen Programme, vor allem christologischen Inhalts, und ihre Ornamentik verbinden sie einerseits bis hin zur ehemaligen Farbigkeit mit der irischen Buchkunst, andererseits mit den eisenzeitlichen Werken der Bildhauerkunst. Der Vergleich der benachbarten Figuren von Boa Island und White Island, Co. Fermanagh, Letztere eindeutig christlich, belegt dies ebenso wie die archaischen Figuren und Ornamente von Carrowntemple, die wiederum Entsprechungen in den Malereien des uralten *Book of Durrow* haben. Die eisenzeitliche Kultur Irlands blühte auch in der christlichen Epoche in ungebrochenem Reichtum.

## **Ahenny, Nordkreuz,** Co. Tipperary

Eine völlig eigenständige Gruppe von Hochkreuzen findet sich im Süden Irlands in den Counties Tipperary und Kilkenny im Bereich des alten, frühzeitig in Leinster aufgegangenen Königreiches von *Osraige* (*Ossory*), weshalb diese Kreuze an den Orten Kilkieran, Killamery und Ahenny kurzerhand als die *Crosses of Western Ossory* bezeichnet werden. Entgegen früheren Annahmen datieren sie offensichtlich ins 9. Jh. Sie lassen sich leicht von den mit biblischen Szenen reich bedeckten Kreuzen in der Mitte Irlands unterscheiden. Ihr Dekor besteht fast ausschließlich aus filigranen Mustern, vor allem Flechtband- und Spiralmotiven. Einzelne biblische Szenen fehlen nicht, sind jedoch in der Regel auf den Sockel der Kreuze beschränkt. Der ornamentale Formenschatz ist schier unerschöpflich und findet sich so nur in den Hauptwerken der irischen Buchmalerei des Frühmittelalters wieder. Dort kann man auch einen Eindruck davon bekommen, wie diese Hochkreuze aussehen würden, wenn ihre zu vermutende Farbfassung erhalten geblieben wäre. Zugleich demonstriert der Formenschatz der Ornamentik ein weiteres Mal die lange gestalterische Tradition, in der diese Kreuze stehen. Die Flechtbandornamente

▲ *Ahenny: Ostseite des Nordkreuzes.*

haben in ihrer mehr als 1000-jährigen Entwicklung Entsprechungen nicht nur in der bronzezeitlichen und keltischen Kunst, sondern finden sich im nordischen Bereich ebenso wie im Donauraum bis hin zu den Skythen in den Steppen Südrusslands. Die spiraligen Muster kann man in Irland selbst über den La-Tène-Stil und die Bronzezeit hinweg bis in die neolithischen Gräber von Newgrange und Knowth verfolgen.

## Frühchristliche Klosterkultur

Die irische Klosterkultur, wie sie zwischen dem 6. und dem 9. Jh. entstand, kann nicht ohne das Vorbild des christlichen Mönchtums der Spätantike gedacht und verstanden werden. Vor allem in der Thebaïs, zwischen dem Niltal und der Wüste, hatten im 4. Jh. fromme Eremiten Weltflucht und Askese, sexuelle Enthaltsamkeit und immerwährendes Gebet zu einer radikalchristlichen Lebensweise ausgeformt, die alsbald rund um das Mittelmeer und in Westeuropa Nachahmung fand.

Die wichtigsten Vertreter dieser strengen Befolgung frühchristlicher Glaubenslehren waren die beiden Heiligen Antonius der Große und Paulus von Theben, die wir alsbald als einzige außerbiblische Figuren auf den irischen Hochkreuzen wiederfinden. Die ägyptisch beeinflusste Klosterkultur dürfte im 5. Jh. über Gallien und das Rhônetal in den Nordwesten Europas und von da nach Irland gelangt sein, vielleicht auch direkt über alte Verbindungswege entlang der Küsten Nordafrikas und Spaniens. Eine zweite Welle ägyptischen Einflusses in Irland verzeichnet das 7. Jh., als nach der islamischen Eroberung ägyptische Mönche als Flüchtlinge nach Irland gelangten, wo sie schriftlich bezeugt sind. Dort prägten ihre Ideale nicht nur die aus der irischen Clanorganisation hervorgegangene Klosterfamilie. Schon bald trugen irische Missionare diese Ideen zurück auf den Kontinent, wo sie im Frankenreich des 7.–9. Jh. erheblich zur Wiederbelebung der christlich-antiken Kultur beitrugen.

## **Ardboe (Arboe),** Co. Tyrone

Das Kreuz von Ardboe steht auf einer sanften Erhebung am Westufer des Lough Neagh. Es ist nach dem Westkreuz oder *Tall Cross* in Monasterboice, Co. Louth, und dem Hochkreuz in Moone, Co. Kildare, das in seinen Proportionen drittschlankeste in Irland und zugleich das einzige in Nordirland, das in seiner Zusammensetzung weitestgehend intakt ist. Nach einem Sturmschaden wurde es 1846 wiedererrichtet. Der zweifach gestufte Sockel verfügt über keinerlei Gliederung. Das Kreuz selbst zeigt auf der Ost- und Südseite des Schaftes, mit einer Ausnahme, Szenen aus dem Alten Testament, Adam und Eva, die Opferung Isaaks, Daniel in der Löwengrube und die Jünglinge im Feuerofen bzw. Kain und Abel, David erschlägt den Löwen und David und Goliath. Die Ausnahme betrifft die hll. Antonius und Paulus, denen der Rabe in der ägyptischen Wüste ein

▲ *Ardboe: Westansicht des Hochkreuzes.*

Brot als Speise bringt, ein auf den Hochkreuzen sehr beliebtes Thema. Die West- und die Nordseite zeigen aus dem Neuen Testament die Anbetung der Könige, die Hochzeit zu Kanaan, die wundersame Brotvermehrung und den Einzug Christi in Jerusalem bzw. die Taufe Christi im Jordan, den Zwölfjährigen im Tempel, den bethlehemitischen Kindermord und die Anbetung der Hirten. Die Szenen innerhalb des Ringes sind ganz der Erscheinung Christi gewidmet, im Westen der Kreuzigung und im Osten der Wiederkehr Christi beim Jüngsten Gericht. Das Hochkreuz, der einzige Überrest einer ehemals hier bestehenden monastischen Niederlassung, wurde vermutlich im 9. oder 10. Jh. geschaffen. Während das Kloster längst vergangen ist, gehört das Hochkreuz zu den schönsten seiner Art in Irland.

## **Ballykinvarga, Kilfenora, Burren,** Co. Clare

Unter den knapp 500 im Burren lokalisierten *Ring-Forts* nimmt Ballykinvarga einen besonderen Rang ein. Zwar haben hier bislang keine Ausgrabungen stattgefunden, weshalb eine genaue Datierung offen bleibt. Analogien, insbesondere zu den nahen *Ring-Forts* auf den Aran-Inseln sowie zu vergleichbaren Anlagen in Schottland, Wales, der Bretagne und Spanien, erlauben jedoch eine vorläufige Datierung in die Eisenzeit. Diese Annahme beruht neben dem sorgfältig in dreifacher Schale aus Trockenmauerwerk aufgeführten Mauerring mit mehreren Wohnbauten im Innern und einem eigenen Brunnen außerhalb auf dem *Chevaux de frise,* einem Annäherungshindernis aus aufrecht gestellten Steinen vor dem Wall, der, wie bei Dún Aonghasa und dem Black Fort auf den Aran-Inseln, das *Ring-Fort* umzieht. Eine solche, in Irland seltene Anlage diente nicht nur der Wehrhaftigkeit, sondern war auch Statussymbol. Wir wissen aus dem altirischen Recht, dass die eisenzeitliche und frühmittelalterliche Gesellschaft streng hierarchisch gegliedert war und dass sich der soziale Rang in den Behausungen, die bei den Freien durchweg *Ring-Forts* unterschiedlicher Größe waren, darstellte. Angesichts der Größe und Qualität des *Ring-Forts* können wir seinen Bewohner als Angehörigen der adeligen Oberschicht, vielleicht als einen „Viehbaron“, ansehen, zumal fünf kleinere *Ring-Forts* in unmittelbarer Nähe die Wohnstätten seiner freien, aber im sozialen Rang nachgeordneten Gefolgsleute gewesen sein könnten.

▲ *Ballykinvarga: Das Ring-Fort mit dem „Chevaux de frise“.*

## **Boa Island, Caldragh,** Co. Fermanagh

▲ *Boa Island: Stele mit der Darstellung eines Mannes.*

Auf der Insel Boa im Lower Lough Erne finden sich auf dem Friedhof von Caldragh zwei merkwürdige Skulpturen. Obwohl selbst die größere von beiden nur etwa 0,75 m hoch ist, wirken sie monumental, durch ihre starr geradeaus blickenden großen Augen fast bedrohlich. Während die größere Figur, ursprünglich vielleicht lebensgroß, heute mit ihrem Oberteil auf einem niederen Sockel ruhend, wohl immer auf Boa Island gestanden hat, stammt die zweite von der kleineren vorgelagerten Insel Lustymore. Die größere schaut mit einem janusartigen Doppelgesicht nach zwei Seiten. Die Arme erscheinen über dem blockartigen Oberkörper gekreuzt. Die Gesichter sind dreieckig, was auch auf einen stilisierten Kinnbart hindeuten kann. Gegenüber den ausdrucksvollen Augen und dem Mund ist die Nase nur angedeutet, eine Zeichnung der Haare fehlt. Alles an diesen Figuren gibt Rätsel auf. Niemand weiß, wann sie geschaffen wurden, wir wissen nicht, wer dargestellt ist und in welchem Zusammenhang sie einst aufgestellt waren. Entsprechend sind der Spekulation Tür und Tor geöffnet. Die einen glauben in Anlehnung an den römischen Gott Janus an eine keltische Doppelgottheit, andere nehmen mit Blick auf das nahe White Island im gleichen See eher Gestalten aus einem christlichen Zusammenhang an. Die Datierungsvorschläge reichen folglich von prähistorischer Zeit bis ins frühe Mittelalter. Befriedigende Erklärungen sind nicht zu erwarten, weil nicht einmal der genaue ursprüngliche Standort – unerlässlich für archäologische Datierungen – bekannt ist. Die beiden Skulpturen bleiben so geheimnisvoll wie sie aussehen.

## **Caherconnor, Glenfahan, Dingle,** Co. Kerry

Wer sich am Rande des Slea Head Drive zwischen Ventry und Dunquin, unterhalb des Mt. Eagle, entlang des Wanderweges Dingle Way oder direkt durch das unwegsame Gelände bewegt, trifft auf eine reiche architektonische Hinterlassenschaft der Bewohner dieses Gebietes vor rund 1500 Jahren. Mit Ausnahme der Skelligs gibt es kaum ein Areal in Irland, wo eisenzeitlich-frühchristliche Besiedlung so unmittelbar wahrgenommen werden kann wie in dieser nahezu unberührten Landschaft am Rande Europas. Stein- und Trockenmauerwerk, wie meist im irischen Westen, beherrscht das Bild. Kleine, von mächtigen Mauern umgebene Anwesen, rund bis oval im Grundriss, mit meist vier bis sechs eng aneinander gelehnten runden, seltener rechteckigen Behausungen im Innern sind die Regel. Außerhalb dieser Wohnkomplexe findet man einzelne *clocháns*, aber auch diese nicht selten zu zweien oder zu dreien aneinander gelehnt. Die Nähe des heiligen Berges Mt. Brandon, die enorme Dichte monastischer Ansiedlungen auf der Dingle-Halbinsel, aber auch zahlreiche Steine mit Kreuzen und christlichen Symbolen sprechen für Behausungen christlicher Einsiedler und kleine Gemeinschaften von Mönchen. Skellig

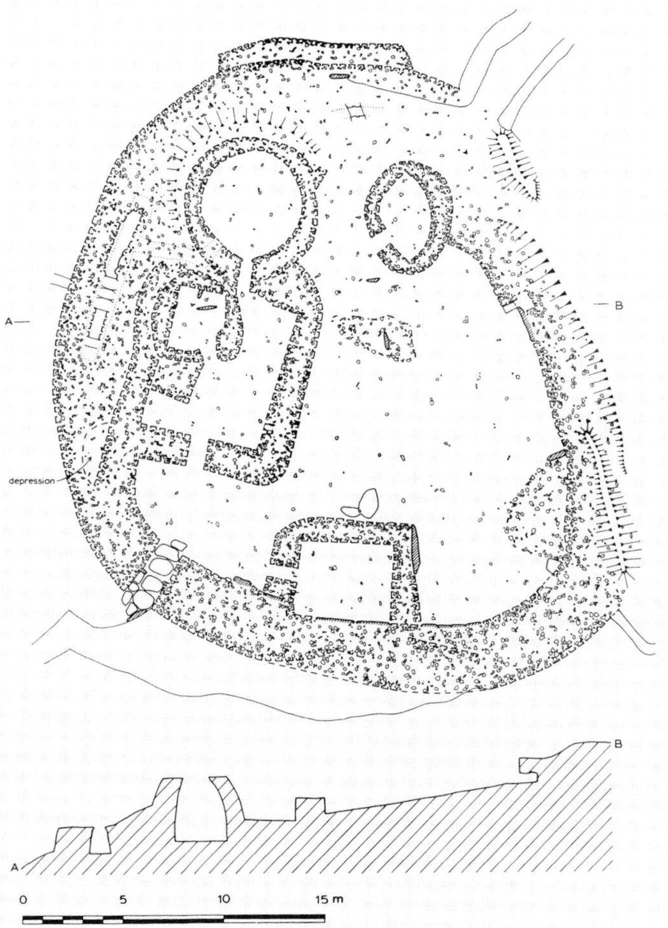


▲ *Caherconnor: Grundriss des Ring-Forts mit rechteckigen und runden Hütten.*

Michael liegt in Sichtweite. Der Datierungsrahmen reicht vom 6. Jh., als sich die irische Mönchskirche voll entfaltete, bis ins hohe Mittelalter. Grabungen, die näheren Aufschluss geben könnten, haben nur stichprobenartig stattgefunden. Die archaische Mauerwerkstechnik allein reicht für Datierungsversuche nicht aus. Da ist Vorsicht geboten. Bis ins 20. Jh. haben dort die Bauern ihre Stallungen in dieser Technik errichtet.

## **Carrowntemple, Gorteen,** Co. Sligo

Carrowntemple ist ein ähnlich zeitloser Ort wie Reask. Bis 1973 nahm überhaupt niemand Notiz von dem Ensemble aus Steinplatten mit sowohl figuralem als auch ornamentalem Dekor. Innerhalb einer runden Einfriedung findet man die Ruine einer schlichten mittelalterlichen Kirche von bescheidenen Ausmaßen. Westlich davon liegende *Souterrains*, als Vorratslager und Unterschlupf genutzte unterirdische Kriechgänge, verweisen auf eine monastische Ansiedlung aus der Zeit vor dem hohen Mittelalter. Der alte Name der Ansiedlung und die Namen der Gründer sind unbekannt. Zwei Brüder sollen nach einer am Ort überlieferten Legende die Gründer gewesen sein. Die besondere Attraktion des Ortes besteht aus 14, heute z.T. durch sehr gute Kopien ersetzten Steinplatten mit reichhaltigen Gravuren. Die figuralen Motive wirken sehr archaisch. Dagegen zeigen die mit Flechtband- und Spiralornamenten geschmückten Steine die ganze Bandbreite des kulturellen Erbes der Zeit vom Neolithikum bis ins 7. nachchristliche Jh. Vor allem die Spiralornamente illustrieren noch einmal die in Irland vorherrschende Kontinuität vom ausgehenden Neolithikum bis zum eisenzeitlichen La-Tène-Stil, während einige der Flechtbandornamente zu Recht mit den Dekoren des *Book of Durrow* von etwa 650 verglichen werden. Damit ist der Datierungszeitraum der Steine von Carrowntemple angedeutet. Näheres werden erst umfangreiche archäologische Untersuchungen an diesem erst vor kurzer Zeit entdeckten Platz zutage fördern.

▲ *Carrowntemple: Frühchristliche Stele mit Flechtbandornament.*

## **Castlestrange,** Co. Roscommon

An Feinheit in der künstlerischen Durcharbeitung bleibt der Stein von Castlestrange hinter seinem Gegenstück in Turoe zurück. Dennoch gehört er aufgrund seiner Ornamentik unstreitig in die Gruppe der La-Tène-zeitlichen Reliefsteine Irlands aus den letzten vorchristlichen Jahrhunderten und zu den am besten erhaltenen seiner Art in Europa. Der Stein ist etwa 0,9 m hoch und breiter gelagert als der von Turoe. Die in flacherem, mehr linearem Relief dargestellten Motive gleichen, auch wenn ihnen die plastische Tiefe fehlt, denen in Turoe und auf den anderen Steinfragmenten dieser Zeit in Irland. Wie bei diesen wird eine kultische, vielleicht phallische Bedeutung angenommen. Weitere Einzelheiten seiner Herkunft und seiner Funktion verrät der Stein nicht.

▲ *Castlestrange: Stein mit keltischem Ornament.*

## **Clonmacnoise,** Co. Offaly

Clonmacnoise wird gern als eine Klosterstadt bezeichnet. In der Tat haben wir hier genau das Gegenteil der Eremitagen auf den Inseln vor der Küste oder in den zahlreichen Seen vor uns. Clonmacnoise war, obgleich vom hl. Ciarán 548/49 als Einsiedelei in dem moorumgebenen Bogen des Shannon gegründet, über 1000 Jahre hinweg ein kirchliches Machtzentrum, ein Ort der Schriftkultur und Gelehrsamkeit und ein Ziel zahlloser Pilger. Daran vermochten auch die vielen Raubzüge und Plünderungen, zunächst der Wikinger, dann der Anglonormannen, nichts zu ändern. Zwischen 834 und 1204 wurde das Kloster allein 6-mal geplündert und 26-mal in Brand gesteckt. All das konnte die Mönche nicht entmutigen. Gerade in der Zeit der Wikingerstürme entstand im 9. Jh. das *Cross of the Scriptures,* eines der bedeutendsten irischen Hochkreuze, das vor allem die Leiden, den Tod und die Auferstehung Christi zum Thema hat. Erst 1552 kam unter den harten Schlägen der englischen Garnison von Athlone mit der Wegführung aller Schätze und beweglichen Habe das Ende des Klosters. Die „Landschaft“ des Klosters von Clonmacnoise enthält, inmitten zahlreicher moderner, diese Orte gleichwohl prägenden Bestattungen, alle typischen Bauten eines frühen irischen Klosters und zugleich Bauten aus allen Perioden seiner langen Geschichte: die Kathedrale, weitere Kirchen und Oratorien, Rundtürme, Hochkreuze (heute im Gelände durch Kopien ersetzt), Reste von Wohnbauten bis hin zu dem Pavillon, der 1979 anlässlich des Besuches von Papst Johannes Paul II. für die Zelebration der heiligen Messe errichtet wurde.

▲ *Clonmacnoise: Ansicht des Klosters mit Kathedrale und „Cross of the Scriptures" (Kopie).*

# **Dhúin Irguish, Black Head, Burren,** Co. Clare

▲ *Dhúin Irguish: Ansicht des Ring-Forts von Osten.*

In der wasser- und vegetationslosen Steinwüste oberhalb von Black Head (Ceann Bóirne) würde man nicht sogleich Überreste menschlicher Ansiedlungen vermuten. Die kahlen Kalksteinterrassen bieten heute gerade noch einigen Ziegen ein dürftiges Auskommen und außer einem grandiosen Blick über die Galway Bay zu den Aran-Inseln haben dort nur Botaniker ihre Freude an seltenen subtropischen Orchideenarten, die vereinzelt in den Felsspalten zu finden sind. Hier liegt, schwer zugänglich, auf einer Felsterrasse, knapp unter dem 320 m steil aus dem Meer aufragenden Bergrücken, das steinerne *Ring-Fort* Dhúin Irguish, auch als Caherdooneerish oder Caherdoonfergus bekannt. Es ist einer jener zeitlosen Orte, von denen niemand weiß, ob sie in vorgeschichtlicher Zeit oder erst im Mittelalter entstanden sind. Mit Ausnahme der sorgfältigen Geländeerkundungen Thomas J. Westropps vor fast 100 Jahren hat auch nie jemand die Anlage untersucht. Der steinerne Ringwall aus Trockenmauerwerk wird kaum je erwähnt. Das ist kein Wunder, finden sich doch gerade im heute so siedlungsfeindlichen Burren viele 100 dieser *Ring-Forts,* die eine dichte Besiedlung vom Neolithikum bis zum Mittelalter, als die Landschaft durch extensive Rodung und Erosion endgültig zur Wüste geworden war, belegen. Das ganz zum Meer hin orientierte *Ring-Fort* gibt Rätsel auf. Da es hier oben schon in der Eisenzeit allenfalls dürftige Weide und kaum Wasser gab, ist es nicht ausgeschlossen, dass seine Bewohner vom Meer lebten, nicht unbedingt als Fischer an einer der kleinen Buchten am Fuß des Berges, sondern als Küstenpiraten, die sich vom lebhaften Handelsverkehr in der Galway Bay ihren Teil auf ihre Art nahmen.

## **Dún Aonghasa, Aran,** Co. Galway

Dún Aonghasa ist von einer gesicherten Deutung noch weit entfernt. Es handelt sich nicht nur in den Ausmaßen um eine gewaltige, sondern gewiss auch sehr komplexe Anlage. Eine Fluchtburg, eine Residenz oder ein kultisches Zentrum können sich durchaus in dem Bauwerk wiederfinden. Selbst große Herden hatten zwischen den äußeren Ringmauern Platz. Die aufwendige Arbeitsorganisation bei der Errichtung der Mauern setzt entwickelte soziale Strukturen und die Macht eines Stammesführers voraus. Die exponierte Lage verweist ebenfalls auf die Zurschaustellung eines Machtanspruches. Gegen eine Wehranlage spricht vor allem die fehlende Frischwasserversorgung durch eine eigene Quelle, ein Argument, das auf den zwar regenreichen, aber wasserarmen Aran-Inseln ernsthaft erwogen werden muss. Alles andere spricht jedoch ebenso klar für eine Wehranlage: die mächtigen Trockenmauern, die vier Mauerringe, die schwer zugängliche Lage und der *Chevaux de frise,* das Annäherungshindernis zwischen den äußeren Wällen. Manche glauben, die Anlage sei einmal sehr viel größer gewesen und durch Absturz der Klippen ins Meer in der Fläche reduziert worden. Die ältesten Spuren einer Wehranlage an dieser Stelle datieren in die späteste Bronzezeit, etwa 800 v. Chr. Es gibt Keramikfunde und Reste sowohl von Bronzeschmuck wie von Werk-

▲ *Dún Aonghasa: Die inneren Mauerringe mit dem „Chevaux de frise“.*

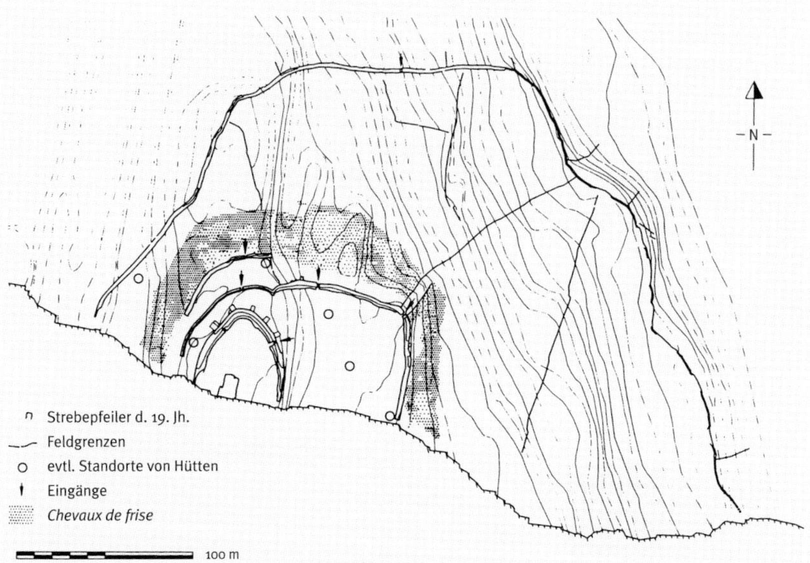


▲ *Dún Aonghasa: Grundriss der Gesamtanlage.*

stätten zur Bronzebearbeitung. Weitere dichte Besiedlungsspuren gibt es aus der Zeit zwischen 500 und 1000 n. Chr., ohne dass der Platz zwischenzeitlich wüst gewesen sein muss. Die Anlage ist sicher aus kleineren Anfängen über mehrere Jahrhunderte hinweg erweitert und ausgebaut worden.

## **Dúnbeg, Fahan, Dingle,** Co. Kerry

Das *Promontory Fort* Dúnbeg ist ein kleines, aber eindrucksvoll gelegenes und gut erhaltenes Beispiel seiner Art. Eine Innenfläche von heute ca. 20 m Breite und 25 m Tiefe besetzt eine allseits steil abfallende Felsklippe und ist zur Landseite durch eine mächtige Trockenmauer von 6,35 m Stärke und einer Höhe von 3,08 m abgeschlossen. Vor dieser liegen noch vier Reihen von Erdwällen mit fünf dazwischen liegenden Gräben. Abbrüche der Felsklippen haben seit 1856 fast die ganze westliche Hälfte des Steinwalls in die Tiefe gerissen. Der noch gut erhaltene Eingang dürfte ehemals fast in der Mitte des Steinwalles gelegen haben. Seitlich des Einganges befinden sich zwei Kammern, wie der Durchgang in gut restauriertem Zustand. Vom Eingangsbereich führt ein gedeckter *Souterrain,* ein niedriger Kriechgang aus Trockenmauerwerk, über 16,5 m bis zu dem zweiten Graben zwischen den Erdwällen nach außen. Ein Plattenweg von 12 m Länge erstreckt sich vom Durchgang in dem Steinwall zu den 2,3 m hoch

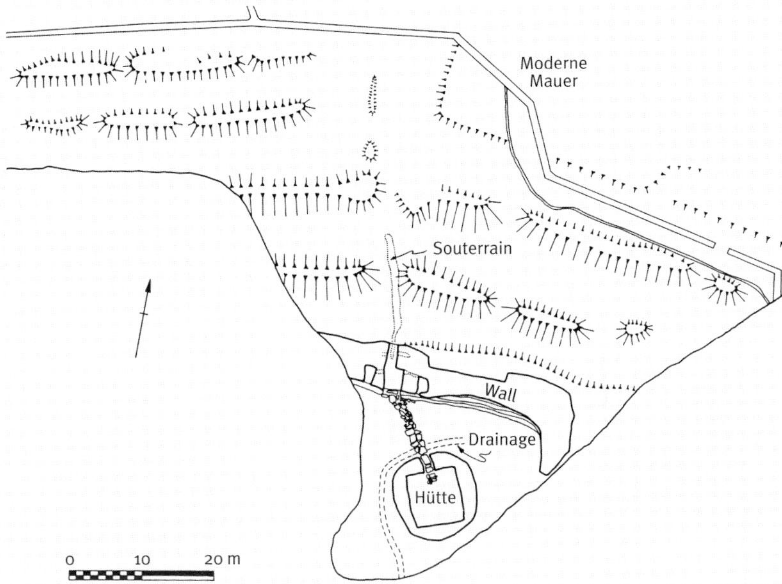


▲ *Dúnbeg: Grundriss der Wehranlage.*

▲ *Dúnbeg: Innenansicht von der Hütte (vorn) zum Steinwall.*

aufragenden Mauern einer Behausung im Innern. Der Bau aus Trockenmauerwerk, außen gerundet, innen bei einem Durchmesser von 7,5 m rechteckig, wird landseitig durch eine Dränage, die sich an der Westseite bis zum Klippenrand hinzieht, gegen das Hangwasser geschützt und entwässert. Die Anlage wurde 1977 archäologisch gut erforscht. Die ältesten Daten verweisen noch in die Zeit um 600 v. Chr. und damit in die späteste Bronzezeit. Was wir heute an Mauerwerk vor Augen haben, dürfte aber nach den ermittelten Radiokarbondaten in der frühchristlichen Zeit, vor allem zwischen dem 9. und dem 11. Jh., errichtet und bewohnt worden sein.

## **Dún Dúchathair (Black Fort), Aran,** Co. Galway

Dún Dúchathair ist ein *Promontory Fort.* Eine lange, von der Steilküste ins Meer hinausragende Felszunge wurde zur Landseite durch einen mächtigen Abschnittswall abgeschlossen, der bei einer Stärke von 5 m eine Höhe von 6 m erreichte. Klippenabstürze am Ostende des Walls lassen den früheren Eingang kaum noch erahnen. Ein *Chevaux de frise*

▲ *Dún Dúchathair (Black Fort): Innenansicht mit Wall und Hüttenfundamenten.*

sicherte das Vorfeld des Walls. Im Gegensatz zu Dún Aonghasa ist im Black Fort eine ausgedehnte Wohnbebauung gesichert und entlang des Walles zu erkennen. Es handelt sich um vier aneinander und an den Wall angelehnte Hütten von gerundeten Grundrissformen, die einst mit spitzen Kegeldächern überdeckt waren. Auf einem Plan von 1914 kann man auch noch eine Reihe von Hausgrundrissen erkennen, die sich entlang der Felszunge erstreckten und sich ursprünglich beiderseits bis zum Klippenrand hingezogen haben sollen. Diese bis zu 15 nachgewiesenen Hütten, die nicht alle Wohnbauten gewesen sein müssen, hätten an diesem unwirtlichen Platz einer beträchtlichen Zahl von Bewohnern eine Behausung geboten. Wegen der fast schwarz abgewitterten Steine, deren Aussehen allerdings in der Beschaffenheit des Kalksteins dieses Teils der Insel begründet ist, wurde Dún Dúchathair früher für bis zu 1000 Jahre älter als Dún Aonghasa gehalten. Eine annähernde Gleichzeitigkeit der beiden Anlagen dürfte indes wahrscheinlicher sein. Doch auch dann bleibt der Datierungsrahmen zwischen Bronze- und Eisenzeit noch weit genug. Man kann auch hier davon ausgehen, dass Dún Dúchathair über Generationen hinweg ausgebaut und genutzt worden ist.

## **Gallarus Oratory, Dingle,** Co. Kerry

Gallarus Oratory, das ist mörtelloses Trockenmauerwerk in absoluter Perfektion. Es gibt kein zweites „bootsförmiges“ Bauwerk in Irland, welches das kleine Oratorium an technischer Vollkommenheit über-

▲ *Gallarus Oratory: Ansicht von Nordwesten.*

treffen könnte. Das einzige seiner Art war es gewiss nicht. In den westlichen Landesteilen, wo rauer Fels mehr Baumaterial bot als der karge Baumbewuchs, dürfte es in den frühen monastischen Zentren viele Bauten dieser Art und Bautechnik gegeben haben. Bei Kilmalkedar zeugt das ruinöse, einst aber nicht weniger vollkommene St. Brendan's Oratory von der Fähigkeit der Mönche und Einsiedler, mit einfachsten Mitteln perfekte Architektur zu errichten. Das Oratorium ist in Kragsteinbauweise errichtet. Die außen wie innen schräg ansteigenden Mauern bilden ein „falsches“ Gewölbe, dessen Steine sich nicht verkeilen, sondern nur aneinander anlehnen, wobei der Druck des Giebelsegments so viel Last auf den Seitenmauern erzeugt, dass ein Einsturz nicht möglich ist. Die lagernden Steine haben eine leichte Neigung nach außen, was bis heute ablaufendes Wasser nicht in das Innere gelangen lässt. Die Technik ist von den runden *Beehive-Huts* auf den Skelligs, in Glenfahan und auf Aran bekannt und geht bis ins Neolithikum zurück. Bei rechteckigen Bauten wie dem Gallarus Oratory ist die Gefahr ungleich größer, dass sich die Mauern der Langseite durchbiegen und einstürzen. Das geostete Oratorium war einst wohl der Sakralbau einer kleinen Klosteranlage oder Einsiedelei unweit des Pilgerweges von Ventry Harbour zum Wallfahrtsziel Mt. Brandon. In den historischen Quellen wird das Oratorium nicht erwähnt. Eine Datierung ins 7./8. Jh. n. Chr. gilt als gesichert.

## **Glendalough,** Co. Wicklow

Zusammen mit Clonmacnoise und Cashel repräsentiert Glendalough heute am besten den Typus der irischen Klosterstadt, zu denen früher auch noch Armagh, Kells und Kildare zu zählen waren. Hier residierten machtvolle Äbte, die über reichen Besitz und zahlreiche Gefolgsleute verfügten. Meist stammten sie aus königlichen Familien, wenn nicht gleich der *rí* selbst, der König oder Häuptling eines *tuath,* eines Kleinkönigreiches, die Abtswürde und damit die weltliche und geistliche Herrschaft übernahm. 1163 wurde Laurence O'Toole, der Abt von Glendalough, Erzbischof von Dublin, was nach der anglonormannischen Eroberung ab 1214 zur Regel wurde und den Niedergang des Klosters einleitete. 1398 wurde Glendalough von den Engländern endgültig zerstört. Wie vergleichbare Klöster wurde auch Glendalough im 6. Jh., am Beginn der großen Zeit der irischen Klosterkultur, in der Abgeschiedenheit der Wicklow-Berge als Einsiedelei gegründet. Aus dieser frühen Zeit, als das Kloster in der waldreichen Gegend ohnehin nur aus Holzbauten bestand, sind keinerlei Bauwerke erhalten. Die heutigen Steinbauten, die sich um den unteren See durch das Tal bis zum oberen See hinziehen, stammen nahezu alle aus dem hohen Mittelalter, sind aber im Einzelnen schwer zu datieren. Das gilt auch für das berühmteste Bauwerk von Glendalough, St. Kevin's Kitchen, das wegen seiner Ähnlichkeit mit dem – älteren – St. Columba's House in Kells, Co. Meath, oft ins 9. Jh. datiert wurde. Ungeachtet der Tatsache, dass Glendalough heute

▲ *Glendalough, St. Kevin's Kitchen: Ansicht von Süden.*

zum Ziel des Massentourismus geworden ist, vermittelt ein Spaziergang vom Zentrum zu den Denkmälern am oberen See noch immer einen Eindruck von der ehemaligen Stille und der zur Kontemplation anregenden Ruhe des Ortes.

## **Inishmurray,** Co. Sligo

Die Insel Inishmurray vor der Küste von Co. Sligo wird gern als die am besten erhaltene frühchristliche Klostersiedlung Irlands bezeichnet, obwohl sie damit in einer scharfen Konkurrenz zu Skellig Michael und den Denkmälern von Dingle, beide Co. Kerry, steht. Das Kloster, dessen Gründungsheiliger St. Molaise im 6. Jh. lebte, wird 747 anlässlich des Todes eines Abtes urkundlich erwähnt. Die einzige weitere Erwähnung bezieht sich auf das Jahr 802, als die Wikinger Inishmurray, wie so viele andere Klöster in Irland, ausplünderten und in Brand setzten. Danach verschwindet Inishmurray aus den Quellen, obwohl eine Analyse der Bauten und eine im Nationalmuseum in Dublin befindliche Holzstatue des hl. Molaise aus dem 13. Jh. belegen, dass der Ort als Kloster weiter bestand. Zentrum der Ansiedlung ist ein *caiseal,* in dem sich eine kleine Kirche, ein Oratorium, ein *clochán* und Wohnbauten befanden. Die meisten Gebäude waren, wie im Westen Irlands die Regel, aus Trockenmauerwerk errichtet, aber auch Holzbauten sind anzunehmen. Das ver-

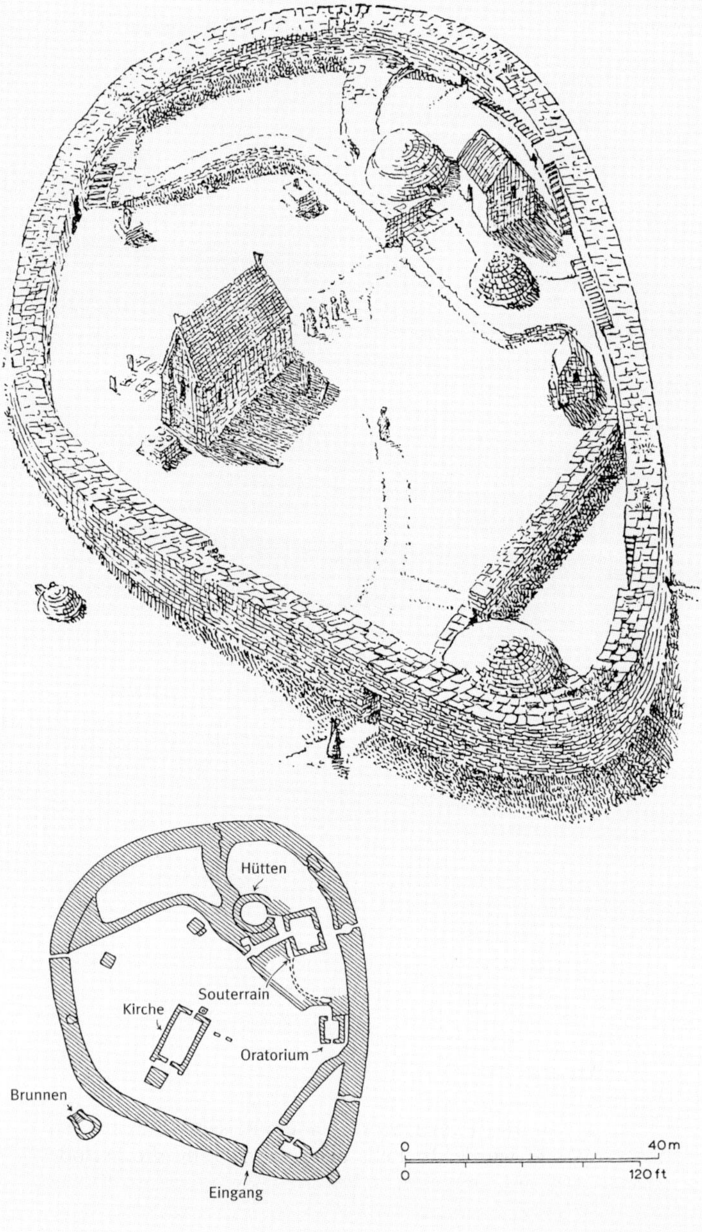


▲ *Inishmurray: Rekonstruktion und Grundriss des Kernklosters.*

mutlich älteste Gebäude, St. Molaises Haus, wird ins 8. Jh. datiert. Der die Anlage umgebende Steinwall in der Art eines *Ring-Forts* kann durchaus älter sein. Die Kirche datiert eher ins 10. Jh. Inishmurray ist eine typische Ansiedlung weltflüchtiger Eremiten des frühen Mittelalters, die bis heute ihre Abgeschiedenheit bewahren konnte.

### Die Wikinger

Lange Zeit kannte die irische Geschichtsschreibung die Wikinger oder Nordmänner nur als brutale Räuber und Plünderer, die mit ihren schnellen Langschiffen wie aus dem Nichts übers Meer kamen, wobei sie besonders die reichen Klöster heimsuchten und alle, die nicht rechtzeitig fliehen konnten, versklavten oder einfach erschlugen.

Dieses Klischee spiegelt durchaus Tatsachen wider, wie zahlreiche Berichte erschreckter Chronisten belegen. Es beleuchtet aber nur eine Seite des Wesens dieser rauen Seefahrer, Krieger und Händler, deren Heimat die Fjorde Norwegens, Südschweden und Dänemark waren. Von hier aus gelangten sie über ungeheure Entfernungen und das offene Meer nach Konstantinopel und Jerusalem, nach Russland und zum Kaspischen Meer, aber auch nach Island, Grönland und Nordamerika, nicht zu reden von allen Küsten Nordwesteuropas und den Britischen Inseln. Sie raubten und plünderten, wo man sich nicht wehrte, und trieben Handel, wo Widerstand eine Anwendung von Gewalt nicht zuließ. Ihr Fernhandel war glänzend organisiert, ihre Handelsplätze wurden an vielen Küsten, so auch in Irland, zu Keimzellen der ersten Städte des Mittelalters. Auch Kunst und Kultur waren ihnen nicht fremd. Die Ornamentik des frühen Mittelalters ist ohne die Impulse der nordischen Kultur nicht zu erklären. Die Wikinger hinterließen durch ihre erbarmungslose Zielstrebigkeit bei ihren Zeitgenossen einen nachhaltigen Eindruck. Gar so ungewöhnlich war ihr Verhalten im allseits gewaltbereiten europäischen Mittelalter jedoch nicht.

## **Kells, Broken Cross,** Co. Meath

Das *Broken Cross* in Kells, dessen Schaft mit immerhin noch einer Gesamthöhe von 3,44 m aufrecht steht, wird wegen seines stark beschädigten Zustandes nur wenig beachtet, zählt aber zu den wichtigsten in Irland überhaupt. Insgesamt sind in Kells noch vier Hochkreuze ganz oder in Teilen zu sehen. Eines von ihnen ist unvollendet. Drei der Kreuze stehen auf dem Friedhof der protestantischen Kirche, das vierte stand auf einer Kreuzung in der Ortsmitte, wo es 1999 von einem Reisebus umgefahren und schwer beschädigt wurde. In Kells beginnt im 9. Jh. die Periode der sog. Schriftkreuze, auf denen gegenüber den älteren ornamentierten Kreuzen zahlreiche Szenen aus der Heiligen Schrift den Schaft und die Kreuzarme überzogen. Trotz seines beschädigten Zustandes muss das *Broken Cross* zu den frühesten Schriftkreuzen gezählt werden, und es

▲ *Kells, Broken Cross: Adam und Eva.*

ist davon auszugehen, dass seine neue Art der Dekoration für viele weitere Kreuze vorbildlich wurde. Auch die ehemalige monumentale Wirkung darf nicht unterschätzt werden. Es dürfte dem 7 m hohen Kreuz in Moone, Co. Kildare, und dem fast gleich hohen *Tall Cross* in Monasterboice nicht nachgestanden haben. Wie auf anderen Kreuzen stammen die erhaltenen Szenen der Ostseite aus dem Neuen Testament, die der Westseite aus dem Alten Testament, darunter die schöne Darstellung von Adam und Eva unter dem Baum der Erkenntnis, um den sich die Schlange windet. Gerade diese Szene vereint die neue Bildinformation der Schriftkreuze mit der althergebrachten, in die Vorgeschichte zurückverweisenden Dekorationsweise, in der wuchernde und verschlungene Flechtband- und Spiralmotive alle Flächen überzogen.

## **Kells, St. Columba's House,** Co. Meath

Auch Kells gehörte einst zu den großen Klosterstädten Irlands. Davon ist jedoch in der heutigen Kleinstadt nur noch wenig zu sehen. Nur die bedeutenden Hochkreuze und der obligatorische Rundturm legen direkt Zeugnis von der früheren Bedeutung des Klosters ab, fast alle anderen Bauwerke, vor allem die Kirchen, sind verschwunden bzw. modern überbaut. Allein der Straßengrundriss der Stadt gibt noch Auskunft darüber, dass Kells vermutlich ein eisenzeitliches *Ring-Fort* war, ehe der Ort – vergleichsweise spät – im Jahr 804 als Kloster an die vor den Wikingern geflohene Gemeinschaft des hl. Columban aus dem schottischen Iona gegeben wurde. Unmittelbar danach muss, wie datierte Mörtelproben ergaben, das als St. Columba's House bekannte Gebäude errichtet worden sein. Es liegt nahe bei der protestantischen Kirche, unter der die alte Klosterkirche vermutet wird und auf deren Friedhof drei der vier Hochkreuze von Kells stehen. St. Columba's House ist kein eigentlicher Sakralraum. Hier wurden vermutlich die von den Mönchen aus Iona mitgebrachten Reliquien in ihren kostbaren Schreinen aufbewahrt, darunter auch das berühmte *Book of Kells.* Die Bautechnik ist einfach. Über einem schlichten unteren Raum wölbt sich ein steiles Dachgeschoss, dessen Mauertechnik eine Umsetzung des aus den *clochándns* und vor allem aus

▲ *Kells, St. Columba's House: Ansicht von Nordwesten.*

dem Gallarus Oratory in Dingle, Co. Kerry, bekannten Trockenmauerverbandes in Mörtelmauerwerk darstellt. Das Dach wurde vermutlich in späterer Zeit erneuert.

## **Killala,** Co. Mayo

Um Ballina herum und entlang der Killala Bay im Norden von Mayo, im Osten der großen Moorlandschaften, gibt es eine bemerkenswerte Anzahl von klösterlichen Niederlassungen aus nahezu allen Perioden der irischen Geschichte. Unter diesen beansprucht der Ort Killala für sich das ehrwürdigste Alter, und es heißt, dass kein anderer als der heilige Patrick, der Patron Irlands, im 5. Jh. St. Muiredach als ersten Bischof von Killala eingesetzt und damit die christliche Tradition am Ort begründet habe. Dem Bischofssitz war gewiss bald ein frühes Kloster zugeordnet, von dem außer einem *Souterrain* bei der Kathedrale der *Church of Ireland* nichts mehr erhalten ist. Einzig der Rundturm steht heute noch eng

▲ *Killala: Der Rundturm.*

umbaut in der Mitte des kleinen Städtchens. Er gilt als ein klassisches Beispiel seiner Gattung: 25,6 m hoch, am Fuß 5,06 m im Durchmesser, verfügt er über einen mit einem Bogen überwölbten Eingang in knapp 3 m Höhe. Unter dem konischen Dach zeigen vier Fenster, die mit spitz gegeneinander gelehnten Steinbalken gedeckt sind, in die Himmelsrichtungen. Ein weiteres kleines Fenster liegt in halber Höhe. Die mannshohen Stockwerke des Innern waren durch steile Leitern verbunden. Der

Rundturm entstand vermutlich im 11. oder 12. Jh., wurde 1840 repariert und diente sowohl als Zuflucht bei Überfällen als auch als Landmarke, die weithin die Lage von Kloster und Kathedrale anzeigte – allerdings auch Plünderern und Räubern leicht den Weg wies. Die irischen Rundtürme stehen schon an der Schwelle zum hohen Mittelalter, ihre Verwandtschaft mit den vorzeitlichen *Menhiren* und den frühchristlichen *Campanili* Italiens können sie dennoch nicht verleugnen.

## **Killeany, Aran, Hochkreuzschaft,** Co. Galway

So unscheinbar der untere Teil vom Schaft eines Hochkreuzes, nahe bei den Resten des Rundturmes von Killeany, unterhalb von Teampall Bheanáin, auch scheinen mag, ist dieses Werk doch wie wenige andere seiner Art geeignet, einige wichtige Fragen zu stellen. Der Schaft wurde erst 1843 aufgefunden und in der heutigen Art aufgestellt, befindet sich aber sicherlich in der Nähe seines ursprünglichen Standortes. Er zeigt auf der Ostseite von unten horizontale und vertikale Spiralmotive, vier spiralartig angeordnete Schlangenwesen, vier teilweise untereinander verbundene Felder mit diagonalen und rechteckigen Motiven und vier verwobene Knotenornamente, auf der Westseite unten wiederum Spiral- und Knotenmotive und darüber zwei verschlungene Fabelwesen. Die ornamentalen Motive der Ostseite folgen wie auch die vier Schlangen durchweg einer geometrischen Ordnung, während die Westseite zwar eine Symmetrieachse andeutet, die einzelnen Motive jedoch freier gruppiert. Obwohl die geometrischen Felder Entsprechungen in den großen Werken der irischen Buchmalerei finden, zeigen sich in den Tierfiguren und dem sie begleitenden Rankenwerk Einflüsse des skandinavischen Tierstils. Die Wikinger haben sich offensichtlich nicht nur durch Raub und Plünderung hervorgetan, sondern auch die irische Kunst durch eigenes Formengut bereichert. Die Datierung des Schaftes von Killeany ist offen, es sei jedoch angemerkt, dass die große Zeit der irischen Buchmalerei im 9./10. Jh. gerade dann zu Ende ging, als die Epoche der reich geschmückten Hochkreuze begann – und das zur Zeit der Wikingerstürme. Vielleicht hat man die vielen verbrannten und

▲ *Killeany: Der zerbrochene Schaft eines Hochkreuzes, Westropp 1897.*

geraubten Bücher durch dauerhaftere Bildträger in Stein ersetzen wollen. Auf jeden Fall konnte man sich nicht ganz dem kulturellen Einfluss der Plünderer aus Skandinavien entziehen.

## **Killeany, Aran, Teampall Bheanáin,** Co. Galway

Teampall Bheanáin ist ein winziges Bauwerk, aber eine unübersehbare Landmarke. Wer immer sich der Insel nähert, wird zunächst die Kirche mit ihren steil aufragenden Giebeln vor Augen haben. Wir wissen nur wenig von dieser Kirche, deren Innenraum gerade einmal 6 $m^2$ groß ist. Infrage kommen ein Oratorium, in dem Reliquien des hl. Benignus, Schüler und Nachfolger des hl. Patrick in Armagh, geborgen waren, eine Einsiedelei oder auch beides zusammen. Ein kleines Gebäude unmittelbar nördlich der Kirche wurde noch im 17. Jh. genutzt, der Schaft eines frühen Kreuzes fand sich südlich des Oratoriums. Reste einer steinernen Terrassenmauer liegen zum Abhang hin, der Stumpf eines Rundturmes darunter. Das dachlose, aber in seinen Mauern sehr gut erhaltene Bauwerk macht auf den Betrachter einen archaischen Eindruck. Eine neuere Radiokarbondatierung von Mörtelproben belegt den Bau des Oratoriums im 11. Jh. Mächtige Orthostaten, die fast die Höhe der Mauern erreichen, gliedern die Seitenwände. Auch der Türsturz über dem auf der Nordseite liegenden Eingang und die in den Giebelwänden verbauten, sorgfältig zugerichteten Quadersteine haben, gemessen an der geringen Größe des Bauwerks, beachtliche Dimensionen. Auf der südwestlichen

▲ *Killeany, Teampall Bheanáin: Ansicht von Süden.*

Ecke trägt einer der Ecksteine die Inschrift „CARI". Die eigentlich zu erwartende Ostorientierung der von Norden nach Süden ausgerichteten Kirche wird durch das einzige Fenster in der östlichen Seitenwand hergestellt. Teampall Bheanáin gehört landschaftlich wie architektonisch zu den eindrucksvollsten Kirchenbauten des Mittelalters in ganz Irland.

## **Kilmalkedar, St. Brendan's Oratory, Dingle,** Co. Kerry

Wenn man das mit Recht berühmte, weil unversehrte Gallarus Oratory auf der Dingle-Halbinsel, Co. Kerry, gesehen hat, sollte man auch das in der unmittelbaren Nähe des Klosterbezirks von Kilmalkedar gelegene, wenig beachtete Oratorium des hl. Brendan aufsuchen. Es gewährt dem Betrachter die Einblicke in die Struktur und die Mauertechnik, die das Gallarus Oratory gerade wegen seines guten Erhaltungszustandes nicht bieten kann. Das außen 7,25 m × 5,05 m und innen 5,33 m × 2,80 m messende Gebäude, das ohne den fehlenden Dachfirst in seinen Mauern noch immer 3,10 m Höhe erreicht, ist ganz in Trockenmauerwerk und Kragsteinbauweise errichtet, eine Technik, die in Irland in höchster Perfektion von der Vorzeit bis ins 20. Jh. vor allem in den westlichen Landesteilen gebräuchlich war. Vereinzelte Mörtelfugen sind restaurierende Zutaten späterer Zeit. Die Mauern haben eine Stärke von ca. 1,10 m, wobei die sorgfältig geschichteten Steinlagen so angeordnet sind, das alles abtropfende Wasser nach außen abläuft. Der durch die fehlende Dachspitze helle Innenraum lässt jede technische Einzelheit des Bauwerks deutlich

▲ *Kilmalkedar: St. Brendan's Oratory, Innenansicht.*

sichtbar werden. Der nach Osten gerichtete Altar zeigt, dass es sich tatsächlich um einen Sakralraum und nicht um die Wohnzelle eines Eremiten handelt. Eine solche, aus Holz oder aus Stein in der Form eines *clocháns,* dürfte innerhalb einer Einfriedung in nächster Nähe gestanden haben. Insgesamt wird es sich um den Lebensbereich eines oder weniger Eremiten gehandelt haben. Eine Datierung liegt nicht vor. In Anlehnung an das Gallarus Oratory wird der Bau wohl im 8. Jh. entstanden sein.

## **Kilnasaggart-Stein,** Co. Armagh

▲ *Kilnasaggart: Stele mit der Inschrift aus dem 8. Jh.*

Der etwa 2,20 m hohe Stein von Kilnasaggart, unmittelbar an der Grenze zur Republik Irland und von alters her an einer der wichtigsten Verbindungsstraßen von Leinster nach Ulster gelegen, gilt als das älteste inschriftlich datierte Steindenkmal Irlands. Auf der Front des Steines ist zwischen zwei eingravierten Kreuzen, das untere ein Scheibenkreuz mit spiralartig eingerollten Enden der Kreuzarme, eine altirische Inschrift zu lesen, nach welcher der in der vierten Zeile genannte Ternohc Ceran diesen Ort dem hl. Petrus vermacht habe. Wenn die Identifizierung dieses Ternohc mit dem in den *Annalen von Tigernach* genannten und 716 verstorbenen Ternóc, Sohn Ciaráns des Kleinen, richtig ist, dann haben wir hier in der Tat ein sehr altes Schriftmonument vor Augen, das an der Wende vom 7. zum 8. Jh. errichtet worden sein könnte. Die Ähnlichkeit des Steines von Kilnasaggart mit einem bronzezeitlichen *Menhir* ist augenfällig. Wenn die archaische Form des Steines auch nicht dazu verführen darf, ihm allein deshalb ein hohes Alter zuzuschreiben, so können wir in ihm doch eines der Bindeglieder zwischen den vorzeitlichen *Menhiren* und den ab seiner Entstehungszeit sich allmählich herausbildenden irischen

Hochkreuzen sehen. Parallelen dazu gibt es an zahlreichen weiteren Orten, vor allem aus Ansiedlungen frühchristlicher Mönche und Eremiten, z.B. in Reask, Co. Kerry, Clonmacnoise, Co. Offaly, und Inishmurray, Co. Sligo. Unter die Hochkreuze selbst ist der Stein allerdings noch nicht zu zählen. Dafür fehlen noch die formalen Voraussetzungen, weshalb der Stein im Katalog von Peter Harbison unter den Hochkreuzen nicht erwähnt wird.

## **Monasterboice, Muiredach's Cross,** Co. Louth

Monasterboice war eine Gründung des hl. Buite, der im 6. Jh. lebte. Der Ort ist heute durch zwei der schönsten Hochkreuze Irlands, das Tall Cross und das Muiredach's Cross, ausgezeichnet. Außerdem gibt es Fragmente weiterer Hochkreuze, einen Rundturm und die Ruinen von zwei spätmittelalterlichen Kirchen. Das Schicksal des Klosters gleicht dem so vieler anderer. Einer ersten Blütezeit nach der Gründung folgten die Zerstörungen und Plünderungen durch die Wikinger ab dem 9. Jh., bis diese 968 von Domnhall, dem König von Tara, endgültig vertrieben wurden. Das klösterliche Leben dauerte mindestens bis 1122 an, danach suchten noch jahrhundertelang Pilger den Platz auf. Muiredach's Cross ist nach dem inschriftlich auf dem Sockel verewigten Mann benannt, „der das Kreuz gemacht" hat. Wir wissen nicht, ob es sich dabei um den Bildhauer, den Abt oder einen König handelt. Das Kreuz ist mit seinen im Hochrelief hervortretenden Figuren von außergewöhnlicher bildhauerischer Qualität und steht stilistisch in enger Beziehung zu den Kreuzen des nicht weit entfernten Kells, Co. Meath. Es wird wie diese in die zweite Hälfte des 9. Jh. datiert. Beherrschendes Thema des Kreuzes ist der triumphierende, auferstehende und richtende Christus. Daneben gibt es einzelne Szenen aus dem Alten Testament, z.B. Adam und Eva, David und Goliath oder Kain und Abel. Wie auf vielen Hochkreuzen sind die Eremiten Antonius und Paulus die einzigen außerbiblischen Heiligen in den zahlreichen Szenen, was angesichts des auf Askese und Eremitentum ausgerichteten irischen Mönchtums nicht weiter verwundert.

▲ *Monasterboice, Muiredach's Cross: Ansicht von Westen.*

## **Moone, Hochkreuz,** Co. Kildare

▲ *Moone, Hochkreuz: Antonius und Paulus erhalten von dem Raben Brot.*

Das wundervolle Kreuz von Moone ist nach dem Tall Cross in Monasterboice das höchste und schlankeste in Irland. Es ist aus hartem Granit gearbeitet, was vielleicht die gegenüber anderen Kreuzen mit Szenen aus der Heiligen Schrift flächigere Bearbeitung des Steines erklärt, bei dem die Figuren nicht so körperhaft heraustreten. Wie bei einigen anderen irischen Kreuzen wird eine frühere Farbfassung, welche die harte Stilisierung mancher Szenen zu mindern vermochte, angenommen. Bei Ermangelung gesicherter Informationen gilt eine Entstehung des Kreuzes im 9. Jh. als wahrscheinlich. Es ist ein sehr ungewöhnliches Kreuz, da seine Szenen sicher alle einen Bezug zur Botschaft des Christentums haben sollten, dies aber für den heutigen Betrachter, vor allem bei der Darstellung wilder und z. T. fantastischer Tiere, nicht ohne weiteres nachzuvollziehen ist. Die leicht zu identifizierenden Szenen haben überwiegend die Hilfe Gottes in Not und Gefahr zum Thema, so bei der Opferung Isaaks auf der Ostseite, der Flucht nach Ägypten und der Speisung der 5000 auf der Südseite sowie bei den Szenen aus der Antoniuslegende auf der Nordseite. Dabei nimmt der Künstler die erzählenden Elemente stark zurück. Die Speisung der 5000 wird durch die fünf Brote und – aus Gründen der Symmetrie – durch nur zwei Fische ganz auf die Kernaussage reduziert. Ähnlich ist die Speisung der hll. Antonius und Paulus in der ägyptischen Wüste durch den von Gott gesandten Raben ausgeführt. Die beiden Eremiten sitzen auf Stühlen einander gegenüber und halten gemeinsam das Brot, das der über ihnen schwebende Rabe vom Himmel gebracht hat.

## **Reask, Ballyferriter, Dingle,** Co. Kerry

Reask oder An Riasc gehört zu den nicht wenigen frühchristlichen Denkmälern Irlands, die sich einem schnellen Zugang hartnäckig verschließen. Auf dem westlichen Ende der Dingle-Halbinsel, inmitten einer Fülle von frühchristlichen Überresten gelegen, ist es dennoch gleichsam geschichtslos. Nirgendwo in den alten Texten und Annalen ist der Ort erwähnt, und auch Namen, selbst aus der Mythologie, lassen sich nicht mit dem Platz verbinden. Es ist erkennbar ein christlicher Ort. Mehrere menhirartige Steine, von denen einige mittlerweile im *Heritage Centre* im nahen Ballyferriter geborgen wurden, tragen das Zeichen des Kreuzes. Auf einem der schönsten finden sich links unterhalb des stilisierten Scheibenkreuzes die Buchstaben *dne,* offensichtlich eine Abkürzung für *domine,* die Anrufung des Herrn. Ausgrabungen haben es gleichwohl vermocht, unsere Kenntnis über diesen Ort zu erweitern. Die annähernd ovale Einfriedung zeigt, wie sehr deren Gestalt einer frühen Kloster- oder Eremitensiedlung einem *Dún* oder *Cashel* der übrigen Bevölkerung dieser Zeit gleicht. Die runden und rechteckigen Hütten, Feuerstellen, Trockenöfen für Getreide und Dränagen verweisen auf eine sich selbst versorgende kleine Gemeinschaft. Ein kleines Oratorium, ein für monastische Anlagen dieser Art typischer Sakralraum mit einem hölzernen

▲ *Reask: Stele mit der Darstellung des Kreuzes.*

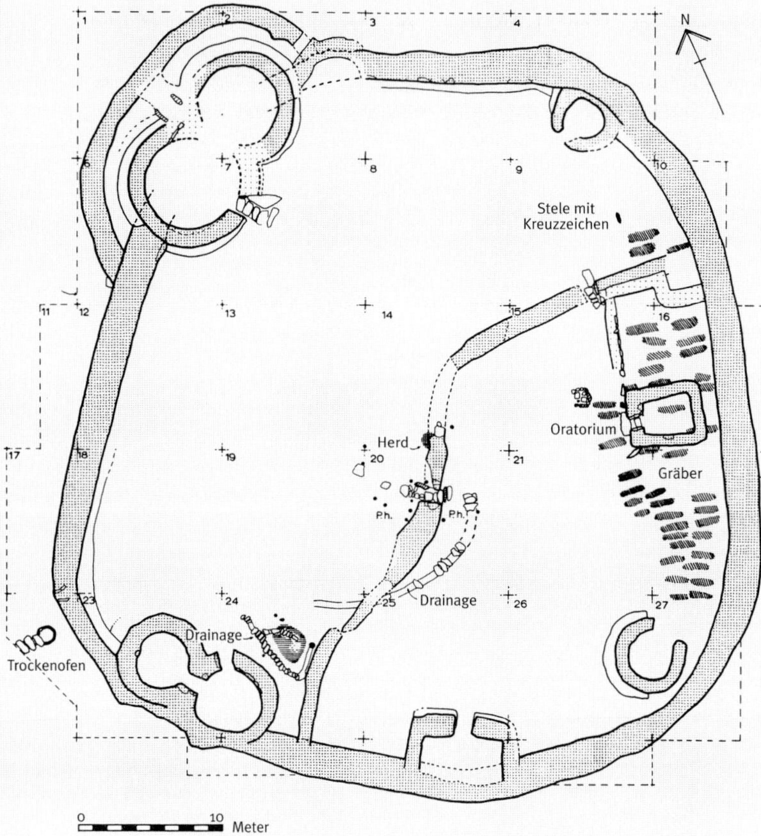


▲ *Reask: Grundriss der frühchristlichen Klosteranlage.*

Vorgänger, fehlt nicht. Die Datierungen auf der Grundlage des organischen Fundmaterials ergeben einen Zeitrahmen vom 4. bis zum 7. Jh. Ob während des gesamten Zeitraumes eine Nutzung durch Mönche oder Einsiedler gegeben war, bleibt offen. In späterer Zeit wurde der Platz, wie so viele andere, für Bestattungen genutzt.

## **Skellig Michael,** Co. Kerry

Die frühmittelalterliche Klostersiedlung von Skellig Michael ist noch immer eine Welt für sich, auch wenn heute ein moderner Leuchtturm mit Hubschrauberlandeplatz besteht. Sie ist ein einzigartiges Zeugnis der christlich überformten Kultur der späten Eisenzeit. 13 km vor der

Südküste von Kerry liegt das Kloster in 170 m Höhe auf einem 218 m steil aus dem Meer aufragenden Felsen. Eine winzige Terrasse erlaubte den Bau von sechs Bienenkorbhütten, zwei rechteckigen Oratorien und einer kleinen Kirche, alle in der mörtellosen Trockenmauertechnik. Winzige Gärtchen über den steil abfallenden Felswänden sind gerade noch zu erahnen. Die hohen Mönchszellen waren eventuell durch Böden in zwei Geschosse unterteilt, ihre einzige „Möblierung" ist heute ein kleines Gesims, vielleicht für eine Essschale oder ein paar Bücher. Die Oratorien gleichen dem des Gallarus oder Brendan's Oratory in Dingle, Co. Kerry, die Kirche stammt wohl aus dem 12. Jh. Aber Daten und Fakten zählen wenig an diesem Ort, wo Zeit noch heute, außer wenn die Bootsführer zur stürmischen Rückfahrt rufen, wenig zählt. Die Insel wird nur in den Jahren 823, 950 und 1044 in den Annalen erwähnt, natürlich auch in Verbindung mit den Raubzügen der Wikinger, und war noch bis ins 12. oder 13. Jh. besiedelt. Auf Skellig Michael sucht man nicht architektonische Einzelheiten oder historische Ereignisse nachzuvollziehen. Man findet sich wieder in der Lebenswelt der frühen christlichen Mönche und Eremiten, in grenzenloser Einsamkeit zwischen dem Himmel und der Weite des Ozeans. Hier zu leben, das war Askese in ihrer extremsten Form.

▲ *Skellig Michael: Die Zellen der Mönche.*

## **Staigue Fort,** Co. Kerry

▲ *Staigue Fort: Die Treppen an der Innenseite des Walls.*

Staigue Fort wird in keinem historischen Dokument auch nur dem Namen nach erwähnt. Seinen heutigen Bekanntheitsgrad verdankt es nicht zuletzt dem nahen *Ring of Kerry,* dessen landschaftliche Schönheiten jährlich Hunderttausende Touristen anziehen. Dennoch gehört es zu den bemerkenswertesten Anlagen seiner Art. Mit einem Innendurchmesser von 23,8 m hat es fast die gleiche Größe wie der *Grianán of Aileach,* Co. Donegal. Die Anlage wirkt urtümlicher als ihr Pendant im Norden, was an den zurückhaltenderen Restaurierungsarbeiten liegt, die den Ruinencharakter des Bauwerks bewahrt haben. Der Datierungsrahmen liegt innerhalb der Eisenzeit bei mehr als 1000 Jahren. Staigue Fort zeichnet sich durch eine fast perfekt zu nennende Trockenmauerwerkstechnik aus. Die äußere und innere Schale des Steinwalles sind sorgfältig aufgemauert, über dem Eingang liegt an der Außenseite ein doppelter Sturzbalken. Im Wall sind die senkrechten Fugen der Bauabschnitte gut zu erkennen. Auch in den vom Innern her begehbaren Kammern in der Mauerstärke sind die Decksteine des mörtellosen Mauerwerks so gesetzt, dass die Räume vor ablaufendem Regenwasser geschützt sind. Die Funktion von Staigue Fort ist ebenso wie seine Erbauer unbekannt. Wehranlage, Kultort oder Fürstensitz kommen alternativ oder auch gemeinsam infrage, weniger eine Art Amphitheater oder eine Pilgerstation auf dem Weg zu den nahen Skelligs. Der repräsentative Anspruch des Bauwerk kommt auch in den zehn – allerdings stark restaurierten – sich kreuzenden Doppeltreppen des Innern, die als Schmuckform gewertet werden können, zum Ausdruck. Es gehörte in keltischer Zeit zu den Pflichten der Klientel eines Clanchefs, durch Dienstleistungen zum Bau eines *Stone-Fort* beizutragen und somit dessen Macht anschaulich zu machen.

## **Timahoe,** Co. Laois

Der wahrscheinlich im 12. Jh. errichtete Rundturm ist der einzige Überrest eines im 7. Jh. von St. Mochua hier gegründeten Klosters. Er gilt als einer der am besten erhaltenen und zugleich schönsten Rundtürme im Land. Dieses Prädikat verdankt er seinem eleganten romanischen Eingang, der, bei einer Gesamthöhe des Turmes von 29,26 m, in 4,3 m Höhe liegt. Der tiefe Durchgang, der im Innern über eine weitere gerahmte Tür verfügt, zeichnet sich durch eine feine Linienführung aus, welche die tiefe

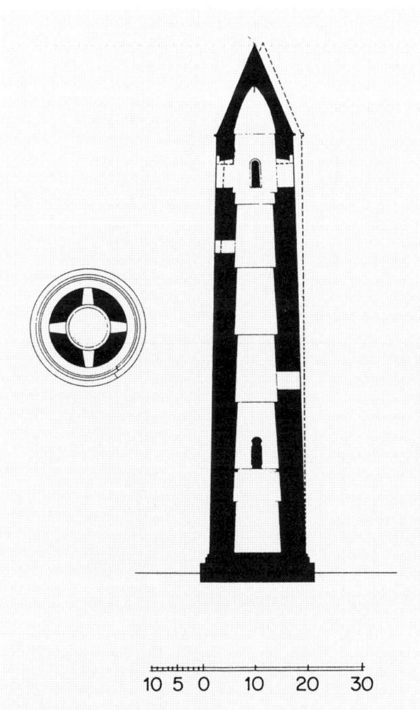


▲ *Timahoe: Grundriss und Schnitt des Rundturms.*

▲ *Timahoe: Der Eingang in den Rundturm.*

plastische Stufung und die Licht- und Schattenwirkung der Gewände in keiner Weise beeinträchtigt. Mehr ein Portal als ein Zugang in die sonst eher schmucklosen Rundtürme, hätte diese Tür ohne weiteres einen Platz an einer der romanischen Klosterkirchen oder Kathedralen finden können. Die Klosterkirche von Timahoe wird dem nicht nachgestanden haben, allerdings sind keinerlei aussagekräftigen Reste mehr erhalten. Der Turm selbst gleicht so vielen seiner Kollegen in Irland. Sieben Stockwerke hoch verfügt er im obersten Geschoss über vier in alle Himmelsrichtungen blickende Fenster. Ein weiteres Fenster lässt zwischen dem unteren und mittleren Drittel Licht ins Innere gelangen. Timahoe, abseits der Hauptstraßen gelegen, beherbergt in dem kleinen Dorf einen der interessantesten Rundtürme Irlands.

## **Turoe,** Co. Galway

Auch von dem Stein von Turoe ist kein archäologisch gesichertes Entstehungsdatum zu gewinnen. Der heute etwa 1 m hohe, 4 t schwere Granitblock gelangte zu Beginn des 20. Jh. als Gartenschmuck von seinem ursprünglichen Standort bei dem nahe gelegenen *Ring-Fort* Rath of Feerwore (Festung des Starken Mannes) an seinen heutigen Platz. Aber man sieht ihm sein Alter durchaus an. Zusammen mit fünf weiteren Steinen dieser Art in Irland, unter denen er gewiss der schönste und ausdrucksvollste ist, trägt er eindeutig ornamentale Motive der keltischen La-Tène-Zeit. Da sich diese Kultur im 3. und 4. Jh. v. Chr. auf dem Kontinent ausbildete, ist es zulässig, den Stein in die Zeit vor der Zeitenwende zu datieren, einer Epoche, in welcher der La-Tène-Stil spätestens den irischen Westen erreicht hatte. Vergleichbare Motive kommen auf britischen Bronzearbeiten dieser Zeit vor. Eine Deutung der Ornamente ist nicht möglich, auch wenn es an z. T. abenteuerlichen Vorschlägen nicht mangelt. Die Motive zeigen unruhig kreisende Bewegungen an, manches deutet auf ein Wechselspiel positiver und negativer Elemente hin. Die Form des Steines selbst legt auch eine phallische, Fruchtbarkeit symbolisierende Bedeutung nahe. Auch geht man nicht fehl, wenn man den Stein ursprünglich im Rahmen kultischer Zeremonien genutzt sehen will. Man wird sich damit begnügen müssen, den Stein als das zu nehmen, als was er sich dem Betrachter darbietet, als ein „stummes und einsames Zeugnis keltischer Fantasie“.

▲ *Turoe: Stein mit Ornament der La-Tène-Zeit.*

## **White Island,** Co. Fermanagh

▲ *White Island: Die frühchristlichen Figuren in der Kirchenruine.*

In White Island gelangen wir einmal mehr an die Schnittstelle zwischen der vorangegangenen heidnischen Epoche der keltisch geprägten Eisenzeit und dem frühchristlichen Mittelalter, in dem die eisenzeitliche Kultur unter neuen Vorzeichen nahezu ungebrochen fortdauerte. Hier finden sich in einer Kirchenruine der Zeit um 1200 – mehrere hölzerne Vorgängerkirchen sind nachgewiesen – acht Figuren, zwei kleine und fünf große, eine ist unvollendet geblieben. Dazu kommt noch die Skulptur eines einzelnen Kopfes. Die Figuren waren früher als Steinblöcke in die Mauern der Kirche eingebaut und sind heute in einer Reihe entlang der Innenwand gegenüber dem Eingang zu sehen. Sie waren also aufgegebene Teile eines älteren Gebildes und datieren in jedem Fall vor den heutigen Kirchenbau. Im Stil schließen sie an aus heidnischer Zeit bekannte Skulpturen an – Boa Island, Co. Fermanagh, ist nur wenige Kilometer entfernt –, andererseits werden sie wegen mancher Parallelen zu den Hochkreuzen nicht vor das 9. Jh. datiert. Offensichtlich haben diese Figuren einen Aufbau getragen, eine Sängerkanzel, einen Schrein oder andere Teile der Ausstattung in einer der hölzernen Kirchen. In jedem Fall sind sie christlich zu deuten. Die dritte Figur zeigt eindeutig eine Glocke und einen Stab, die Insignien eines Klerikers, und die sechste, ein Krieger, könnte König David sein. Dennoch verweisen die Figuren auch auf die alte heidnische Tradition, nicht nur wegen ihrer archaischen Strenge. Die erste Figur erinnert durchaus an eine *Sheela-na-Gig,* einen weiblichen Dämon heidnischer Herkunft mit oft exhibitionistischem Charakter, dem noch ein langes Nachleben an den Außenwänden der mittelalterlichen Kirchen Irlands beschieden war.

# III. Hochmittelalter – Die Anglonormannen

Während Irland in der eisenzeitlichen Epoche mit der Einführung des Christentums zwar eine nachhaltige Veränderung auf dem Gebiet der Religion erlebte, die politische Ordnung, die soziale Gliederung und das kulturelle Leben sich aber unter nur allmählicher Wandlung in den bisherigen Bahnen fortentwickelten, war dies an der Schwelle zum hohen Mittelalter ganz anders. Bis dahin war Irland ein Land am Rande Europas gewesen, das dem von dem Zusammenbruch der spätantiken Ordnung gebeutelten Kontinent vom 7.–9. Jh. mit der Aussendung seiner Missionare zwar kräftige Impulse vermittelte, selbst jedoch vom Festland her kaum Anregungen verarbeitete. Das sollte sich ändern. Es waren ausgerechnet die in der irischen Geschichte so geschmähten Wikinger, welche, allerdings mit brachialer Gewalt, für Irland die Tür zu anderen Kultur- und Wirtschaftsräumen, zunächst dem Nordseeraum zwischen Britannien und Skandinavien, später zum Kontinent, aufstießen. Die Raubzüge und Plünderungen der Wikinger, deren Ziel meist die Klöster waren, sind gut bezeugt, ihr Handel und die Erschließung der von ihnen heimgesuchten Länder für weiträumige und fruchtbare Wirtschaftsbeziehungen finden weit weniger Beachtung. Für die Wikinger waren Raub und Plünderung, Schifffahrt und Handel nur zwei verschiedene Arten der Aneignung von fremdem Gut. Wo sie mit Gewalt nicht zum Zuge kamen, verlegten sie sich notgedrungen auf den friedlichen Warenaustausch. Die großen Handelszentren von Birka in Schweden, Haithabu bei Schleswig und Dorestad an der niederländischen Kanalküste zeugen davon. Auch in Irland hatte sich der wehrhaftere Teil der Bevölkerung den Wikingern nicht widerstands- und willenlos ergeben. Heftige Gegenwehr verhinderte, dass es ihnen gelang, sich großräumig in Irland, wie im ostenglischen *Danelag* und in der Normandie, anzusiedeln. Sie bildeten jedoch zahlreiche Handelsstützpunkte an den Flussmündungen Irlands, aus denen bald die noch heute blühenden Hafenstädte Drogheda, Dublin, Wexford, Waterford und Limerick hervorgingen. Damit gelangten völlig neue Siedlungs- und Wirtschaftsweisen auf die Insel, denn Städte, in denen Händler und Handwerker den Rhythmus des Lebens bestimmten, hatte das agrarische Irland nie gekannt. Mit ihren Städten öffneten die Wikinger dem bis dahin sich selbst genügenden Land das Tor zur Welt. Die Wikinger schufen eine der Grundlagen für das irische Hochmittelalter.

Mit den neuen, von der Stadtkultur geprägten Wirtschaftsformen machten sich weitere Einflüsse von außen bemerkbar. Der skandinavische Tierstil ist schon vereinzelt auf den frühen Hochkreuzen wahrzunehmen, aber auch zahlreiche Metallarbeiten sind den aus Skandinavien und dem Nordseeraum importierten Motiven verpflichtet. Es blieb nicht bei diesen Einflüssen. Die Wikinger verfügten auch über ein bemerkenswertes Talent, sowohl ihren Handel als auch ihre politischen Interessengebiete großräumig zu organisieren. Die Schaffung stabiler politischer Einheiten erklärt zum Teil, neben der Schnelligkeit ihrer Langschiffe und der Rücksichtslosigkeit in der Durchsetzung ihrer Ziele, ihre wirtschaftliche und militärische Überlegenheit. Auch auf diesem Gebiet konnten die zahlreichen irischen Häuptlinge und Kleinkönige von ihren Widersachern einiges lernen, zumal sie nach alter Gewohnheit mit den Nordmännern alsbald Bündnisse gegen ihre irischen Rivalen eingingen und diese durch Heiratsverbindungen besiegelten. Die Annäherung der Iren an die Wikinger war ein von den ersten Überfällen um 800 bis zur weitgehenden Assimilierung mehr als 200 Jahre andauernder Prozess. An dessen Ende schien auch das bis dahin eher einen Ehrenvorrang begründende Hochkönigtum in einer Wandlung hin zu einer zentralen politischen Instanz auf der Grundlage wirklicher Macht begriffen zu sein. Es war der irische Hochkönig Brian Boru, der 1014 in der Schlacht bei Clontarf für alle Zeiten die Vormachtstellung der Nachkommen der Wikinger in Irland beendete, nachdem er zuvor in langen Kämpfen die zahlreichen irischen Stammesverbände und Kleinkönigreiche unterworfen und zur Gefolgschaft gezwungen hatte. Ein irischer Befreiungskrieg des Mittelalters, zu dem der Sieg über die Nordmänner gerne hochstilisiert wird, war das nicht, aber immerhin wurden mit dem mehr oder minder freiwilligen gemeinsamen militärischen Handeln die Anfänge zentraler Machtstrukturen sichtbar. Der Tod Brian Borus in dieser Schlacht machte allerdings schnell deutlich, dass die Einheit zunächst nur in seiner machtvollen Persönlichkeit begründet war und es bis zu einem irischen Königreich unter Führung eines Hochkönigs ein noch sehr weiter Weg war. Das Vorbild war jedoch gegeben und von nun an versuchten, mit unterschiedlichem Erfolg, die Stammeskönige aus den alten Großräumen Leinster, Munster, Connacht und Ulster bis zum Beginn der anglonormannischen Eroberung das von ihnen meist mühsam errungene Hochkönigtum zu einer Basis realer Macht auszubauen. Ein durchschlagender Erfolg blieb ihnen versagt, die Idee zentraler Machtausübung war hinfort jedoch ein neues und belebendes Element im politischen Leben Irlands.

Eine Reform kann man diese Versuche zur Umgestaltung der bisherigen politischen Ordnung noch nicht nennen. Reformen fanden jedoch ab dem ausgehenden 11. Jh. in der irischen Kirche statt, als der lange Arm des römischen Reformpapsttums allmählich auch Irland erreichte. Im Gegensatz zur kontinentalen Kirche war die irische Kirche immer eine Mönchskirche gewesen, machtvolle Bischöfe von fürstlichem Rang wie im Machtbereich der ottonischen und salischen Kaiser waren hier unbekannt. Die zahlreichen Mönche und Äbte wiederum lebten durchaus nicht immer ein Leben in Askese und Weltflucht, wie man mit Blick auf die großen irischen Mönchsheiligen denken mag. Im Alltag auf der Insel mischten sie fröhlich in den ununterbrochenen Konflikten der Stämme und Kleinkönigreiche mit, nahmen manchmal selbst an den Kämpfen teil und waren von einem gottesfürchtigen Dasein nicht selten weit entfernt. Könige hatten die Bischofswürde inne und Äbte und Kleriker waren vielfach verheiratet, was dazu führte, dass ihre Nachkommen als Erben in deren Positionen zu gelangen suchten. Das waren als Verstoß gegen den Zölibat und als Ausübung der Simonie genau die Missstände, die den Reformern in Rom seit Papst Gregor VII. ein Dorn im Auge waren. Hinzu kam, dass die irische Kirche nicht über eine Pfarrorganisation als unterster organisatorischer Ebene zur Gewährleistung der Seelsorge für die Bevölkerung verfügte. Diese oblag den Klöstern, wodurch mit dem Niedergang von deren geistlicher Disziplin, eine weitere Nebenfolge der Wikingerzüge, auch im Land selbst der Wille zu einer Reform der irischen Kirche zunahm. Selbst heidnische Bestrebungen in der Bevölkerung gewannen wieder an Boden. Die kulturelle Blüte des 11. und 12. Jh. darf nicht darüber hinwegtäuschen, dass die Kirche auf der Insel sich in einer schweren Krise befand. Den Anstoß zur Durchführung weitreichender struktureller Reformen gab nach einer Reise zum Heiligen Stuhl nach Rom Erzbischof Malachias von Armagh, zum Motor der Entwicklung wurde der Zisterzienserorden, der sich im 12. Jh. unter dem machtvollen Einfluss des hl. Bernhard von Clairvaux auf dem Höhepunkt seiner Entwicklung befand. 1142 wurde als Tochter von Clairvaux in Mellifont das erste irische Zisterzienserkloster gegründet. Weitere sollten folgen. Daneben bereitete Malachias die Strukturreform der irischen Kirche vor, die allerdings erst vier Jahre nach seinem Tod 1152 auf der Synode von Kells, Co. Meath, beschlossen wurde. Irland wurde nun in 36 Bistümer und 4 Erzbistümer (Armagh, Cashel, Dublin und Tuam) eingeteilt und die Macht der vom Papst ernannten Bischöfe gegenüber den Klöstern erheblich gestärkt. Sichtbaren Ausdruck fand die neue Stellung der irischen Bischöfe auf den Hochkreuzen, wo seit dem 12. Jh. die fast monumental zu nennende Figur eines Bischofs die zentrale Position auf dem Schaft einnahm. Charakteristische Beispiele sind Dysert O'Dea und Kilfenora, Co. Clare. Der Bischof stellte sich nun, gerade im Klosterbezirk, den Mönchen als die letztlich entscheidende Instanz in der neuen Kirchenorganisation vor.

Das Papsttum unterstützte die Reformbestrebungen, die überwiegend von aus der irischen Kirche kommenden Impulsen getragen waren, durch eigene Maßnahmen, die darüber hinaus noch die Festigung des päpstlichen Machtanspruchs im fernen Irland zum Ziel hatten. So verlieh der aus England stammende Papst Hadrian IV. mit der Bulle *Laudabiliter* von 1154/55 Irland als Lehen an den englischen König Heinrich II. Dass die Wahl des Papstes auf den englischen König fiel, der zunächst keinerlei Ambitionen zeigte, über die ererbte und erheiratete Ländermasse seines von Schottland bis zu den Pyrenäen sich erstreckenden Reiches hinaus in Irland tätig zu werden, zeigt, dass der Papst nicht damit rechnete, irische Fürsten, welche die irischen Klöster sowohl dominierten als auch von ihrem Reichtum profitierten, als Partner für seine Reform- und Machtbestrebungen zu gewinnen. Ganz außerhalb des Blickfeldes von König Heinrich II. blieb Irland allerdings nicht. Dafür hatten zu viele seiner Gegner bei der Durchsetzung seiner Macht in England regelmäßig in Irland eine sichere Zuflucht gefunden. Es bedurfte für Heinrich II. nur eines äußeren Anlasses, um auf der Insel zu intervenieren. Dieser Anlass kam 1169 und legte den Grundstein für die Jahrhunderte anhaltende englische Präsenz in Irland und für die bis zum heutigen Tag andauernden Konflikte.

Irland war nie ein friedfertiges Land gewesen. Kriege zwischen den Stämmen und Kleinkönigreichen waren an der Tagesordnung und dienten der gewaltsamen Feststellung der Rangordnung unter den zahlreichen Fürsten, von denen der jeweils erfolgreichste die Würde eines Hochkönigs, wiederum nur nach gewaltsamer Unterwerfung seiner Rivalen, zu gewinnen suchte. Die Koalitionen in diesen Konflikten wechselten ständig, und man war dabei nicht wählerisch. Neu war im Jahr 1166 nur, dass sich der im Kampf unterlegene König von Leinster, Dermot MacMurrough, nicht neue Verbündete in Irland suchte, sondern König Heinrich II. von England um Unterstützung anging. Dieser, militärisch in Frankreich gebunden, kam zwar nicht selbst, erlaubte aber dem Iren, in England und den walisischen Marken Ritter und Söldner anzuwerben, verlangte jedoch für sich den Lehnseid des irischen Provinzkönigs für ganz Irland. So kam es, dass im Mai 1169 eine kleine, buntgewürfelte Schar von ritterlichen Abenteurern in der Bannow Bay, Co. Wexford, an Land ging und innerhalb weniger Jahre große Teile des Landes, einschließlich der alten Wikingerstädte Dublin, Wexford und Waterford, eroberte. Dieser erstaunliche Erfolg kam nicht von ungefähr. Zunächst waren die schwer gerüsteten anglonormannischen Ritter in Bewaffnung und Kampfesweise den leichtbewaffneten Iren haushoch überlegen. Zweitens standen vom ersten Tag an irische Krieger beiden Parteien zur Verfügung – schließlich war ja ein inneririscher Konflikt der eigentliche Anlass gewesen – und eine Invasion mit ununterbrochenem Nachzug weiterer Ritter, Söldner und bald auch Siedler entwickelte sich erst, als der Erfolg dieser gewaltsamen Landnahme sich abzeichnete. Auch hatten die anglonormannischen Führer der Invasionstruppen, die überwiegend aus Wales kamen, dort seit 100 Jahren in einer vergleichbaren Konfliktsituation mit den einheimischen Walisern gestanden, was ihnen eine große Erfahrung im Erringen und Behaupten militärischer Erfolge in einem fremden Land eingebracht hatte. Endlich führten die Eroberer in Irland etwas ein, was es dort bisher, ungeachtet der vielen tausend *Ring-Forts,* nicht gegeben hatte: feste wehrhafte Burgen, die eine solide Basis für die Sicherung des eroberten Landes und die weitere Expansion abgaben.

Nach den ersten Erfolgen der Invasoren griff auch König Heinrich II. persönlich in das Geschehen ein, um seine ihm vom Papst in der Bulle *Laudabiliter* übertragene Lehnsherrschaft mit tatsächlicher Macht zu füllen, vor allem aber um zu verhindern, dass sich seine kriegs- und kampferfahrenen Vasallen im irischen Machtvakuum unabhängige Herrschaften aufbauten, die nicht mehr seiner Kontrolle als König und oberster Lehnsherr unterstanden. Heinrich II. nahm wichtige Territorien unter seine eigene Herrschaft, machte Dublin zum Sitz der königlichen Verwaltung und schickte seine Vertrauensleute ins Land, die ein Gegengewicht zu den ungezügelten Eroberern der ersten Stunde ebenso wie zu der alten irischen Stammesaristokratie bilden sollten.

Damit waren in Irland Machtkonstellationen geschaffen, die das Land wie nie zuvor in seiner Geschichte verändern sollten. In den folgenden 400 Jahren, bis zur Vertreibung und Vernichtung der alten irischen Aristokratie im 17. Jh., gab es drei Machtgruppen, die Irland nicht nur auf militärischem Gebiet grundlegend verändern sollten: die alten irischen Stammeskönige und ihre Gefolgschaft, vorwiegend im Westen und den gebirgigen Regionen des Landes, die Familien der Eroberer von 1169, die sich durch Heiratsverbindungen und teilweise Assimilierung allmählich von anglonormannischen Eroberern zu angloirischen Territorialherren wandelten, und die königliche Verwaltung in Dublin und den von Heinrich II. an die Krone gebundenen, strategisch über das ganze Land verteilten Territorien. Alle Parteien lagen, bei wechselnden Bündnissen, permanent im Krieg miteinander; meist kleine lokale Konflikte, bisweilen aber auch verlustreiche Kriegszüge, die das Land und seine Bewohner auf das Schwerste belasteten. Gleichwohl entfalteten sowohl die englischen Aristokraten wie auch die königliche Verwaltung eine systematische und umfangreiche Erschließungstätigkeit, zogen Siedler ins Land, brachten neue und modernere Formen der Landwirtschaft auf die Insel und gründeten zahlreiche Klöster und Städte. Vor allem in den fruchtbaren Landesteilen wurden nun alle Arten von Feldfrüchten angebaut, wo vorher überwiegend Weideland war. Die neuen Städte und ihre Märkte im Inland entwickelten sich da, wo sie Bestand hatten, zu Verteilungszentren und Orten handwerklicher Produktion. Auch wenn die Städtegründungen klein blieben und viele sogar wieder eingingen, führten sie, ungeachtet des fast permanenten Kriegszustandes, zu einer erheblichen Belebung der Wirtschaftstätigkeit und lösten die alten irischen Klöster als Wirtschaftszentren ab. Mit den Eroberern aber war auch die Kirche, mit Klöstern neuen Typs und einer eigenen Kirchenorganisation, gekommen und nahm aktiven Anteil sowohl an den machtpolitischen Konstellationen wie auch an der wirtschaftlichen Erschließung und Ausbeutung des eroberten Landes. Zur Mitte des 13. Jh. schienen drei Viertel des Landes unter englischer Kontrolle zu sein.

Die alteingesessene irische Bevölkerung stand diesen mit großer Schnelligkeit sich vollziehenden Wandlungen zunächst weitgehend tatenlos gegenüber. Einen umfassenden Widerstand gegen die Eroberer gab es nicht, dafür waren die irischen Stämme viel zu uneinig. Nur langsam übernahmen sie einzelne Verhaltens- und Wirtschaftsweisen der neuen Herren, bauten Burgen, gründeten neue Klöster und versuchten, ein machtpolitisches Gegengewicht zu den Anglonormannen aufzubauen, weniger um Irland als Ganzes nicht den Eroberern zu überlassen, sondern vielmehr um ihre eigenen Territorien zu sichern und von anderen, seien sie Iren oder von außen gekommen, weitere hinzuzugewinnen.

Gegen Ende des 13. Jh. zeigte sich, dass England mit dem Versuch, Irland ganz zu erobern, bei gleichzeitigen kostspieligen Eroberungskriegen in Wales und Schottland bzw. in aufreibenden Konflikten in Frankreich, seine Kräfte überspannt hatte. Während der irische Widerstand sich versteifte und territoriale Erfolge in Form von Rückeroberungen verbuchen konnte, reichte die Expansionskraft der anglonormannischen Führungsschicht in England, die seit der Eroberung von 1066 ununterbrochen ihre Machtbereiche ausgeweitet hatte, nun nicht mehr aus, Irland vollständig zu unterwerfen. Mit Beginn des 14. Jh. bestand in Irland praktisch eine Pattsituation zwischen den verschiedenen Parteien. Keine konnte die andere vollständig besiegen oder vertreiben und auch die schottische Intervention 1315–1318 auf Einladung einiger irischer Fürsten, als Edward Bruce, der Bruder des schottischen Königs, versuchte, sich letztendlich ein eigenes Königreich in Irland zu erobern, endete nach anfänglichen Erfolgen in einem Desaster für das Land und mit dem Tod des Prätendenten. Die nachfolgende Pestepidemie ließ die anglonormannische Eroberung endgültig zum Stillstand kommen, es fehlte nun, in der Mitte des 14. Jh., auch an Menschen, das Land zu erschließen.

Irland hatte sich in den zurückliegenden rund 150 Jahren grundlegend gewandelt. Die alte irisch-keltische Kultur war zwar nicht vollständig vernichtet, aber den Ton gaben nun die neuen Herren an. Mit Gewalt wurde das Land den Strömen der auf dem Kontinent und in England herrschenden moderneren Verhältnisse in Politik, Wirtschaft und Kultur geöffnet. Diese Entwicklung erwies sich als unumkehrbar. Der englische Einfluss blieb auf Dauer bestehen. Dennoch war Irland nicht vollständig unterlegen. Die Eroberer assimilierten sich weitgehend, übernahmen vielfach die Sprache und manche Verhaltensweise der alten irischen Gesellschaft. Aus ihnen wurden die Angloiren der nachfolgenden Generationen. Im Land selbst war 150 Jahre nach der Invasion kaum mehr zwischen Gewinnern und Verlierern zu unterscheiden. Das Hochmittelalter war in Irland eine Zeit der Transformation, eine Epoche, in der die keltischen Sonderlinge am Rande Europas mit Gewalt und sicherlich gegen ihren Willen nach Europa zurückgeführt wurden.

## **Ardmore,** Co. Waterford

Die Kathedrale von Ardmore an der irischen Südküste bewahrt neben einem der elegantesten Rundtürme Irlands an ihrer Westfassade einen reichhaltigen Skulpturenschmuck. Allerdings offenbart die heutige Reihung der in zwei Bogenfeldern und kleinen Arkaden darüber angeordneten reliefartigen Figuren keine programmatische Bildaussage. Das weist darauf hin, dass die Skulpturen zu einem unbekannten Zeitpunkt von ihrem ursprünglichen Standort entfernt und in die Westfassade eingebaut wurden, wobei der einst sicher gegebene Zusammenhang des Bildprogramms gestört wurde. Zu den am leichtesten erkennbaren Figu-

▲ *Ardmore: Der Rundturm und die Westfassade mit den Reliefs.*

ren gehören Adam und Eva unter dem Baum der Erkenntnis. In den anderen Bildfeldern meint man heute Szenen aus dem Leben der biblischen Könige David und Salomon zu erkennen, z.B. David mit der Harfe, ein sehr beliebtes Thema mittelalterlicher Plastik, das Urteil des Salomon oder dessen Tätigkeit beim Bau des Tempels in Jerusalem. Die Skulpturen werden allgemein, auch wegen ihrer architektonischen Rahmung, in das 12. Jh. datiert. Der in den Jahren 1172–1179 erwähnte Bischof Eugene wird als Auftraggeber genannt. Endgültige Gewissheit ist indessen weder über den früheren Standort der Bildwerke noch über den Künstler oder den Auftraggeber zu gewinnen. Eines ist jedoch sicher: Die Skulpturen von Ardmore gehören zu den ganz wenigen herausragenden Bildhauerarbeiten aus der romanischen Epoche des hohen Mittelalters in Irland.

## **Askeaton Castle,** Co. Limerick

Die heutige Grafschaft Limerick war schon sehr früh das Ziel der normannischen Eroberer. Das fruchtbare Gebiet südlich der Shannonmündung und westlich der alten Wikingerstadt Limerick bot Raum für Siedler und wurde zum Keim der Herrschaft der späteren Grafen von Desmond. Es wurde um 1200 von König Johann Ohneland von England

▲ *Askeaton: Ansicht der Burg am River Deel.*

an William de Burgo gegeben. Dieser baute auf einer felsigen Insel im River Deel eine erste Burg mit festen Mauern, die in den folgenden Jahrhunderten immer weiter ausgebaut und dabei baulich verändert wurde. Die innere Burg, ein annähernd ovaler Bering auf einer felsigen Anhöhe, enthält die Reste von zwei Türmen, deren bedeutenderer, der Desmond Tower, sich heute als ein weitgehend aus dem 15. Jh. stammendes Bauwerk zu erkennen gibt. Die Grundmauern gehen jedoch sicher in die Gründungszeit am Beginn des 13. Jh. zurück. In den teilweise gewölbten Räumen sind die Wohnräume des Burgherren zu vermuten. Die äußere Burg hat mit Ausnahme der spitz aufeinander zulaufenden Mauern an der Südseite ebenfalls einen ovalen Grundriss. Hier steht, auf den Grundmauern des 13. Jh., die dachlose, aber ansonsten vorzüglich erhaltene große Halle, ein für die herrschaftliche Repräsentation in einer Burg unerlässliches Bauwerk. Die aufgehenden Teile stammen fast alle aus dem 15. Jh., als die Burg eine der glanzvollen Residenzen der Grafen von Desmond war. Zwischen 1580 und 1642 erlitt die Burg das Schicksal so vieler irischer Wehrbauten. Im Zuge der endgültigen Durchsetzung englischer Herrschaft wurde sie mehrfach beschädigt und schließlich von den Truppen Oliver Cromwells geschleift.

## **Athassel Priory,** Co. Tipperary

▲ *Athassel Priory: Das Portal zwischen Langhaus und Chor.*

Die Ruinenlandschaft von Athassel stellt die weitläufigste irische Klosteranlage dar und ist in ihrer Abgeschiedenheit, abseits der von Touristen befahrenen Routen, eine der beeindruckendsten Klosterruinen Irlands. Den Begriff des Klosters auf Athassel anzuwenden ist nur zum Teil richtig, denn eigentlich war Athassel eine der in Irland häufigen Niederlassungen der regulierten Augustiner-Chorherren, die aber in monastischer Gemeinschaft zusammenlebten. Auch sind die Klosterbauten, deren ehemalige Funktion in der Ruinenlandschaft noch gut ablesbar ist, in ihrer Anordnung und Architektur sehr stark den Klosterbauten der Zisterzienser verpflichtet, was besonders an dem rechteckigen Chor der Kirche, den Querhauskapellen, dem Schlafsaal mit Dormitoriumstreppe und dem Kapitelsaal abzulesen ist. Das Re-

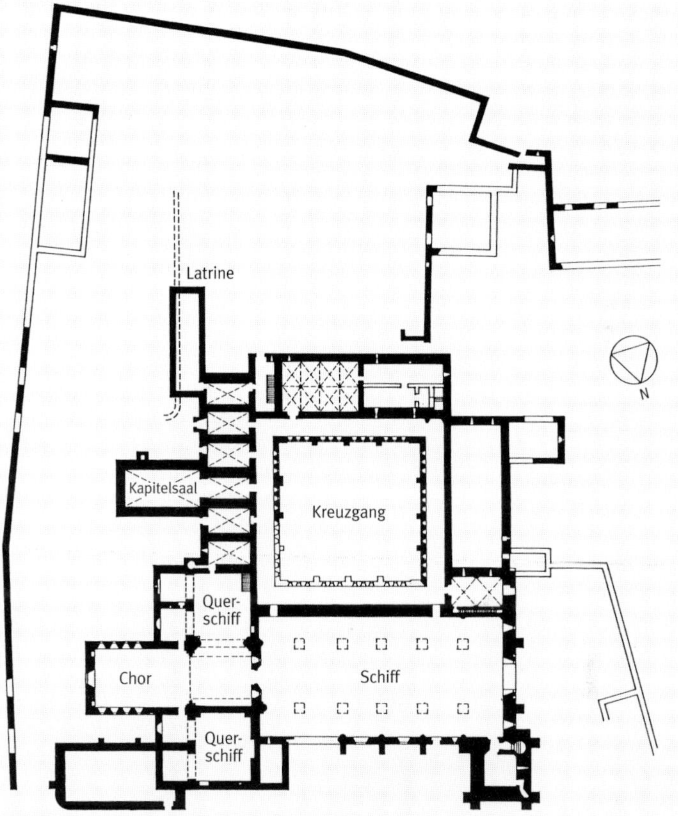


▲ *Athassel Priory: Grundriss der Anlage.*

fektorium im Süden des weitgehend zerstörten Kreuzganges lag im Obergeschoss, ein fein gearbeitetes Portal ist noch erhalten. Die Gebäude des Klosters, eine Gründung von William fitzAdelm de Burgo vom Ende des 12. Jh., wurden fast alle im 13. Jh. errichtet und nur zum Teil durch spätere Reparaturen verändert. Schon 1319 und 1329 wurde das Kloster von irischen Truppen zerstört, da es sich des Wohlwollens der anglonormannischen Familie de Burgo erfreute. Beim Wiederaufbau gab es nur geringe Veränderungen. Der endgültige Niedergang kam nach einer weiteren Zerstörung 1447, nach der das Dach der Kirche offensichtlich nicht wieder eingedeckt wurde. Während von den Wirtschaftsbauten und dem Torhaus des Klosters noch bedeutende Reste vorhanden sind, ist die einst vor dem Kloster liegende blühende städtische Siedlung verschwunden.

## **Athlone Castle,** Co. Westmeath

Das an einem der wichtigsten Übergänge von Meath nach Connacht am River Shannon gelegene Athlone behauptet seit alters her einen verkehrsmäßig günstig gelegenen Platz. Für jeden, der die zentrale Ebene in der Mitte Irlands kontrollieren wollte, war der Flussübergang an der Straße von Dublin nach Galway von überragender strategischer Bedeutung, was durch die lange Nutzung der Burg bis ins 19. Jh. hinein unterstrichen wird. Athlone gehört zu den ganz wenigen Orten in Irland, an denen eine Wehranlage, irisch als *caislen* oder *caistel* bezeichnet, schon 1129, also 40 Jahre vor dem Einfall der Anglonormannen, bezeugt ist. Diese konnten den Platz natürlich nicht ignorieren. 1210 ist der Ausbau der älteren Befestigung zu einer modernen Burg durch den königlichen Justiziar John de Gray, Bischof von Norwich und Gefolgsmann des Königs Johann Ohneland, urkundlich bezeugt. Man begann mit dem mächtigen zehneckigen *Keep,* der allerdings wegen mangelnder Fundamentierung schon im folgenden Jahr einstürzte. Der Wiederaufbau bis 1215 machte Athlone zum stärksten Stützpunkt des englischen Königs in Irland. Das schützte die Burg nicht vor Angriffen und Zerstörungen, vor allem von Seiten der Iren des Königreiches Connacht. Am Ende des 13. Jh. wurde die Burg durch die Ringmauer mit den flussseitigen Flankentürmen verstärkt. Die

▲ *Athlone: Ansicht der Burg am Shannon.*

Burg Athlone bietet heute mit dem verkürzten *Keep,* dem Hauptturm, und den Schießscharten für Kanonen das Bild eines Artillerieforts des 18. Jh., allezeit eine Trutzburg der englischen Macht.

## **Ballintubber Abbey,** Co. Mayo

Ballintubber ist ein weiteres Kloster der regulierten Augustiner-Chorherren mit starken Einflüssen zisterziensischer Baugepflogenheiten. 1216 wurde das Kloster von König Cathal Crovdearg von Connacht auf dem Platz einer älteren monastischen Niederlassung gegründet. Die zwar insgesamt kargen, aber an britischen und kontinentalen Mustern orientierten Bau- und Schmuckformen zeigen, dass auch die irischen Stammeskönige schnell das mit den Eroberern ins Land gekommene Formenrepertoire adaptierten. Der Chor hat, im Gegensatz zum Schiff, ein elegantes Rippengewölbe, dessen Kapitelle Tierfiguren und Blattwerk tragen. Auch die drei Lanzettfenster im Osten des Chores sind innen und außen reich mit Blattwerk, Tieren und Zickzackbändern gerahmt, Arbeiten, die einem *Meister von Ballintubber,* der in jedem Fall im Westen Irlands zu Hause war, zugeschrieben werden. Während die Kirche ganz dem 13. Jh. angehört, stammen die südlich von ihr liegenden Klostergebäude meist aus

▲ *Ballintubber Abbey: Innenansicht des Chores aus dem 13. Jh.*

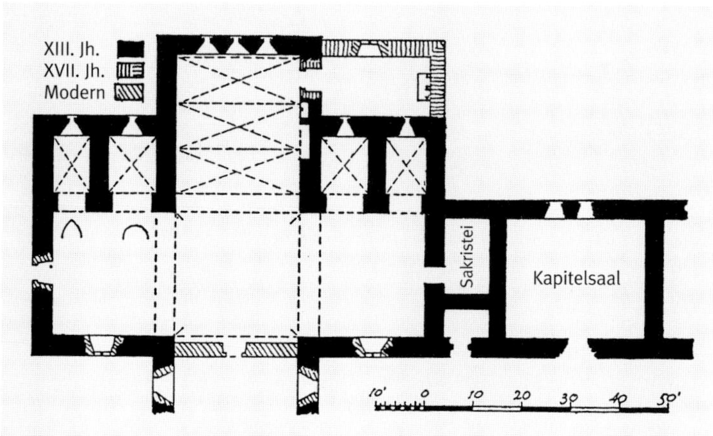


▲ *Ballintubber Abbey: Grundriss.*

dem 15. Jh. Das kirchliche Leben in Ballintubber behauptete sich auch nach der Aufhebung der Klöster unter König Heinrich VIII., welche die Gemeinschaft 1542 ereilte, zäh und ausdauernd. 1635 scheinen die vertriebenen Augustiner das Kloster noch einmal zurückerlangt haben, aber 1653 zerstörten die Truppen Cromwells den größten Teil der Klostergebäude. Die Kirche blieb ohne Dach. Aber selbst in den Zeiten der Katholikenverfolgung im 18. Jh. wurde hier Gottesdienst abgehalten. Nach notdürftigen Restaurierungen im 19. Jh. wurden die Kirche und die Gebäude 1966 eingedeckt und wieder für den Gottesdienst nutzbar gemacht.

## **Boyle Abbey,** Co. Roscommon

Obwohl von der Zisterzienserabtei Boyle kaum mehr als die Kirche erhalten ist, haben wir hier eine der malerischsten Kirchenruinen des irischen Mittelalters vor Augen. Boyle wurde 1161 unmittelbar von dem irischen Reformkloster der Zisterzienser, Mellifont, Co. Louth, als Filiale im Westen Irlands gegründet. Das Kloster war nicht gerade reich dotiert, weshalb sich die Bauarbeiten an der Kirche, die wohl unmittelbar nach der Gründung begannen, bis zur Weihe 1218 hinzogen. Das sieht man den unterschiedlichen Abschnitten des Bauwerks an. Der tonnengewölbte Chor und die Chorkapellen verraten noch zusammen mit dem Kirchengrundriss die Verbindlichkeit der burgundischen Vorbilder aus der frühen Zeit des Ordens. In den Arkaden des Schiffes, auf der Südseite kräftige Rundpfeiler mit runden Bögen, auf der Nordseite Rechteckpfeiler mit Spitzbögen, nimmt man Einflüsse aus dem Westen Englands wahr. Die westlichen Arkaden des Schiffes datieren erst ins frühe 13. Jh., erkennbar an der andersartigen Kapitellornamentik. Nach Osten beherrschen noch die streng zisterziensischen Faltenkapitelle das Bild. Die Kapitelle im Westen mit ihren kämpfenden Tieren und dem reicheren

▲ *Boyle Abbey: Die Arkaden des Langhauses.*

Laubwerk werden jedoch dem *Meister von Ballintubber* zu Beginn des 13. Jh. zugeschrieben. An der Ostseite des nur noch im Grundriss zu erahnenden Kreuzgangs sind zwei schöne vermauerte Portale zu sehen. Boyle wurde als Gründung der irischen Könige von Connacht mehrmals von den Anglonormannen heimgesucht. Das Ende kam jedoch erst nach den Zerstörungen durch die Truppen Cromwells 1659.

## **Carrickfergus Castle,** Co. Antrim

Carrickfergus darf zusammen mit Trim, Co. Meath, den Anspruch erheben, die bedeutendste Burg des hohen Mittelalters in Irland zu sein. Ihr Alter, ihr hervorragender Erhaltungszustand und ihre historische Rolle spielen dabei eine wichtige Rolle. Der Erbauer war 1177/78 John de Courcy, einer der Gefolgsleute König Heinrichs II., die von diesem nach

▲ *Carrickfergus Castle: Ansicht vom alten Hafen.*

Irland gesandt wurden, um dort ein Gegengewicht gegen die ersten Eroberer von 1169 zu bilden. In deren Rolle schlüpfte John de Courcy allerdings selbst, als er 1177 auf eigene Faust begann, das im Norden liegende Königreich Ulster zu unterwerfen, wobei er weitgehend erfolgreich war. Nach seinem Sturz durch seinen Rivalen Hugh de Lacy 1204 nahm König Johann Ohneland 1210 die Burg in königlichen Besitz. Der

Wehrbau auf der felsigen Landzunge im Meer wurde gleich nach 1177 begonnen und in seinem heutigen inneren Mauerring und dem mächtigen *Keep* bis 1190/95 vollendet. Das bestätigt der noch dem 12. Jh. angehörende Bautyp des *Keep*, der mit englischen Wohntürmen wie Rochester und Dover vergleichbar ist. Besonders eindrucksvoll ist die große Wohnhalle in dessen zweitem Obergeschoss. Eine weitere gegen die Landseite gerichtete Sperrmauer mit Graben wurde zwischen 1216 und 1223 errichtet und unmittelbar anschließend der heutige äußere Mauerring mit dem doppeltürmigen Torbau aufgeführt. Seit etwa 1250 bietet die Burg über dem kleinen Hafen das heutige Bild. Die späteren Umbauten waren geringfügig. Von ihnen zeugen die Schießscharten des 17. Jh. 1690 waren Burg und Hafen Schauplatz der Landung des englischen Königs Wilhelm III. von Oranien, der hier seinen Kriegszug begann, welcher nach der Schlacht am River Boyne Irlands Schicksal als englische Kolonie bis weit ins 19. Jh. hinein besiegelte.

## Anglonormannische Invasion

Die Invasion von 1169 markiert eine jener Zäsuren in der Geschichte Irlands, die auf das Jahr genau festzulegen sind. Als damals Dermot MacMurrough, der vertriebene König von Leinster, sich mit einigen gescheiterten Existenzen aus Wales, die zwar von z. T. hohem Adel waren, sich aber in ihren Territorien ebenfalls in Bedrängnis befanden, zusammen tat, um sein Land zurück zu gewinnen, sollte das Folgen haben, die noch heute zu spüren sind. Damals wurde dem englischen Einfluss und der englischen Herrschaft in Irland die Tür geöffnet. Die aus Wales und England gekommenen Desperados waren jedoch trotz aller persönlichen Rückschläge die Angehörigen einer Elite, der es im Verlauf eines Jahrhunderts, von der Normandie ausgehend, gelungen war, zunächst England und dann im angevinischen Reich der englischen Könige weite Teile Westeuropas, von den Pyrenäen bis nach Schottland, unter ihre Kontrolle zu bringen.

Es stießen zwei Kulturen aufeinander, die unterschiedlicher nicht sein konnten: auf der einen Seite die sich selbst genügende, in unzählige *Clans* gegliederte irische Stammesgesellschaft von noch vorgeschichtlicher Prägung; auf der anderen Seite eine expansive, hochgerüstete aristokratische Kaste von Berufskriegern, die mit eiserner Disziplin und bemerkenswertem politischen Weitblick ihre Ziele verfolgte. Diesen überlegenen Strukturen hatte Irland zunächst nichts entgegen zu setzen. Erst als am Ende des 13. Jh. die anglonormannische Expansion sich erschöpfte und die neuen Herren sich assimilierten, konnte daraus als Synthese die angloirische Kultur des späteren Mittelalters entstehen.

## **Cashel, Cormac's Chapel,** Co. Tipperary

Der Felsen von Cashel bietet ein außerordentlich reiches Ensemble von Bauten aus dem hohen und späteren Mittelalter, darunter als einzigartiges Juwel die romanische Cormac's Chapel, erbaut 1127–1134, vermutlich der älteste romanische Kirchenbau in Irland. Cashel war seit alters her der Sitz der Könige von Munster, die den Ort 1101 der irischen Kirche schenkten. Damit sollte nicht zuletzt der Bischofssitz von Cashel gegen Armagh in Ulster, das den Primat über die gesamte irische Kirche beanspruchte, gestärkt werden. Dass es schon vor dieser Schenkung kirchliches Leben auf dem Felsen gab, beweisen der ältere Rundturm und das Hochkreuz. Mit dem Bau der Cormac's Chapel entstand damals eines der feinsten Beispiele irischer Romanik des 12. Jh. Wenn sie uns heute im Winkel zwischen Querhaus und Chor der spätmittelalterlichen Kathedrale klein und eng erscheint, muss man sich vergegenwärtigen, dass sie zur Zeit ihrer Errichtung die vielen anderen, meist winzigen Kathedralen Irlands an Größe und Pracht der Bauzier weit übertraf. Die jüngst entdeckte und konservierte Ausmalung unterstreicht noch den Rang der weit über Munster hinaus als Vorbild dienenden Kirche. Das Tympanon über dem (versteckt zur Kathedrale hingewendeten) Nordportal verweist mit weiteren architektonischen Elementen auf Einflüsse aus Westengland; das in seiner Zeit hochmoderne und perfekt ausge-

▲ *Cashel: Cormac's Chapel im Winkel von Chor und Querhaus der Kathedrale.*

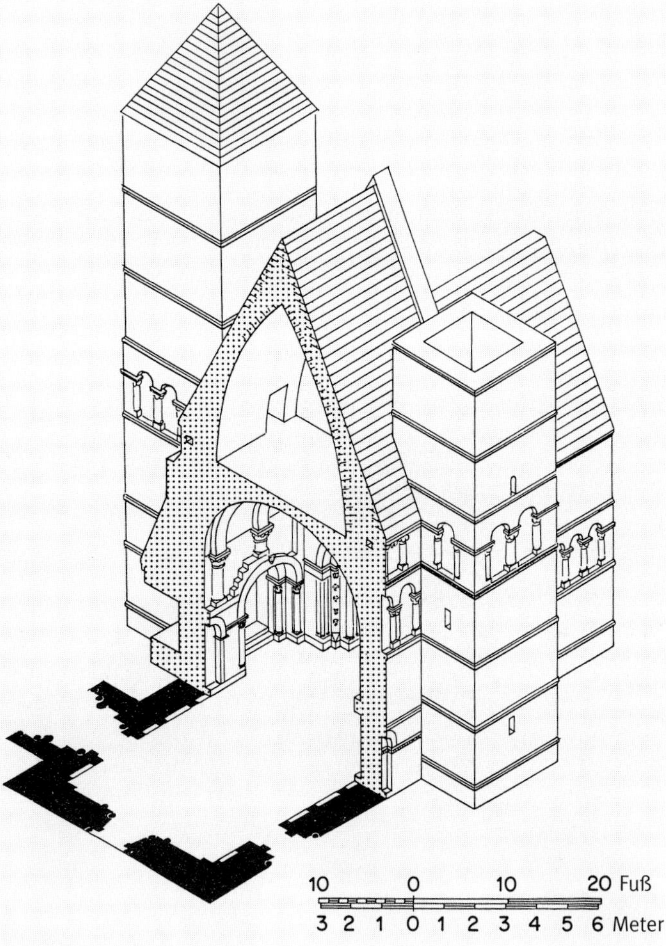


▲ *Cashel: Isometrische Ansicht von Cormac's Chapel.*

führte Rippengewölbe des Chores ist in Irland ohne auswärtige Vorbilder nicht denkbar. Die benachbarte Kathedrale hat einen langen Chor und an ihrer Westseite ein Tower-House, das dem Erzbischof zeitweise als Residenz diente. 1479 brannte der Earl of Kildare die Kirche nieder, weil er auf diese Weise den in der Kirche weilenden Erzbischof ums Leben bringen wollte. Bis 1749 fanden hier noch Gottesdienste statt, dann wurde das Bauwerk dem Verfall preisgegeben. Die umliegenden Wohnbauten des Kapitels wurden in den letzten Jahren zur Unterbringung eines *Heritage Centre* restauriert.

## **Clonfert, Kathedrale,** Co. Galway

Irische Kathedralen des Mittelalters sind in der Regel sehr klein und nicht im Entferntesten mit den gewaltigen Bauten in England und auf dem Kontinent zu vergleichen. Dagegen sind Einzelformen, insbesondere Portale, oft mit großem Aufwand gestaltet. Das gilt insbesondere für die im 12. Jh. erbaute Kathedrale von Clonfert, die an ihrer Westfront die reichste romanische Portalanlage Irlands vorzeigt. Ein Kloster wurde

▲ *Clonfert: Das romanische Portal der Kathedrale.*

hier schon 563 von St. Brendan dem Seefahrer, der weite Reisen in die Gewässer des Nordatlantik unternahm und angeblich sogar Amerika erreicht haben soll, gegründet. Er wurde am Ende des 6. Jh. hier bestattet. Die Ruhestätte dieses in Irland hochverehrten Heiligen erklärt auch den reichen Schmuck des Portals. Die Fülle der Motive ist kaum übersehbar, Palmetten, florale Muster, Zickzackbänder, zahlreiche Köpfe und Bossen sowie Tiermotive skandinavischen Ursprungs überdecken in barocker Fülle die ganze Portalzone bis unter den steil aufragenden Giebel. Die Anordnung der Bauzier lässt ein reiches Spiel von Licht und Schatten zu, wodurch die plastische Wirkung der Reliefs noch gesteigert wird. Die inneren Gewändefiguren mit dem Bild des hl. Brendan stammen erst aus dem 15. Jh.

## **Corcomroe Abbey, Burren,** Co. Clare

▲ *Corcomroe Abbey: Das Grabmal „The Smiling Bishop".*

Die 1194/95 von den O'Briens, den Königen von Thomond, gegründete Zisterzienserabtei liegt in einer der trostlosesten Gegenden Irlands, in einer Senke im Norden der Steinwüste des Burren. Bezeichnenderweise erhielt sie den Namen *Sancta Maria de Petra Fertile (Hl. Maria vom Fruchtbaren Felsen).* In Sichtweite liegt in einem grandiosen Talkessel die uralte klösterliche Niederlassung von Oughtmama. Obwohl in dieser Gegend Reichtümer nicht zu erhoffen waren, zeichnet sich die 1210–1225 errichtete Kirche im Chor durch eine – bei den Zisterziensern nicht unübliche – hohe Qualität der Ausführung und durch reiche Schmuckformen an den Baugliedern aus. Die Rahmung der Chorfenster, die eleganten Rippengewölbe und die Kapitelle mit ihrem naturalistischen Blumenschmuck, bei dem sogar Maiglöckchen und Mohnkapseln zu erkennen sind, bezeugen eine erlesene Steinmetzkunst. Das später verkürzte Langhaus bleibt hinter dieser Qualität weit zurück, Zeichen frühen Niedergangs ab dem 15. Jh. Das Kloster war eine beliebte Grablege der O'Brien von Thomond, von deren Grabdenkmälern noch die Liegefigur des 1267 im Kampf erschlagenen Conor O'Brien im Chor erhalten ist. Unter weiteren Grabdenkmälern sticht die im 14. Jh. geschaffene Grabplatte eines Bischofs über dem Grab Conors hervor. *The Smiling Bishop* hat man die in flachem Relief dargestellte Figur des Verstorbenen genannt. Es ist das Werk eines irischen Künstlers, von archaischer Strenge und ohne auswärtigen Einfluss, worauf auch die irische Form von Stab und Mitra verweisen. Corcomroe war ungeachtet seiner Zugehörigkeit zum Zisterzienserorden bis ins 17. Jh. ein Ort irisch geprägten monastischen Lebens, eine Tatsache, die durch die abgelegene Lage des Ortes begünstigt wurde.

## **Drogheda, St. Laurence's Gate,** Co. Louth

Drogheda an der Mündung des River Boyne war schon vor der anglonormannischen Eroberung eine städtische Ansiedlung. Die Wikinger hatten hier, wie an weiteren Flussmündungen Irlands, eine Handelsniederlassung gegründet, die von den neuen Herren nach 1169 weiter ausgebaut und im 13. Jh. mit Stadtmauern aus Stein, Toren und Türmen versehen wurde. St. Laurence's Gate ist als einzige Toranlage der Stadt noch einigermaßen vollständig erhalten und gilt als das schönste Beispiel einer Stadtbefestigung in Irland. Eigentlich ist das Tor eine *Barbakane,*

▲ *Drogheda, St. Laurence's Gate: Ansicht der Stadtseite.*

eine Torburg vor der Stadtmauer, die von außen her den Zugang doppelt sicherte. Deshalb auch die Ähnlichkeit mit den doppeltürmigen Torbauten in so vielen mittelalterlichen Burgen, von denen in Irland – in Nenagh, Roscommon und Carrickfergus – noch bemerkenswerte Beispiele erhalten sind. Beim Bau in der Mitte des 13. Jh. hatte das Tor nur drei Geschosse, das oberste Stockwerk mit dem brückenartigen Bogen und den gestuften Zinnen wurde erst im 15. Jh. aufgesetzt. Die älteren Zinnen kann man auf der Höhe des Bogenansatzes im Mauerwerk noch erkennen. Das Tor war nicht nur eine wehrhafte Verteidigungsanlage, sondern auch ein Symbol für die Macht und Bedeutung der prosperierenden Hafenstadt. Ähnliche Bauten wird es auch in anderen Handelsstädten wie Limerick und Waterford und natürlich Dublin gegeben haben. St. Laurence's Gate hat als einziges Beispiel seiner Größenordnung überdauert.

## **Dublin, Christ Church Cathedral,** Co. Dublin

Die Tatsache, dass Dublin zwei Bischofskathedralen besitzt, bedarf zunächst einer Erläuterung. Die alte, mit einem Vorgängerbau in die Wikingerzeit zurückreichende Kathedrale am Platz der heutigen Christ Church war, wie so oft auf den Britischen Inseln, in der Hand einer

▲ *Dublin, Christ Church Cathedral: Ansicht von Südosten.*

klösterlichen Gemeinschaft von Augustiner-Chorherren. Die frühen anglonormannischen Bischöfe bestanden jedoch darauf, die Angelegenheiten der Diözese in den Händen weltlicher Kleriker zu wissen. Sie erhoben deshalb die kleine Kirche des hl. Patrick in Dublin zunächst in den Rang einer Kollegiatskirche und 1220 zur zweiten Kathedrale der Stadt. Zwischen 1225 und 1254 wurde die St.-Patrick's-Kathedrale im Stil der englischen Frühgotik völlig neu erbaut. Noch im von der Baukunst der englischen Kathedralen inspirierten romanischen Stil wurde bereits 1185/90 von John Comyn, dem ersten anglonormannischen Erzbischof von Dublin, Christ Church begonnen. Nach der Fertigstellung des Chores und des Querhauses stockten die Bauarbeiten; das von etwa 1216–1230 erbaute Langhaus zeigt demgemäß schon das Bild der englischen Frühgotik. Das Bauwerk ist nicht ohne erhebliche Veränderungen durch die Zeiten gekommen. Der Chor wurde bereits im 14. Jh. zerstört, die Gewölbe des Langhauses stürzten 1562 ein. Diese Schäden wurden zwischen 1871 und 1878 durch den viktorianischen Architekten George Edmund Street umfassend behoben, was im Chor und an der Südseite des Langhauses einem historistischen Neubau gleichkam. Auch die Ausstattung des Innern stammt aus dieser Zeit. Dennoch ist Christ Church Cathedral eines der bedeutendsten sakralen Denkmäler des irischen Hochmittelalters. Im Querschiff tritt uns der romanische Bau noch weitgehend unverfälscht entgegen. Unter der gesamten Kirche zieht sich eine vierschiffige Krypta hin, die nicht nur durch ihre Größe beeindruckt, sondern auch zahlreiche Steinfragmente aus der langen Baugeschichte enthält.

▲ *Dublin, Christ Church Cathedral: Ostwand des Querschiffs.*

## **Dunamase,** Co. Laois

Der Felsen von Dunamase erhebt sich als eine von der Natur geschaffene Festung unübersehbar über den Ebenen der Grafschaft Laois. Schon in frühchristlicher Zeit bestand hier ein *Ring-Fort,* von dessen Hütten heute ausgegrabene Reste bei dem mächtigen *Keep* zu sehen sind. Zur Zeit der Ankunft der Anglonormannen war der Fels Besitz des die Invasion auslösenden Königs von Leinster, Dermot MacMurrough, vergleichbar dem Sitz der Könige von Munster in Cashel. Der Ort sollte jedoch immer nur

▲ *Dunamase: Die mittelalterliche Burg auf der Kuppe des Felsens.*

als Wehranlage genutzt werden. Im Erbgang kam der alsbald zu einer Burg ausgebaute Felsen an den ersten Führer der Anglonormannen, Richard de Clare, gen. Strongbow, und dann an eine der machtvollsten Gestalten der englischen Geschichte im frühen 13. Jh., William Marshal, einen der wegweisenden Burgenbauer in England wie in Irland. Dieser wurde nach dem Tod König Johanns Ohneland sogar der Regent des Königreiches für den minderjährigen König Heinrich III. Die mächtige Burganlage in Dunamase, der *Keep*, der Torbau und die seitlich davon liegenden, mit Schießkammern für Armbrust- und Bogenschützen bewehrten Mauern gehen überwiegend auf die ab 1210 bezeugte Bautätigkeit des Marshal und seiner Söhne zurück. Im späten Mittelalter wechselte die Burg häufig zwischen den irischen O'Mores und den Engländern, die stets diesen strategisch wichtigen Platz zu behaupten suchten, den Besitzer. Nach der Mode der Zeit wurde der Keep zum *Tower-House* ausgebaut. In den Cromwell'schen Kriegen des 17. Jh. wurde die ganze Burganlage in die Luft gesprengt.

## **Dunbrody Abbey,** Co. Wexford

Die Gründung der Zisterzienserabtei Dunbrody reicht in die Zeit unmittelbar nach dem Beginn der Eroberung Irlands durch die Anglonormannen zurück. Hervé de Montmorency, der Onkel Richards de Clare, gen. Strongbow, eines der ersten Anführer der Invasoren, stiftete bereits

1171 das Land und wurde später der erste Abt. Die Art der Gründung zeigt, wie wichtig den Eroberern neben dem Burgenbau die Erschließung des Landes durch die wirtschaftlich so starken Klöster, vor allem der Zisterzienser, war. Die Klostergebäude dürften frühestens ab 1182 begonnen worden sein, für die Kirche rechnet Stalley mit einer Bauzeit zwischen 1210 und 1240. Die heutige malerische Ruine, ungewöhnlicherweise nicht in der sonst für die Zisterzienser so typischen Tallage, sondern in einer weiten Ebene, geht in ihrem baulichen Bestand fast vollständig auf die 1. Hälfte des 13. Jh. zurück. Nur der wehrhafte Vierungsturm in der Art eines der Kirche aufgesetzten *Tower-House* stammt aus dem 15. Jh. Die Architektur von Dunbrody ist elegant, von solider Steinmetztechnik, aber nicht aufwendig. Im späteren Mittelalter hatte das Kloster bis zu seiner Aufhebung 1536 schwer unter den Übergriffen des irischen *Clans* der Kavanaghs zu leiden. Nach der Auflösung wurde es zu einem Landhaus im Tudor-Stil umgebaut. 1852 stürzte die Südarkade des Langhauses ein und erst seit wenigen Jahren wird die Klosteranlage wieder baulich gesichert.

▲ *Dunbrody Abbey: Arkaden und Obergaden des Langhauses.*

## **Dundrum Castle,** Co. Down

Dundrum Castle liegt an einer flachen Meeresbucht im südöstlichen Ulster. Die Burg auf dem hohen Ufer überblickt einen idealen Schiffslandeplatz, in den ersten Jahren nach der Invasion von 1169 eine wichtige Voraussetzung für die Sicherung des landeinwärts gelegenen Territoriums, war man doch in feindlicher Umgebung dringend auf Nachschub über See, den die Iren kaum zu stören vermochten, angewiesen. Viele der frühen anglonormannischen Burganlagen, gerade in Ulster, suchen den Rückhalt eines Hafens. Carrickfergus ist ein vergleichbares Beispiel. Wie dort war es John de Courcy, der um 1177 den Bau einer ersten Burg auf dem Platz einer älteren Befestigung aus der Zeit vor 1169 veranlasste. Aber erst am Ende des 12. Jh. wurde der innere Mauerring auf der Kante des leicht zu verteidigenden Burgfelsens errichtet. Bis 1211 wurde dann der mächtige *Keep* fertiggestellt, dessen runde Form für die Wende vom 12. zum 13. Jh. typisch ist. Der *Keep* beherbergte neben den kargen

▲ *Dundrum Castle: Ansicht der Burg auf dem Felsen.*

Wohnräumen auch eine kleine „Halle", unerlässlich für die Feudalburgen neuen Typs in Irland, die nicht nur militärische Zweckbauten waren, sondern auch repräsentative und administrative Funktionen, die sich in der Bauform der Halle manifestierten, erfüllen mussten. Um 1260 erhielt Dundrum seinen eigenartigen Torbau, der nur auf einem schmalen Weg entlang der inneren Wehrmauer zugänglich war. Nahe beim *Keep* und ehemals von diesem über eine Holzkonstruktion erreichbar sieht man in der Ringmauer eine Nische mit gut erhaltenen mittelalterlichen Latrinen. Die Wohnbauten in der Vorburg stammen erst aus dem 17. Jh.

## **Dysert O'Dea,** Co. Clare

Das Ensemble der Reste einer monastischen Niederlassung aus dem frühen und hohen Mittelalter in Dysert O'Dea präsentiert sich dem Betrachter heute als eine zwar malerische, aber auch etwas wunderliche Mischung aus ursprünglich verschiedenen Bauten und Denkmälern. Sichtbare Reste sind der Stumpf eines Rundturmes, ein Hochkreuz, das aus den Resten von zwei verschiedenen Kreuzen zusammengefügt wurde, und eine romanische Kirche mit einem sehr schönen Portal, dessen Teile ebenfalls nicht zusammengehören. Alle sind jedoch vermutlich im 12. Jh. entstanden. Das Kloster von Dysert O'Dea war im frühen 8. Jh. von

St. Tola gegründet worden und durchlebte bis zum im 13. Jh. einsetzenden raschen Verfall das übliche Schicksal eines mittelalterlichen Klosters der irischen Observanz. Die heutige Anordnung der Reste geht auf das Jahr 1683 zurück, als Michael O'Dea die Kirche und das Hochkreuz „reparierte", einerseits ein Beispiel ungewöhnlich früher Denkmalpflege, andererseits eine unbekümmerte Mischung von Architekturfragmenten aus zwei verschiedenen Bauten: aus dem Kloster selbst und aus der 3 km entfernten Kirche von Rath. Den Köpfen in den Archivolten wird eine „orientalische Physiognomie" zugeschrieben, woraus eine gewisse Ratlosigkeit bei der Beurteilung abzuleiten ist. Die ornamentalen Gewände erinnern an die vorangegangene große Zeit der Buchmalerei, aber auch

▲ *Dysert O'Dea: Das zusammengesetzte romanische Kirchenportal.*

an skandinavische Motive und könnten bereits vor dem 12. Jh. entstanden sein. Die große Bischofsfigur auf dem Hochkreuz schließlich verweist auf die Stärkung der bischöflichen Gewalt gegenüber den Klöstern in der Kirchenreform des 12. Jh., die auch in dem abgelegenen Kloster ihren neuen Machtanspruch verkündete.

## **Fethard, Stadtmauern,** Co. Tipperary

Die verschlafene Kleinstadt bietet – eine Seltenheit im heutigen Irland – eine auf weite Strecken erhaltene Stadtmauer des 13.–15. Jh. Zwar sind die meisten Türme nicht mehr vorhanden, aber vor allem die gut erhaltene und gepflegte Strecke entlang des River Clashawley vermag noch einen Eindruck vom Aussehen der mittelalterlichen Stadt zu vermitteln. Zu verdanken ist dieser gute Erhaltungszustand der Tatsache, dass die Stadt offensichtlich den Truppen Oliver Cromwells auf seinem furchtbaren Kriegszug zur Unterwerfung Irlands in der Mitte des 17. Jh. keinen Widerstand entgegensetzte. Cromwell selbst notierte während seines Feldzuges 1649/50, die Stadt besitze „sehr gute runde und rechteckige Bollwerke von der Art alter Befestigungen". Eine mittelalterliche Stadt wie Fethard war nicht nur gegen einen äußeren Feind durch Mauern und Türme geschützt. Innerhalb der Umwehrung verfügt die Stadt noch heute über die Reste von vier *Tower-Houses,* wehrhaften Wohnbauten reicher Bürger, was ein Licht auf das konfliktreiche Leben innerhalb der

▲ *Fethard: Ansicht der Stadtmauern von Süden.*

Mauern wirft. Ähnliche Ballungen von innerstädtischen *Tower-Houses* sind aus Ardee und Carlingford, Co. Louth, Ardglass, Co. Down, Carrickfergus, Co. Antrim, und weiteren Orten in Irland bekannt. Ebenfalls teilbefestigt sind die Holy Trinity Church aus dem 15. Jh. in der Hauptstraße und das Kloster der Augustiner-Chorherren am Ostende der Stadt, eine Gründung von 1306. Irland war im Mittelalter nie ein friedliches Land.

## **Greencastle,** Co. Donegal

Greencastle im hohen Norden Irlands ist eine Burg der unerfüllten Hoffnungen und war zu seiner Zeit einer der anspruchsvollsten Burgenbauten des Landes. Der Bauherr war ab 1305 Richard de Burgh, der *Red Earl* von Ulster, einer der machtvollsten Vertreter der anglonormannischen Eroberer, der sehr spät, kurz vor dem weitgehenden Zusammenbruch der englischen Herrschaft im 13. Jh., noch einmal versuchte, im Norden und Westen weite Teile von Connacht und Ulster unter seiner Herrschaft zusammenzufassen. Greencastle sollte ihm dabei als machtvolle Basis und Residenz mit einem repräsentativen Anspruch dienen, der hinter dem des englischen Königs kaum mehr zurückstand. Vor allem in dem Torbau, dem Hauptwohnbau der Burg mit unübersehbarem Symbolcharakter, kopierte der Earl die zwischen 1283 und 1295 von König Eduard I. aus Anlass der Eroberung und Sicherung von Wales erbauten königlichen Burgen in diesem Land. Die polygonalen Türme, die farbig

▲ *Greencastle: Der Torbau der Burg.*

abgesetzte Eckverquaderung, aber auch die großzügig ausgestatteten Wohnräume im Innern der Torburg finden ihre direkten Entsprechungen in den walisischen Burgen des englischen Königs in Caernarfon, Harlech, Conwy und Beaumaris, die ihrerseits sogar Motive aus den kaiserlichen Wehrbauten von Konstantinopel verarbeiten. Doch dem gewiss mächtigsten Mann in Irland um 1300 fehlten in dem seit mehr als einem Jahrhundert durch Krieg und Ausbeutung verarmten Land letztlich die Ressourcen. Nach 1333 war die Rolle der de Burgh im westlichen Ulster schon ausgespielt und Greencastle eine Beute irischer Clanführer.

## **Kells Priory,** Co. Kilkenny

Im Vergleich zu ihrem Namensvetter im Co. Meath ist die malerisch gelegene Klosterruine der Augustiner-Chorherren in Kells, Co. Kilkenny, wenig bekannt. Dennoch handelt es sich um eine der ausgedehntesten Klosteranlagen in Irland. Gegründet wurde das Kloster von dem Schwager Strongbows, Geoffroy de Marisco, in den Jahren 1192/93. Die ersten Insassen des Klosters kamen aus Bodmin in Cornwall. Von der im Wesentlichen im 13. Jh. errichteten ersten Klosteranlage stammen nur noch die Südseite des Kirchenschiffs und die Klausurbauten auf der Ostseite des Kreuzganges. Wie in anderen Prioraten der Augustiner standen auch in Kells die Baugepflogenheiten der Zisterzienser Pate. Die meisten der heutigen Bauten stammen erst aus dem 14. und 15. Jh. Auf den ersten Blick erstaunlich ist, dass die meisten von ihnen Wehrbauten sind. Denn auch

▲ *Kells Priory: Die Wehrmauern des Klosters.*

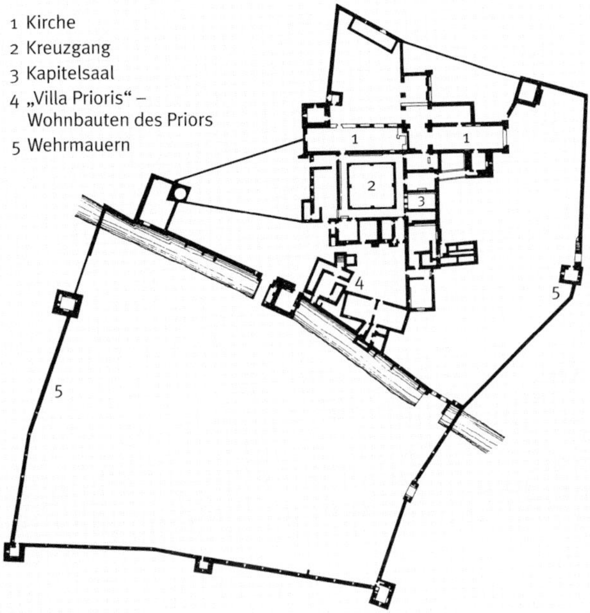


▲ *Kells Priory: Grundriss des Klosters.*

nach dem weitgehenden Zusammenbruch der englischen Herrschaft in der ersten Hälfte des 14. Jh. kam das Land nicht zur Ruhe. Der Kriegszustand zwischen Iren und Engländern, aber auch innerhalb der Parteien, gehörte zum täglichen Leben. Beliebtes Angriffsziel waren dabei auch die den einzelnen Parteien zugerechneten Klöster, zudem war hier reiche und leichte Beute zu erwarten. Kells zeigt, wie man sich zu schützen suchte. Ein ausgedehnter Mauerring umspannt das eigentliche Kloster, ein weiterer ein gleich großes Areal auf der Südseite des Mühlbaches, in dem Vieh ebenso eingestellt werden konnte wie halbwegs sicherer Fruchtanbau möglich war. Alle Türme gleichen den *Tower-Houses,* auch die über der Vierung und an der West- und der Ostseite der Kirche. Kells stellt sich dem Besucher mehr als eine Klosterfestung denn als Ort des Gebetes und der Kontemplation dar. 1539 wurde das Kloster aufgelöst.

## **Kildare Cathedral,** Co. Kildare

Es wird vermutet, dass die Kathedrale von Kildare am Platz des im 5. oder 6. Jh. gegründeten Klosters von St. Brigid, einer weit über Irland hinaus verehrten Heiligen, steht. St. Brigid selbst ist als historische Figur kaum fassbar, alle Nachrichten über sie stammen aus späterer Zeit. Nach Quellen aus dem 10. Jh. ist es durchaus möglich, dass es sich bei ihr um eine

▲ *Kildare: Ansicht der Kathedrale von Westen.*

christianisierte heidnische Gottheit handelt, was nicht verhinderte, dass sie bereits im 9. Jh. die außerhalb Irlands am meisten bekannte Heilige von der Insel war. Ein schmuckloses Granitkreuz und ein aus dem 12. Jh. stammender Rundturm zeugen von dem Kloster aus der Zeit vor Erbauung der Kathedrale. Diese wurde 1223 von Ralph of Bristol gegründet. Vom ersten Bau ist allerdings nur noch das südliche Seitenschiff bis zur vollen Höhe erhalten. Reparaturen erfolgten im 15. Jh. Ihre heutige Gestalt erhielt die Kirche erst im 19. Jh. durch den Architekten des Historismus, George Edmund Street, der auch die Christ Church Cathedral in Dublin wiederherstellte. Bis dahin war die Kirche ohne Dach, die Hälfte des Vierungsturmes war eingestürzt und die plastische Innenausstattung verwahrlost. Die Kathedrale bietet heute das Bild einer sowohl dem Mittelalter angehörigen Kirche als auch eines Bauwerks des Historismus. Bemerkenswert sind einige Grabdenkmäler des Innern, unter denen die Grabplatte des Bischofs Walter Wellesley, der 1539 starb, besondere Aufmerksamkeit beanspruchen darf. Sie wurde 1971 hierher gebracht und gehört nicht zur ursprünglichen Ausstattung.

## **Kilfane, Cantwell-Grab,** Co. Kilkenny

Wer wissen will, warum die kampferprobten irischen Stammeskrieger nach 1169 selbst gegen die zahlenmäßig weit unterlegenen Invasoren aus England und Wales kaum eine Chance hatten, sollte längere Zeit vor der leicht überlebensgroßen Steinskulptur eines anglonormannischen Haudegens in der kleinen Kirchenruine von Kilfane verweilen. In ihr paaren sich bildhauerische Eleganz, vermittelt durch die leichte Drehung des Körpers und die überkreuz gestellten Beine, mit einem fast brutal zu nennenden Selbstbewusstsein, das durch die leichte Beschädigung des Gesichtes und den dadurch noch grimmiger erscheinenden Ausdruck weiter gesteigert wird. Die Figur des Mannes ist vom Kopf bis zu den Füßen mit einem Kettenhemd gepanzert, das durch das spielerisch darüber fallende Gewand kaum verdeckt wird. Das hinter dem Rücken getragene Langschwert erscheint nur zwischen den Beinen, dagegen wird der Schild gut sichtbar an der Seite getragen. Er diente mit seinem Wappen dazu, den Betrachter über die dargestellte Persönlichkeit zu informieren.

Bei dem anglonormannischen Ritter handelt es sich möglicherweise um Thomas de Cantwell, der 1319 verstarb. Andere datieren die Figur in die Mitte des 13. Jh. Die Eroberer von 1169 waren Männer dieses Schlages, allzeit kampfeslustig und waffenerprobt, selbstbewusst, hart und kompromisslos, aber auch erfahren darin, wie Land und Reichtümer nicht nur im Kampf zu gewinnen, sondern anschließend auch zu erschließen und zu verwalten waren. An Tapferkeit und Mut waren ihnen die Iren ebenbürtig, an politischer Klugheit und Weitsicht gewiss nicht.

▲ *Kilfane: Grabmal des Thomas de Cantwell.*

## **Kilfenora, Kathedrale,** Co. Clare

Die kleine Kathedrale von Kilfenora am Südrand des Burren im kargen Westen Irlands zeigt an mehreren Denkmälern die Auswirkungen der Kirchenreform des 12. Jh. Die Kathedrale steht auf dem Areal eines älteren, zu einem unbekannten Zeitpunkt von St. Fachtna gegründeten Klosters. Es wird erst 1055 aus Anlass einer Einäscherung durch Murtough O'Brien erwähnt; über seine Geschichte ist so gut wie nichts bekannt.

▲ *Kilfenora Cathedral: Grabmal eines Bischofs.*

Wenn es in der frühen Zeit hier überhaupt einen Bischof gab, so war er gegenüber dem Abt bedeutungslos und lebte als einfacher Mönch im Kloster. Die urkundliche Erwähnung von Bischöfen setzt erst 1189 ein, zu einem Zeitpunkt, auf den auch die Erbauung der heute teilweise ruinösen Kathedrale datiert wird. Diese zeigt in den Ostteilen schöne romanische Kapitelle und ein sorgfältig geschichtetes Mauerwerk. Diese Bischöfe haben sich offensichtlich im 12. Jh. gegen die Äbte des Klosters auch machtpolitisch durchgesetzt, was in einigen der im Chor aufgestellten Grabdenkmälern von Bischöfen sinnfällig zum Ausdruck kommt. Selbstbewusst, mit Stab und Mitra und dem zum Segensgestus erhobenen Arm treten sie dem Betrachter gegenüber. Die gleiche Haltung findet sich in dieser Zeit auf zahlreichen Hochkreuzen, die regelrecht von der neuen Bischofsmacht okkupiert werden. Ein schönes Beispiel in Kilfenora ist das im Westen der Kirche stehende Doorty's Cross mit gleich drei Bischöfen, nur eines von fünf ganz oder teilweise erhaltenen Hochkreuzen in und bei der Kirche. Die unscheinbare Kathedrale von Kilfenora hat noch eine andere besondere Eigenschaft, die sie gar an die Seite des ewigen Rom stellt. Ihr Bischof ist – der Papst!

## **Kilkenny, St.-Canice's-Kathedrale,** Co. Kilkenny

Die Kathedrale von Kilkenny zählt zu den ganz wenigen mittelalterlichen Sakralbauten, die unversehrt und nahezu unverändert vom hohen Mittelalter in unsere Zeit gelangt sind. Im Gegensatz zu den beiden Kathedralen in Dublin haben hier auch Restaurierungen des 19. Jh. das Bild nicht verfälscht. Nur der Vierungsturm wurde im 14. Jh. neu aufgeführt, nachdem sein Vorgänger eingestürzt war. Ein Rundturm bei der Kirche erinnert daran, dass es Vorgängerbauten gab. Die Kathedrale wurde unter Hugh de Rous, dem ersten anglonormannischen Bischof von Ossory, ca. 1210 begonnen und um 1260 vollendet. Allerdings wird von anderen Autoren eine Bauzeit zwischen 1251 und 1280 angenommen. In jedem Fall entstammt die Kathedrale dem 13. Jh. Nach irischer Art ist die

Kirche, im Vergleich zu Kathedralen in England und auf dem Kontinent, eher bescheiden; Gewölbe fehlen bis auf die Vierung ganz. Der Baumeister, der seine Vorbilder im Westen Englands, vor allem in der Kathedrale von Wells, fand, nutzte jedoch den Vorteil der fehlenden Wölbung und öffnete die Wände, besonders im Chor, durch hohe Fenster, die innen mit marmornen Diensten und Schaftringen im Stil der englischen Frühgotik geschmückt sind. Auf dieser Art entstand ein lichtdurchfluteter Raum, der seine einfache architektonische Form ganz vergessen lässt. Ein besonderer Schmuck der Kathedrale sind ihre Portale. Während die Süd-

▲ *Kilkenny: Die Westfront der Kathedrale.*

vorhalle in ihren Skulpturen stark verwittert ist, gilt das Westportal zu Recht als das schönste gotische Kirchenportal Irlands. Es lehnt sich eng an das um 1245 entstandene Westportal der westenglischen Kathedrale von Wells an, weshalb eine Vollendung der St.-Canice's-Kathedrale in Kilkenny um 1260 wahrscheinlicher ist als das spätere Datum von 1280.

## **Kilmalkedar, St. Brendan's House, Dingle,** Co. Kerry

Das auch *The Priest's House* genannte Gebäude steht ganz in der Nähe des monastischen Bezirks von Kilmalkedar und nicht weit entfernt von St. Brendan's Oratory. Es handelt sich um ein solide in Mörtelmauerwerk errichtetes zweigeschossiges Gebäude, dem heute nur das Dach und ein kleiner Teil der südöstlichen Mauer fehlen. In jedem Geschoss verfügt das insgesamt 11,7 m × 7,15 m an den Außenkanten messende Bauwerk über zwei Räume. Zwar hat die innere Trennwand in jedem Geschoss eine Durchgangstür, die Geschosse selbst waren jedoch nur über separate Außentüren, die leicht gegeneinander versetzt in der Mitte der Südostwand liegen, zu betreten. Das Obergeschoss konnte also nur über eine hölzerne Außentreppe erreicht werden, eine innere Stiege gab es nicht. Das ist ein typisches Kennzeichen hochmittelalterlicher Wohnbauten, wie es auch bei kontinentalen Palasbauten oder im stadtrömischen Wohnbau der Zeit zu finden ist. In Irland ist ein Wohnbau des hohen Mittelalters in der Art von St. Brendan's House absolut einmalig, weshalb das Bauwerk bisher meist ins 17. Jh. datiert wurde. Dem widersprechen aber die mächtigen Mauern, die nach unten an Stärke noch zunehmen, und mehr noch die Rahmungen der Fenster und Türen, die nach Ver-

▲ *Kilmalkedar, St. Brendan's House: Eingangsseite.*

gleichen mit Beispielen aus der Kirchenbaukunst und auch von Portalen an Rundtürmen ins 12. oder allenfalls ins frühe 13. Jh. gehören. Dieses Gebäude, das sicher Klerikern als Wohnung diente, führt durch seine Vorbilder weit über Irland hinaus. Mögen es pilgernde Kleriker oder Reisende nach Rom oder Santiago de Compostela gewesen sein, sie brachten eine für Irland völlig ungewöhnliche und fremde Bauidee mit.

## **Lea Castle,** Co. Laois

Die in einer feuchten Niederung inmitten von Wiesen und Weiden gelegene Burg Lea gehört zu den kaum beachteten, aber für das 13. Jh. typischen Burgen der anglonormannischen Eroberer, soweit sie deren Führungsschicht angehörten. Die wenigen aus der Baugeschichte bekannten Daten entsprechen denen so vieler anderer Burgen dieser Zeit. Um 1200 bestand bereits eine *Motte*, deren Hügel im Gelände noch erkennbar ist. Sie gehörte dem mächtigen William Marshal, unter dem oder dessen Nachfolgern der heute teilweise noch bis zur vollen Höhe stehende *Keep* begonnen wurde. Die Fertigstellung des Bauwerks dürfte nach den gotischen Fensterformen im obersten Geschoss erst zwischen 1250 und 1260 erfolgt sein, als Maurice fitzGerald aus einer der Familien, die 1169 als Erste irischen Boden betreten hatten, die Burg besaß. Bemer-

▲ *Lea Castle: Der Keep und der Torbau (rechts).*

kenswert sind die Vorbilder dieses *Keep,* eines rechteckigen Wohnturmes mit vier Ecktürmen. Sie liegen nicht in Irland, Wales oder England, sondern im Frankreich des 12. Jh., wo der um 1170 erbaute Donjon von Nemours, Dept. Seine-et-Marne, die älteste Form dieses Typs darstellt. Das wirft ein Licht auf die weit gespannten Verbindungen der Eroberer, denen die modernsten Tendenzen im Burgenbau von Westeuropa bis in den Orient geläufig waren. Am Ende des 13. Jh. erhielt Lea mit dem heute efeuumrankten doppeltürmigen Torbau ein weiteres nach den Maßstäben des damaligen Burgenbaus hoch modernes Bollwerk. Der *Keep* der inneren Burg stellte zusammen mit dem Torbau und der Ringmauer der äußeren Burg einen der stärksten Wehrbauten des 13. Jh. in Irland dar.

## **Limerick Castle,** Co. Limerick

Die Stadt Limerick ist eine Gründung der Wikinger aus dem 9. Jh. Als die Anglonormannen nach 1169 von Südosten her schnell nach Westen vorstießen, legten sie bei der Handelsstadt eine Holz-Erde-Befestigung zur Sicherung des Flussüberganges in das von den irischen O'Brien beherrschte Clare an. Diese wurde bald zerstört. Ab 1200 wurde dann in der Zeit König Johanns Ohneland die heutige Burg errichtet, die als King John's Castle auch dessen Namen trägt. Schon die Teilsumme der Baukosten von £ 733 aus den Jahren 1211/12 verrät den Anspruch, an strategisch wichtiger Stelle eines der stärksten Bollwerke königlicher Macht in Irland zu errichten. Die Burg liegt der günstigeren Versorgungsmöglichkeiten wegen unmittelbar am Shannon; die stärkste Verteidigungslinie ist

▲ *Limerick Castle: Ansicht der Burg vom Shannon.*

die nach Norden, zum feindlichen Desmond der O'Briens ausgerichtete Wehrmauer mit dem doppeltürmigen Torbau und den mächtigen Flankentürmen. Sie bildeten zur Feldseite hin eine Schaufront, die allein durch ihr Aussehen schon abschreckend wirken sollte. Demgegenüber konnte die vom Wasser geschützte Mauer zum Fluss, hinter der die große Halle lag, etwas schwächer ausfallen. Merkwürdig ist jedoch bei diesem so starken Wehrbau die Tatsache, dass die Mauern der Innenseite zur Stadt hin im Mittelalter nie vollendet wurden. Offensichtlich glaubte man sich durch die Bürger, immerhin Abkömmlinge der rauen Wikinger, nicht gefährdet. Erst im 17. Jh. schloss eine moderne Artilleriebastion diese Lücke.

## **Mellifont Abbey,** Co. Louth

Mellifont ist mehr als nur das erste, 1142 gegründete Zisterzienserkloster Irlands. Auch wenn an aufgehendem Mauerwerk vom eigentlichen Kloster nur noch der einschiffige Kapitelsaal und der Rest des zweigeschossigen Brunnenhauses mit fünf wieder errichteten Arkaden des Kreuzgangs zu sehen sind, dazu ein spätmittelalterlicher Torturm, zählt die Anlage doch zu den wichtigsten Denkmälern des Mittelalters in Irland.

▲ *Mellifont Abbey: Der Rest des Kreuzganges mit dem Waschhaus.*

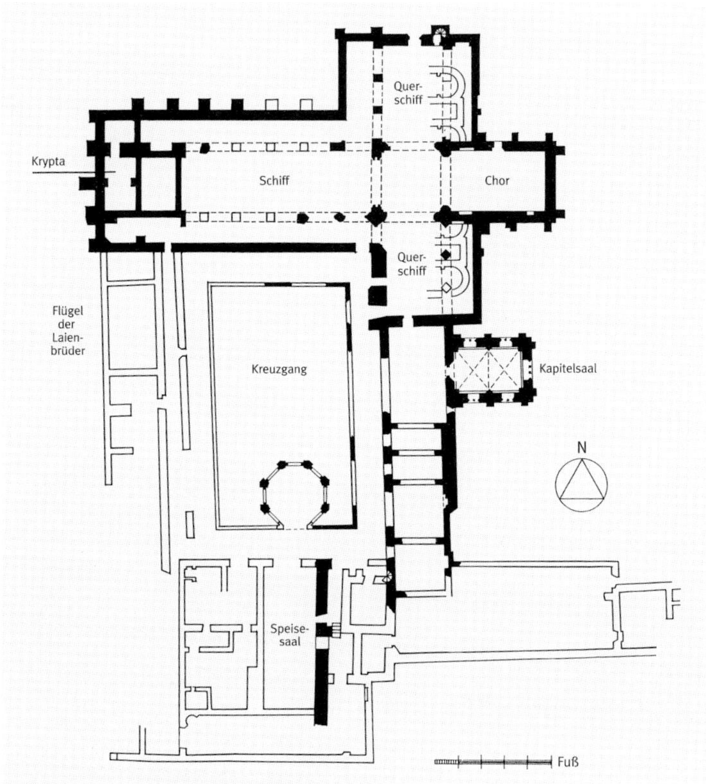


▲ *Mellifont Abbey: Grundriss des Klosters.*

Mit dem Gründer Malachias von Armagh begann zugleich die Kirchenreform des 12. Jh. Im Grundriss offenbart sich das in weiten Teilen Europas verbindliche Schema einer zisterziensischen Klosteranlage. Selbst die Klostergasse, ein trennender Gang zwischen der Klausur der Mönche und den Wohnräumen der Laien im Westen des Kreuzganges, die bei den kleineren Klöstern des Ordens auf der Insel meist fehlt, ist vorhanden. Die erste Kirche von 1152, die im Grundriss noch zu sehen ist, könnte auf einen – nicht gesicherten – benediktinischen Vorgängerbau zurückgehen. Ungeachtet der Invasion von 1169 blühte das Kloster auf und gründete weitere Filialen in Irland. Die Klausurgebäude wurden zwischen 1190 und 1230 aufgeführt, anschließend bis 1260 eine größere Kirche an der Stelle der ersten. Die „Verschwörung von Mellifont" 1227 führte zur Vertreibung der überwiegend irischen Mönche und zu einer starken Verkleinerung des Konvents. Dennoch überlebte das Kloster bis zu seiner Aufhebung in der Mitte des 16. Jh. Zunächst wurden die Gebäude in ein befestigtes Herrenhaus umgebaut. Zu einem Verfall kam es erst gar nicht. Im 18. Jh. endete Mellifont als preiswerter Steinbruch.

## **Nenagh Castle,** Co. Tipperary

▲ *Nenagh Castle: Der runde Keep.*

Die Burg Nenagh, in der Mitte der gleichnamigen Stadt gelegen, fesselt den Blick des Besuchers zunächst durch den massigen Rundturm. Er hat heute bei einer Gesamthöhe von 30 m fünf Geschosse, von denen das oberste eine zwar malerische, aber willkürliche Ergänzung von 1860 darstellt. Als der *Keep* 1206 vollendet war, hatte er nur drei Geschosse, muss also eher gedrungen gewirkt haben. Das vierte Geschoss wurde aber noch im 13. Jh. aufgesetzt. Der runde *Keep* repräsentiert eine eher seltene Form des Wohnturmes, die auch in Irland, z. B. im fast zeitgleichen Dundrum, Co. Down, nur vereinzelt vorkommt. Die Bauidee von Nenagh könnte auf die mächtige Burg von Pembroke in Südwales zurückgehen, wo William Marshal nach dem Vorbild des alten Louvre in Paris in seiner dortigen Residenz ein großartiges Beispiel dieses Typs crbaute. Als eine Residenz war auch Nenagh gegründet und blieb dies bis zur Vertreibung seiner Herren durch die O'Briens im 15. Jh. Theobald Walter, Neffe des hl. Thomas Becket und Ahnherr der lange im Süden Irlands dominierenden Butler of Ormond, hatte als Gefolgsmann König Johanns Ohneland um 1200 mit dem Bau der Burg begonnen. Zusammen mit dem *Keep* zeigt Nenagh alle wehrhaften Statussymbole einer großen Burg des 13. Jh.: feste Mauern, starke Flankentürme und vor allem einen doppeltürmigen Torbau mit einer Halle im Obergeschoss und komfortablen Wohnräumen. Letzterer wird erst seit einigen Jahren aus der dicht bebauten Umgebung herausgeschält, hat aber sehr viel von seiner mittelalterlichen Bausubstanz bewahrt.

## **Roscommon Castle,** Co. Roscommon

Die Burg von Roscommon sprengt den normalen Rahmen des irischen Burgenbaus im 13. Jh. Auch wenn das Land bemerkenswerte Beispiele mittelalterlicher Wehrarchitektur aufweist, bleiben die meisten Bauten an Größe und Reichtum ihrer architektonischen Formen hinter den Burgen in England und auf dem Kontinent zurück. Deren Standard erreichten in Irland nur wenige, darunter Trim, Dublin und eben Roscommon. Die

▲ *Roscommon Castle: Der Torbau in der Hauptfront der Burg.*

Burg wurde spät, erst 1269, durch den königlichen Justiziar Robert de Ufford begonnen, setzte jedoch sogleich Maßstäbe über Irland hinaus. Nach anfänglicher Störung der Arbeiten durch die Iren von Connacht wurden zwischen 1280 und der Vollendung um 1285 Mittel in Höhe von £ 3500 eingesetzt, eine Summe, die sich ohne weiteres mit dem Aufwand für die königlichen Burgen König Edwards I. bei der Eroberung von Wales zur gleichen Zeit messen kann. Es entstand ein zugleich eindrucksvoller und abweisender Wehrbau. Die heutigen Fenster wurden erst beim Umbau zum Wohnschloss im 16. Jh. eingebrochen. Ähnlichkeiten mit den walisischen Riesenburgen ergeben sich nicht nur aus der Bausumme. Da diese alle erst nach dem Bau von Roscommon begonnen wurden und diese Burg mit ihrem rechteckigen Grundriss, den vier mächtigen Ecktürmen und dem bewohnbaren doppeltürmigen Torbau in der Mitte der Angriffsseite dem walisischen Harlech fast aufs Haar gleicht, muss Roscommon als eine der Burgen angesehen werden, der wesentliche Ideen für das Bauprogramm König Edwards I. in Wales

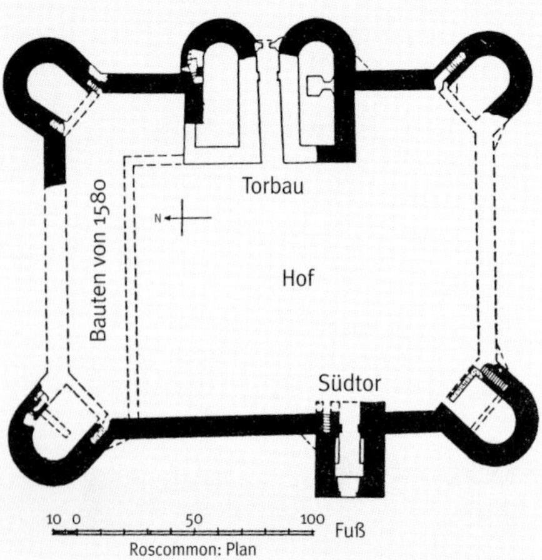


▲ *Roscommon Castle: Grundriss der Burg.*

zu verdanken sind. Der irische Burgenbau des 13. Jh. war nicht provinziell, sondern hatte Strahlkraft über die Insel hinaus. Dies zeigte sich am Anfang des 14. Jh. sogar noch bei der Burg Villandraut in der damals unter englischem Einfluss stehenden Gascogne, die nach der gleichen Konzeption wie Harlech und Roscommon errichtet wurde.

## **Trim Castle,** Co. Meath

Trim gehört zusammen mit Carrickfergus zu den am besten erhaltenen Burgen Irlands und zugleich zu den frühesten Bauten dieser Art auf der Insel. Nach einer ersten Palisadenbefestigung wurde 1175 der vielgliedrige *Keep* mit seinen charakteristischen Vorbauten begonnen, fast zur gleichen Zeit auch die große Ringmauer mit den beiden Torburgen und der großen Halle an der durch den Fluss geschützten Nordseite. Der *Keep* muss 1205, als ein Konflikt zwischen König Johann Ohneland und der die Burg erbauenden Familie der de Lacy ausbrach, vollendet gewesen sein, die turmbewehrte Ringmauer nicht lange danach. Die Burg war als Residenz des älteren und des jüngeren Hugh de Lacy in ihrer Grafschaft Meath, dem alten irischen Königreich *Mide* (= Mitte), das zwar nicht die geografische, wohl aber die historische Mitte Irlands bezeichnete, vorgesehen. Entsprechend haben vor allem im *Keep*, bei allem Vorzeigen von wehrtechnischem Repertoire, die Repräsentation und der Wohnkomfort Vorrang vor der Abwehrkraft des Bauwerks. Der *Keep* besitzt mehrere komfortable Appartements mit durchdachter Wegeführung und sogar mehrere Toiletten. Die eigentliche Verteidigungslinie in Trim lag eindeutig auf der mit Flankentürmen und festen Toren versehenen Ring-

▲ *Trim Castle: Ringmauer und Keep.*

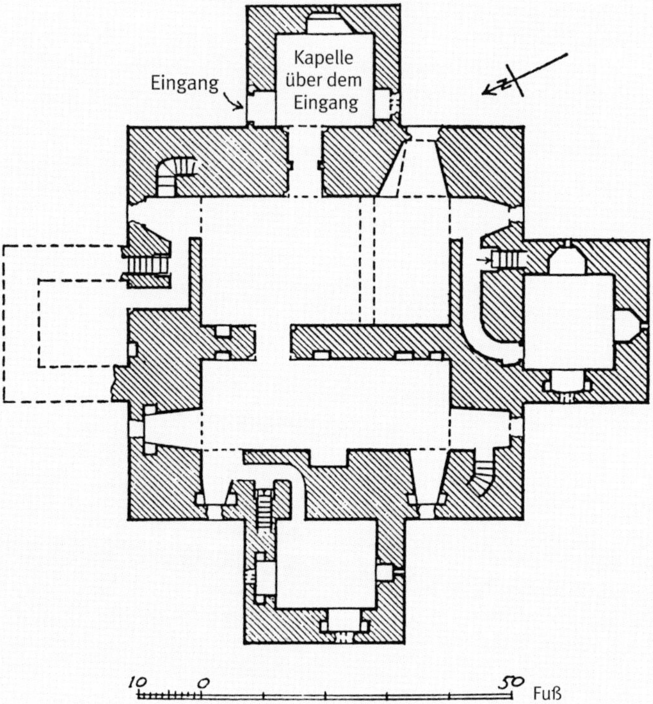


▲ *Trim Castle: Grundriss des Keep.*

mauer, ein weiteres Mal ein im 12. Jh. sehr modernes Element im irischen Burgenbau. Während beim Westtor englische Einflüsse dominieren, sind beim Südosttor einmal mehr französische Einflüsse festzustellen, diesmal aus Aquitanien. Das verwundert nicht, gehörte doch ganz Südwestfrankreich im 12. Jh. zum Herrschaftsbereich der englischen Krone, wodurch auch die Bauherren von Trim von dort kommende Anregungen für ihr Bauprojekt in Irland nutzen konnten.

## **Waterford, Reginald's Tower,** Co. Waterford

Eine teilweise aus Stein errichtete Stadtbefestigung hatte die alte Wikingerstadt schon vor dem Einfall der Anglonormannen im Jahr 1169. Ob bereits damals an dieser strategisch wichtigen Stelle ein auf den River Suir und die ankommenden Schiffe ausgerichtetes Bollwerk aus Stein bestand, ist offen. Die beiden unteren, in Schiefermauerwerk ausgeführten Geschosse scheinen zwischen 1185 und 1210 auf Anweisung König Johanns Ohneland aufgeführt worden zu sein. Die beiden obersten

Geschosse in Kalksteinmauerwerk datieren in jedem Fall ins 15./16. Jh. Die unterschiedlichen Fenster und Schießscharten, darunter auch solche für Feuerwaffen, zeigen zahlreiche weitere Umbauten für die verschiedenen Zwecke, denen der Turm im Verlauf der Jahrhunderte diente, an. Er war Wachtturm, königliche Münze, Arsenal und Gefängnis, aber zeitweise auch Wohnung des obersten Polizeibeamten von Waterford. Heute ist er als Museum zu besichtigen. In Ermangelung anderer gut erhaltener Denkmäler des Mittelalters in Waterford ist Reginald's Tower heute das einzige ins Auge fallende Denkmal der Stadt aus dieser glanzvollen Epoche ihrer Geschichte. Der Name allerdings ist noch älter: Er geht zurück auf Regnall, den wikingischen Führer der Stadt, der 1169 hier eingekerkert gewesen sein soll.

▲ *Waterford, Reginald's Tower.*

# IV. Spätmittelalter – Iren und Angloiren

Irland hat eine andere Zeitrechnung als Kontinentaleuropa. So wie die eisenzeitliche Kultur, zwar in christianisierter Form, aber doch weitgehend ungebrochen, bis ins 11. Jh. hinein fortdauerte, so hat auch das späte Mittelalter einen anderen Zeitrahmen als in Zentraleuropa. Nur wenn fremde Mächte von außerhalb auf der Insel intervenierten, vermochten sie die irischen Zeitabläufe, die eher von lang andauernden Kontinuitäten als von harten Brüchen gekennzeichnet waren, den auf dem Kontinent und in England wahrnehmbaren Epochen anzugleichen. Das irische Hochmittelalter ist die Zeit der aus England gekommenen anglonormannischen Eroberer und weitgehend identisch mit der gleichen Epoche im übrigen Europa. So wie jedoch dem irischen Frühmittelalter keine Völkerwanderung vorausging, so mündete auch das Spätmittelalter auf der Insel nicht in die Renaissance, sondern währte bis in die Mitte des 17. Jh. Eine eigenständige irische Renaissance gab es nicht. Das Wenige, was es an dieser Epoche zuzurechnendem Formengut gibt, ist Import und hat bis zum 18. Jh. nicht wirklich Wurzeln im Lande geschlagen. Die Ursachen für dieses Phänomen sind verschieden. Die abgelegene Lage am Rande Europas spielt ebenso eine Rolle wie die maßlose Überbeanspruchung der englischen Krone und der englischen Aristokratie bei dem Versuch, nahezu gleichzeitig Wales, Schottland und Irland zu unterwerfen und voll in den eigenen Machtbereich zu integrieren – bei gleichzeitig fortdauernden Konflikten in den kontinentalen Interessengebieten, in Flandern und in der Gascogne. Der englische Versuch, Irland vollständig zu erobern, scheiterte im 14. Jh. Gleichzeitig lag das Königreich aber auch wie ein Riegel zwischen Irland und dem restlichen Europa, so dass die Verbindungslinien dorthin sehr dünn waren und einen Austausch zwischen den Kulturen kaum zuließen. Irland blieb in den ersten beiden Jahrhunderten seiner spätmittelalterlichen Epoche weitgehend sich selbst überlassen. Erst im 16. Jh. machte England erneut Anstrengungen, die Insel vollständig zu unterwerfen, was dann in der Mitte des 17. Jh. – aus englischer Sicht – zum Erfolg führte und für weitere zwei Jahrhunderte Irlands Schicksal als Kolonie im englischen Machtbereich begründete.

Das 14. Jh. wird nicht selten als das dunkle Jahrhundert des irischen Mittelalters bezeichnet. Der Zusammenbruch eines großen Teiles der von den anglonormannischen Eroberern begründeten und dann von ihren englischen Nachkommen gehaltenen Machtstellungen zu Beginn des Säkulums, die furchtbare schottische Invasion unter Edward Bruce, jahrelange wetterbedingte Missernten in dem ohnehin schon verwüsteten Land und endlich die Pest fügten der Insel schwerste Schäden zu, von denen sie sich nur sehr langsam erholte. Die Bautätigkeit in dieser Zeit ist ein zuverlässiger Gradmesser. Sowohl Kirchen und Klöster als auch Burgen wurden kaum neu gegründet oder errichtet, aus dem 14. Jh.

gibt es kein herausragendes Baudenkmal, das mit solchen aus den vorangegangenen oder späteren Jahrhunderten zu vergleichen wäre. In der historischen Forschung zu dieser Zeit klaffen große Lücken. So ist bislang noch kaum zu beantworten, wie die spätmittelalterlichen *Tower-Houses* mit den Burgen des Hochmittelalters, vor allem mit dem doch offensichtlich das Vorbild abgebenden *Keep,* zusammenhängen. Auch viele Fragen der Machtverteilung zwischen alteingesessener Bevölkerung und der neuen, von den Nachkommen der Eroberer gebildeten Herrenschicht im Land harren noch der Klärung. Denn die alte Scheidung zwischen Iren und Anglonormannen war ab dem 14. Jh. längst nicht mehr durch klare Trennlinien gekennzeichnet.

Das Scheitern der englischen Eroberung im frühen 14. Jh. hatte durchaus nicht dazu geführt, dass nun die Nachkommen der Eroberer und die mit ihnen aus England, Wales und sogar aus Flandern gekommenen Siedler fluchtartig das Land verlassen hätten. Die Eindringlinge begannen sich im Land zu assimilieren, ohne allerdings in der alteingesessenen irischen Bevölkerung oder ihrer Führungsschicht aufzugehen. Aus Anglonormannen und Engländern wurden nun die Angloiren. Diese versuchten einerseits, und dies durchaus mit gewissem Erfolg, die ihnen verbliebenen Herrschaftspositionen zu halten und betonten deshalb zunächst auch ihren Status als Vasallen der englischen Krone, andererseits pflegten sie auf allen Ebenen Heiratsbeziehungen mit den Iren und übernahmen dabei vor allem zu großen Teilen den Gebrauch der irischen Sprache und Kultur. Mancher Angloire, ob Farmer, Grundherr oder einer der großen Fürsten, war von einem Iren nur noch durch die unterschiedliche Ahnenreihe zu unterscheiden. Mit der Annäherung an die irische Gesellschaft und Kultur lockerten sich natürlich allmählich auch die alten Bindungen an die englische Krone, wobei die in Irland genossenen Freiheiten fern der Macht des englischen Königs ein zusätzlicher Grund für die Entfremdung waren. Die englischen Herrscher und die königliche Verwaltung verfolgten diesen Prozess misstrauisch, hatten aber, insbesondere in der Zeit des Hundertjährigen Krieges mit Frankreich, der alle Aufmerksamkeit auf den Kontinent lenkte, weder die Macht noch die Ressourcen, hier lenkend und ordnend einzugreifen.

Politisch glich Irland ab dem 14. Jh. einem Flickenteppich. Territorien mit unterschiedlicher Rechtsordnung lagen bunt gemischt nebeneinander, die staatliche Autorität der englischen Krone wurde von den Iren gar nicht, von den Angloiren in sehr eingeschränkter Weise und auch nur, wenn königliche Truppen in der Lage waren, Druck auszuüben, beachtet. Im englischen Machtbereich gab es im Wesentlichen drei Formen der Territorialherrschaft: die Gebiete der englischen Krone, die *Counties* und die *Liberties.* Nach dem ersten Aufenthalt König Heinrichs II. in Irland 1171 hatte man begonnen, das eroberte Land nach dem englischen *Shire-System* in Grafschaften zu gliedern. Der Sheriff als königlicher Beamter sollte die umfassenden Rechte der Krone in den neuen Territorien wahrnehmen. Sowenig die Eroberung, trotz aller Erfolge im 13. Jh., gelang, so rudimentär blieb die Grafschaftsverfassung. Nur das Co. Dublin geht noch ins 12. Jh. zurück, zehn weitere folgten, zuletzt Co. Carlow 1306.

Die englische Krone verfügte einfach nicht über die Möglichkeiten, das ganze Land zu unterwerfen und zu verwalten. Neben den *Counties* gab es die *Liberties* der großen Grundherren. Es waren dies Territorien, welche die ersten beiden Generationen der Eroberer den Iren abgenommen hatten und die ebenfalls nach dem Vorbild der Grafschaftsverfassung organisiert wurden, mit einem gewichtigen Unterschied: Zwar mussten auch die Herren dieser neuen Länder den englischen König als ihren obersten Lehnsherren anerkennen, der aber überließ ihnen im Innern ihrer Territorien zahlreiche königliche Rechte auf dem Gebiet der Abgaben und der Gerichtsbarkeit, die in den Counties vom königlichen Sheriff wahrgenommen wurden. Man kann von halbautonomen Gebieten unter englischer Oberhoheit sprechen. Der König behielt allerdings auch hier den Fuß in der Tür. Alle kirchlichen Belange, vor allem die Besetzung von Bischofsstühlen und wichtigen Abteien und deren Abgaben blieben in seiner Hand, außerdem wurden die *Liberties* bei Minderjährigkeit des Erben von der Krone verwaltet, in dem von permanentem Krieg erfüllten Land ein nicht seltener Fall. Die direkt von der Krone verwalteten Gebiete waren vor allem Dublin und sein Umland, dazu einige wichtige Städte wie Waterford oder Limerick und strategisch wichtige Plätze wie Athlone oder Rinndown am Shannon. All diese Territorien waren keineswegs stabil, veränderten unter militärischem Druck laufend ihre Größe und ihren Status und schrumpften im Verlauf des 14. Jh. erheblich zusammen.

Um 1400 war nur noch ein kleiner Teil des Landes, das ganze Co. Dublin und Teile der Counties Kildare, Meath und Louth, wirklich unter der Kontrolle der englischen Krone. Die gebirgigen Regionen im nördlichen Ulster, im westlichen Connacht und Clare, im Südwesten und auch in den Wicklows waren weitgehend in irischer Hand, den Rest bildeten die großen *Liberties* der Earls von Ulster, Kildare, Desmond und anderer angloirischer Barone. Die englische Macht war in der Defensive und igelte sich regelrecht in dem Gebiet rund um Dublin, dem sog. *Pale*, ein. Zwar taucht der Name *Pale* erst 1494 in den Urkunden auf, als dekretiert wurde, dass „diches to be made aboute the Inglishe pale“. Die Sicherung dieses Rückzugsgebietes der englischen Krone setzte jedoch schon fast 100 Jahre früher ein, wenn auch nicht gleich hinter Wall und Graben. Schon 1429 und 1449 hatte die Krone den Grundherren in den Counties Dublin, Meath, Kildare und Louth, die wehrhafte Türme von wenigstens 12 m Höhe zur Verteidigung des Landes erbauten, Zuschüsse in Höhe von £ 10 zugesagt, ein Brauch, der bis zum Jahr 1300 zurückzuverfolgen ist. Man erkennt in diesen *£-10-Castles* unschwer einige der *Tower-Houses* wieder, die, weit über das Gebiet des *Pale* hinaus, in einer Gesamtzahl von 3000–4000 Exemplaren fast im ganzen Land zu finden sind. Die *Tower-Houses* sind der von 1400–1650 herrschende Burgentyp in Irland und neben den ländlichen Abteien der Bettelorden die charakteristischen Denkmäler des späten Mittelalters in der Landschaft. Über die Genese des *Tower-House* wird noch viel gestritten. Gewiss war der *Keep* des hohen Mittelalters eines seiner Vorbilder. Aber nicht einmal der Typus ist in befriedigender Weise definiert, dafür ist allein schon die Bandbreite der Architekturformen viel zu groß. Zwischen einem kleinen *£-10-Castle,* wenn es denn je in idealtypischer Form errichtet wurde, und einer Residenz wie dem heute von Touristen überfluteten Bunratty Castle liegen Welten. Im Wesentlichen ist das *Tower-House* ein fester Wohnturm von drei oder mehr Geschossen, von denen einige gewölbt sein konnten. Es war umgeben von einem *Bawn,* einem kleinen ummauerten Hof, dessen Mauer man aber nur bedingt als Wehrbau ansehen kann. Ein *Tower-House* ist oft nur ein befestigter Bauernhof, wie man auf zahlreichen Farmen im Land sehen kann. In der Regel ist er der Wohnsitz eines Grundherren, gleich ob Angloire oder Alteingesessener. Die Wehrtürme finden sich auch als Wohnbauten der Oberschicht und reicher Kaufleute in den Städten, wo sie einst unübersehbar das Stadtbild geprägt haben müssen. Schließlich baute auch die Kirche *Tower-Houses.* Bei vielen Kirchen ist der Vierungsturm als Wehrturm ausgebildet und nicht wenige Klöster gleichen in ihrer Silhouette eher einer Wehranlage als einem Ort frommer Einkehr.

Neben den *Tower-Houses* prägen bis zum heutigen Tag die spätmittelalterlichen Klöster die Landschaft. Es sind überwiegend die Priorate der Bettelorden, der Franziskaner und Dominikaner, aber auch die Abteien der Augustiner-Chorherren, die sowohl in kleinen Städten als auch in malerischer Einsamkeit fern jeder Ansiedlung in der Landschaft aufragen. Von weitem sieht man meist nur einen Turm und mehrere gezackte Giebel, aus der Nähe präsentieren sie sich als gut erhaltene Ruinen, zwar ohne Dach, aber in ihren Hauptbauten Kirche, Kreuzgang und Klausur gut zu identifizieren. Das Beispiel der Franziskaner steht für die anderen Orden. Der Bettelorden erreichte Irland schon um 1230 und war, obgleich auch Iren Aufnahme fanden, von Einflüssen aus England geprägt. Die Einsetzung von William O'Reilly als Ordensprovinzial um 1445 markiert die von da an bestehende Dominanz der Iren im Franziskanerorden. Entsprechend finden sich unter den Förderern auch viele irische Fürsten und Clanchefs. Der Orden opponierte heftig gegen die Einführung der Reformation unter König Heinrich VIII. im 16. Jh. und wurde bis zum Beginn des 17. Jh. aus den meisten Häusern vertrieben. Dennoch setzten die Brüder ihre seelsorgerische Tätigkeit unter der Bevölkerung fort, wodurch sie, obgleich Verfolgungen ausgesetzt, wesentlich dazu beitrugen, Irland bis heute dem katholischen Glauben zu erhalten. Sie waren es, die auf dem Land die Verbindung zwischen gälischer Opposition und irischem Katholizismus begründeten.

Vom Beginn des 16. Jh. an bis zur endgültigen militärischen Unterwerfung Irlands durch Oliver Cromwell in der Mitte des 17. Jh. sieht man ununterbrochene und zunehmend erfolgreiche Bemühungen der englischen Könige, Irland wieder fest unter englische Herrschaft zu nehmen und dabei sowohl die alteingesessenen Iren als auch die Angloiren der direkten Gewalt und der Gesetzgebung von Krone und Parlament zu unterwerfen. Das ist nach dem Ende des Hundertjährigen Krieges zwischen Frankreich und England und dem sich anschließenden englischen Bürgerkrieg, als dessen Folge die Tudor-Dynastie auf den englischen Thron gelangte, nicht weiter erstaunlich. Der Frühabsolutismus des 16. Jh., besonders unter dem launischen König Heinrich VIII., duldete keine Gebiete mehr, in denen die englische Krone eine nur nominelle Herrschaft ausübte. Das begann mit dem Sturz der Grafen von Kildare, deren Exponent Garret More Fitzgerald zwischen 1477 und 1513, teilweise unter dem Namen eines englischen Vizekönigs, fast eine von England unabhängige Macht in Irland aufgebaut hatte. Die Einführung der Reformation und die Aufhebung der Klöster, begleitet von der Forderung, dass aller Landbesitz von der Krone zu autorisieren sei, waren dann der nächste Schritt zur Stärkung der Macht des englischen Königs. Das Land spaltete sich sowohl im Glauben als auch in der politischen Orientierung für oder gegen die neue Ordnung. Bezeichnenderweise fand sich die angloirische Oberschicht zunächst ebenfalls in Opposition zu den Maßnahmen der Tudor-Könige, sowohl im Beharren auf dem alten Glauben wie im Festhalten an der alten Unabhängigkeit. Militärische Gewalt und Güterkonfiskationen brachten jedoch viele von ihnen im Lauf der Zeit dazu, die neue Ordnung widerstrebend zu akzeptieren. Zwischen der alteingesessenen irischen Bevölkerung und den Engländern vertieften sich die Gegensätze zusehends. Schon seit dem ausgehenden 13. Jh. hatte es vereinzelt Versuche der englischen Administration gegeben, die Iren auf dem Wege der Gesetzgebung auf einen mit minderen Rechten ausgestatteten Status zurückzudrängen. Das alte irische Volksrecht und die irische Sprache wurden diskriminiert, die Berechtigung zu Grundbesitz und Grundherrschaft in Frage gestellt. Angesichts der schwachen englischen Position im 14. und 15. Jh. war dem kein Erfolg beschieden. Im 16. Jh. jedoch wurden diese Bestrebungen, nun auch in Verbindung mit den neu entstandenen Glaubensgegensätzen, verschärft wieder aufgenommen und die Enteignung der Iren erfolgreich vorangetrieben. Dabei griff die Tudor-Administration zu einer ganz neuen Maßnahme, welche die Zusammensetzung der Bevölkerung in nachmittelalterlicher Zeit entscheidend verändern sollte: den *Plantations.*

Die *Plantations* waren nichts anderes als die Enteignung und Vertreibung der alteingesessenen Bevölkerung im großen Stil und deren Ersetzung durch treue Untertanen englischer Abstammung, zuerst aus dem *Pale* und aus England, im 17. Jh. meist aus Schottland. Es begann 1556 in den zentralirischen Counties Offaly und Laois. Im 17. Jh., nach der „Flucht der Grafen", der Vertreibung der mächtigen Fürsten aus dem Clan der O'Neill 1607, verlagerte sich die *Plantation* ins nördliche Ulster, wo mit der Vergabe der fruchtbarsten Gebiete an protestantische Siedler aus Schottland der Keim für die heute noch das Land zerreißenden Konflikte gelegt wurde. Diese Ansiedlungen ließen die alteingesessenen Iren als andersgläubige, verachtete und ausgebeutete Unterschicht, voller Hass gegen die neuen Herren und ohne Aussicht auf die Gestaltung einer eigenen Zukunft, zwischen den Neuankömmlingen zurück. Sichtbarer Ausdruck dieser Maßnahmen sind vor allem in Nordirland, aber vereinzelt auch in anderen Landesteilen, die *Plantation Castles,* befestigte Gutshöfe, die manches von den mittelalterlichen *Tower-Houses* übernommen haben und in denen die neuen Landbesitzer sich vor den Anschlägen und Vergeltungsaktionen der enteigneten Vorbesitzer zu schützen suchten.

Neben diesen Bauwerken errichtete die neu auf England ausgerichtete Oberschicht auch die ersten richtigen Schlösser, die aber sowohl aus Gründen des Status wie der Sicherheit auf architektonische Formen aus dem Wehrbau nicht verzichten mochten.

Das irische Mittelalter endete, als das Land in den Konflikt zwischen den Stuart-Königen und der Parlamentspartei unter Oliver Cromwell hineingezogen wurde. Eine Rebellion der vertriebenen O'Neill von Ulster zusammen mit königstreuen Angloiren 1641 veranlasste Oliver Cromwell 1649/50, das Land in einem hart und grausam geführten Feldzug endgültig zu unterwerfen, wobei er als seine Gegner sowohl Royalisten und Katholiken wie auch Angehörige der alten irischen Oberschicht ansah. Vor allem wurden zahlreiche Mitglieder des katholischen Klerus vertrieben, deportiert oder hingerichtet. Im Anschluss an den Feldzug kam es im Rahmen der Cromwell'schen Siedlungspolitik zu der schon angesprochenen *Plantation,* der größten Bevölkerungsverschiebung im frühneuzeitlichen Irland. Die Iren wurden zu einer Bevölkerung zweiter Klasse, das Land für 200 Jahre zu einer englischen Kolonie ohne eigene politische Rechte.

# **Aughnanure Castle,** Co. Galway

▲ *Aughnanure Castle: Das Tower-House.*

Die Burg von Aughnanure ist wegen ihres hervorragenden Erhaltungszustandes, aber auch wegen ihrer langen Geschichte eines der wichtigsten *Tower-Houses* in Irland. Die ausgedehnte Anlage mit einem inneren und einem äußeren Mauerring verrät, dass es sich hier um mehr als die Wohnstatt eines kleinen Grundherren handelt. Tatsächlich erbaute schon der Anglonormanne Walter de Burgo nach 1256 bei dem Versuch, ganz

Connacht zu erobern, hier eine erste Burg, der allerdings sichtbare Mauerreste nicht mehr zuzuweisen sind. Baudaten der heute stehenden Mauern und Gebäude sind nicht überliefert. Man kann davon ausgehen, dass die Burg in ihrem heutigen Erscheinungsbild nach 1400 begonnen wurde und um 1500 vollendet war. Die Burg liegt auf einem Felssporn am Ufer des kleinen Flüsschens Drimneen, über den die Bewohner schnell das nahe Lough Corrib und damit den wichtigsten Wasserweg in Connacht, sowohl zum Meer als auch nach Mayo hinein, erreichen konnten. Ein eigenes Hafenbecken im äußeren Burghof ist noch gut erkennbar. Die

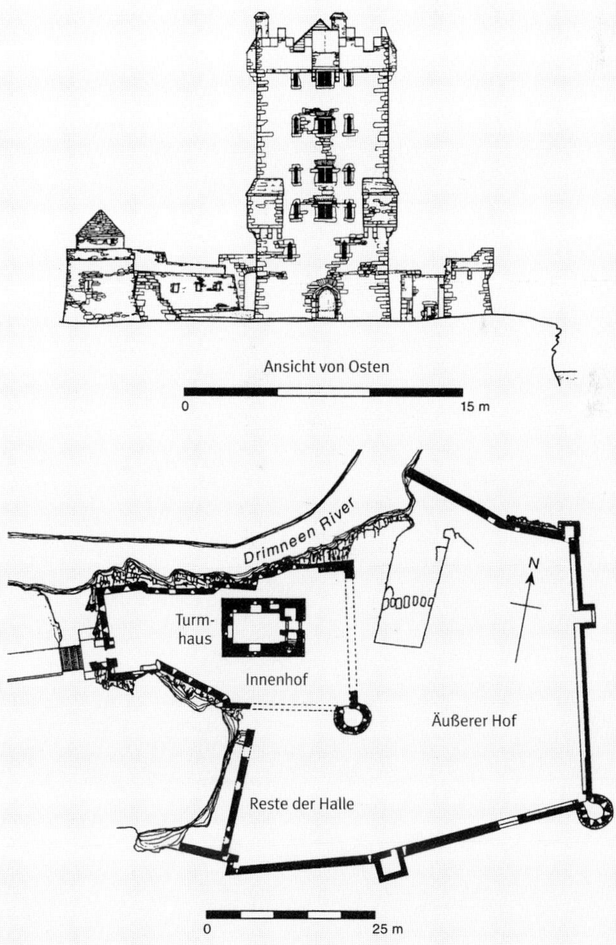


▲ *Aughnanure Castle: Grundriss und Ansicht von Osten.*

Burg war die Residenz des Clans der O'Flaherty, dessen Mitglieder durch ständige Überfälle und Piraterie vor allem der nahen Handelsstadt Galway arg zusetzten. Sie besaßen die Burg nahezu ununterbrochen vom 14.–18. Jh. Hauptwohnbau war der große Wohnturm, weitere Wohnbauten aus Holz, Scheunen und Stallungen müssen angenommen werden. Ein künstlerisches Kleinod war die Bankethalle, von der noch eine Fensterreihe steht. Die Laibungen tragen, ungewöhnlich in der Burg der „wilden O'Flaherty", feinstes Renaissancedekor.

## **Ballinalackan Castle,** Co. Clare

Am Südrand des Burren thront auf einem nach drei Seiten steil abfallenden Felsplateau über der Straße von Lisdoonvarna nach Black Head das *Tower-House* von Ballinalackan, ein ganz typischer Vertreter seiner Art. 1566 erlangten die O'Briens von Thomond durch königliches Privi-

▲ *Ballinalackan Castle: Ansicht von Süden.*

leg die Kontrolle über dieses Gebiet, das vorher z. T. einem Zweig der O'Loughlins, der Herren des Burren, z. T. dem Clan der O'Connor gehört hatte. Unmittelbar danach dürfte der Bau des *Tower-House* begonnen worden sein. Ob schon vorher an diesem idealen und geschützten, die ganze Küste bis hinüber zu den Aran-Inseln überschauenden Platz eine befestigte Anlage stand, ist offen, aber nicht unwahrscheinlich. Das einzige Datum in dem Bauwerk stammt von 1641 und befindet sich auf einem vermutlich später eingesetzten schönen Kamin. Schießscharten für Musketen verweisen ebenfalls eher ins 16./17. Jh. als in eine frühere Zeit. Das *Tower-House* besteht aus zwei getrennt voneinander aufgeführten Teilen, die aber unmittelbar nacheinander entstanden sind. Im Bauverlauf diente der schmalere, die Treppe enthaltende Baukörper, der zuerst aufgeführt wurde, als „Gerüst" und Unterbau für eine Hebevorrichtung, mit deren Hilfe anschließend der breitere, die Wohnräume enthaltende Hauptbau des *Tower-House* aufgemauert wurde. Der breitere und niedrigere Hauptbau hat insgesamt vier Geschosse, von denen die oberen beiden offensichtlich herrschaftliche Wohnräume waren, während die unteren Küche und Lagerräume aufnahmen. Der schmalere hat über einem Eingangsraum drei übereinander liegende Schlafkammern. Ein weiteres Geschoss führte auf die Wehrplatte über dem Hauptbau. Ballinalackan repräsentiert den Typus eines komfortablen *Tower-House.* Es könnte eine Nebenresidenz der O'Brien gewesen sein.

## Tower-Houses

*Tower-Houses,* worunter man zunächst einmal einfache befestigte Wohntürme versteht, zählt man in Irland zu Tausenden. Man schätzt ihre Gesamtzahl auf 3000 bis 4000 Exemplare. Sie sind über das ganze Land verteilt, wobei sie in der Mitte und im Süden häufiger vorkommen als in den Gebirgsregionen von Ulster, Donegal, Wicklow und Kerry.

Die Entstehung des *Tower-House* im 14. und frühen 15. Jh. ist noch immer Gegenstand zahlreicher Kontroversen. Zwar ist die Verwandtschaft mit dem Wohnturm der hochmittelalterlichen Burgen, dem *Keep,* unbestritten, von einem einheitlichen Typ kann man jedoch, ungeachtet zahlloser gleichartiger Beispiele, nicht sprechen. Am häufigsten dürfte der einfache, drei- bis viergeschossige Wohnturm, mit ein oder zwei gewölbten Geschossen, auf dem Lande vorkommen. Ihn umgab der *Bawn,* ein mäßig befestigter ummauerter Hof.

*Tower-Houses* gab es aber auch in fast allen Städten, als Sitz reicher Kaufleute, und in Klöstern, sowohl neben der Klausur als auch als Wehrturm über der Vierung der Kirche. Sie konnten sich als einfache Steinkuben kaum von einem Bauernhof unterscheiden, aber auch, wie in Bunratty, Co. Limerick, als gewaltige und differenzierte Wohn- und Wehrbauten erscheinen. *Tower-Houses* sind allgegenwärtige Denkmäler des späten Mittelalters in Irland – und ein zuverlässiger Indikator für die stete Präsenz von Krieg und Gewalt, denen Irland durch Jahrhunderte ausgesetzt war.

▲ *Bective Abbey: Ansicht von Süden.*

## **Bective Abbey,** Co. Meath

Bective Abbey zeigt, wie wenige andere Bauwerke seiner Art, die Transformation eines hochmittelalterlichen Klosters zu einem spätmittelalterlichen Gebilde von wehrhaftem Charakter, dessen monastischer Ursprung heute kaum mehr zu erkennen ist. Mit der Gründung im Jahr 1147, noch vor der anglonormannischen Invasion, war Bective als erste Tochtergründung von Mellifont eines der frühesten Zisterzienserklöster Irlands. Vom ersten Bau des 12. Jh. ist nichts mehr zu sehen. Dem Besucher bietet sich heute von außen eher das Bild einer malerischen Wehranlage als eines Klosters. Im Innern zeigt das Kirchenschiff noch einige vermauerte Arkaden aus dem späten 13. Jh.; die Konventsgebäude und der Kreuzgang entstanden erst im späten Mittelalter. Das Kloster lag innerhalb

des *Pale,* aber nicht allzu weit von dessen westlicher Grenze entfernt. Dies dürfte der Grund gewesen sein, weshalb man im 15. Jh. die ganze Anlage in die Festung verwandelte, deren Bild heute, bei allem Reiz der inmitten von Weideland gelegenen Bauten, die Außenerscheinung bestimmt. Gleich zwei Türme in der Art der *Tower-Houses* wurden errichtet, ein dritter, urteilt man nach der Verstärkung des südlichen Bogens zum Querschiff, über der Vierung. Die Gründe für diese Baumaßnahmen liegen auf der Hand. Mit feindlichen Übergriffen der irischen *Clans* von außerhalb des *Pale* war jederzeit zu rechnen, da half auch die Nähe der starken Burg von Trim, nur vier Meilen entfernt, wenig. 1536 wurde das Kloster aufgehoben und schon vier Jahre später war die Kirche ohne Dach. Unter wechselnden Besitzern verfiel Bective dann zur Ruine.

## **Burt Castle,** Co. Donegal

Unterhalb des berühmten *Grianan of Aileach* liegen einsam auf einer Kuppe inmitten von Ackerland die stattlichen Reste der spätmittelalterlichen Burg von Burt. Sie wird zuerst 1587 aus Anlass einer Landschenkung an Sir John O'Doherty erwähnt und dürfte auch um diese Zeit entstanden sein. Von Burt gibt es eine zeitgenössische Darstellung und eine Beschreibung aus dem Jahr 1601, welche die Burg als ein starkes Bollwerk, umgeben von einem *Bawn* mit davor liegendem tiefem Graben und bestückt mit fünf Kanonen, ausweist. Die Zeichnung von 1601 vermittelt außerdem eine gute Vorstellung davon, wie der Innenhof einer solchen Burg dicht mit einfachen Hütten, vermutlich immer noch von der Art des eisenzeitlichen, in Trockenmauerwerk aufgeführten *Clochán* ausgefüllt war. Von der Mauer des *Bawn* ist heute außer Steinhaufen nichts mehr zu sehen; von dem tiefen Graben sind noch Spuren im

▲ *Burt Castle: Ansicht von Nordwesten.*

Burt Castle, Inishowen, 1601.

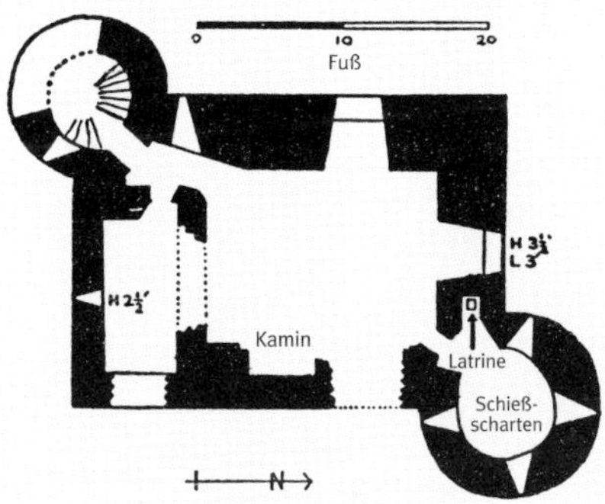


Burt Castle, Plan des 1. OG

▲ *Burt Castle: Burt im Jahre 1601 und Grundriss.*

Gelände wahrzunehmen. Burt bietet das Beispiel eines *Tower-House*, das von vornherein für den Gebrauch von Feuerwaffen konzipiert wurde. Der Wohnturm selbst ist dreigeschossig und zeigt mit den diagonal angesetzten Rundtürmen schottische Einflüsse. Das Untergeschoss war gewölbt, die beiden Obergeschosse enthielten je zwei Räume. Die Treppe befand sich im südwestlichen Eckturm. Nach einer Revolte von Cahir O'Doherty 1608 gelangte die Burg 1611 als *Plantation Castle* an Thomas Chichester, der am Bau Reparaturen durchführte. Die Burg wurde bis 1690 bewohnt und verfiel dann allmählich.

# **Cahir Castle,** Co. Tipperary

▲ *Cahir Castle: Der in ein Tower-House verwandelte Torbau des 13. Jh.*

Obgleich die Burg von Cahir bis an den Anfang des 13. Jh. zurückgeht und diese Tatsache auch mühelos aus dem Grundriss der Burg herausgelesen werden kann, vermittelt die Anlage dem Besucher doch ganz das Bild einer ausgedehnten spätmittelalterlichen Burg mit Veränderungen durch eine umfassende Restaurierung im 19. Jh. Die ersten Baumaßnahmen dürften um 1215 begonnen worden sein. Die Erbauer nutzten eine felsige Insel im River Suir, um dort, soweit es die Verhältnisse zuließen, eine annähernd rechteckige Burg mit runden und rechtwinkligen Eckflankentürmen zu erbauen. Die am wenigsten geschützte Südseite sicherte man durch zwei parallele Mauern, die heute den mittleren Hof, durch den man in die Burg gelangt, säumen. Das dominierende Bauwerk zwischen dem mittleren und dem inneren Hof ist der *Keep*; eigentlich ein mächtiger, zu einem *Tower-House* umgebauter Torbau, an dessen Beispiel die Verwandlung einer hochmittelalterlichen in eine spätmittelalterliche Burg augenfällig wird. Die heute vermauerte Tordurchfahrt von etwa 1280 ist in der Mitte des Erdgeschosses außen durch die Vermauerung, innen durch einen schmalen Flur gut zu erkennen. Cahir war seit dem 14. Jh. fast durchweg eine der Residenzen der Butlers of Ormond und galt als eine der stärksten Burgen in Irland. Die Verwandlung des Torbaus in ein *Tower-House* im 15. Jh. bedeutete nicht eine Reduzierung der Burg in ihren Funktionen, sondern Anpassung an die Gepflogenheiten der Zeit. Auch Fürsten konnten in einem *Tower-House* einen standesgemäßen Lebensstil entfalten.

## **Carrick-on-Suir Castle,** Co. Tipperary

Das Schloss am Rande der kleinen Stadt am River Suir wurde als eines der ersten Bauwerke des neuen wohnlichen Stils der Tudor-Epoche zwischen 1565 und 1575 errichtet. Solche Bauten konnten sich natürlich nur die großen Barone, in diesem Fall die Butlers of Ormond, leisten. Als Hoheits- und Statussymbol blieben die zur Flussseite gelegenen, heute hinter der Hauptfront versteckten Wehrtürme der älteren Burg in Gestalt von *Tower-Houses* erhalten. Es mögen ursprünglich sogar deren vier gewesen sein. Das Schloss stammt nicht nur aus der Zeit Elisabeths I., es atmet wie kein anderes in Irland auch den Geist der Königin. Thomas, gen. „Black Tom", der zehnte Earl of Ormond, war am englischen Königshof zusammen mit der späteren Königin aufgewachsen und bezeugte ihr zeitlebens seine Verehrung. Auch war er über deren Mutter Anne Boleyn mit der Königin verwandt. Mehrere Räume des Schlosses zeigen Bilder und die Initialen der Königin und des Bauherren. Das Prunkstück des Schlosses ist die lange Galerie im ersten Stock des Eingangsflügels mit ihrer teils originalen, teils wiederhergestellten Stuckdekoration, dem Stuckfries mit den Bildnissen der Königin und dem reich geschmückten Kamin. Sie erstreckt sich fast über die gesamte Länge des Bauwerks hinter den Fenstern der Nordfront. Angesichts der Allgegenwart der „jungfräulichen Königin" im Schloß von Carrick mag man fast wirklich glauben, der Earl sei einer der Liebhaber der unnahbaren Regentin gewesen.

▲ *Carrick-on-Suir: Ansicht von Schloss und Tower-House von Nordosten.*

# **Clara Castle,** Co. Kilkenny

▲ *Clara Castle: Die Eingangsseite.*

Das *Tower-House* von Clara gilt, insbesondere nach seiner ausführlichen Darstellung durch den Nestor der irischen Burgenforschung, Harold Leask, als das Musterbeispiel einer Burg des späten Mittelalters. Das auf den ersten Blick unscheinbare Bauwerk auf der Rückseite einer Farm ist in der Tat trotz einer gewissen Verwahrlosung eines der am besten erhaltenen Beispiele seiner Art in Irland. Über die Geschichte und die Eigentümer des *Tower-House* ist nichts bekannt. Es dürfte im 15. Jh. entstanden sein. Dafür spricht der archäologische Befund, will man mehr über die Bauweise und die Raumaufteilung erfahren, eine umso deutlichere Sprache. Mit sechs insgesamt 21 m hoch aufragenden Geschossen hat Clara zwar eine beträchtliche Höhe, aber bei Außenmaßen von 10,7 m × 5,2 m nimmt das Bauwerk nur eine geringe Grundfläche ein. Entsprechend klein wirken die Innenräume: In jedem Geschoss gibt es einen großen Raum mit einer Nebenkammer, nur das 4. OG wird von einem einzigen, etwas größeren Raum eingenommen. Das 3. OG ist als einziges Stockwerk gewölbt, dafür haben alle anderen Geschosse noch ihre originalen Deckenbalken, allerdings nur teilweise noch mit Dielen belegt. Der ganze Wohnturm wird vertikal von einer Wendeltreppe erschlossen, die links vom Eingang beginnt und bis zum Dachgeschoss mit dem Wehrgang durchläuft. Im 2. OG gibt es eine separate Toilette, im 3. OG, seitlich der Wölbung, eine Geheimkammer für Schätze oder sicher zu verwahrende Gefangene. Erstaunlich klein ist der *Bawn*, ein kleiner Vorhof vor dem Eingang in den Wohnturm.

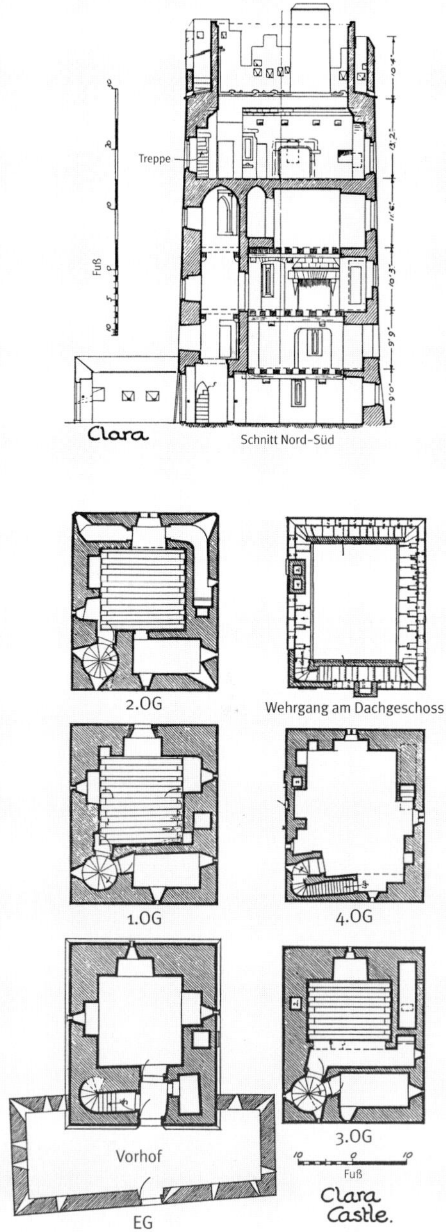


*Clara Castle: Grundrisse und Schnitte.*

## **Creevelea Friary, Dromahaire,** Co. Leitrim

Allein schon der kurze Fußweg von Dromahaire zum Kloster durch ein bezauberndes, von einem Bach durchflossenes Wäldchen macht einen Besuch in Creevelea zum Genuss. Den Besucher erwartet zunächst die übliche Ruinenlandschaft eines auf dem Lande gelegenen Klosters, aber schon die lang gestreckte Saalkirche mit der für Irland so typischen, einem halben Querschiff gleichenden Seitenkapelle an der Südseite des Kirchenschiffs bietet malerische Einblicke. Der große Kreuzgang an der Nordseite ist teilweise zerstört, entspricht aber gerade dadurch und zusammen mit den bis zum heutigen Tag hier vorgenommenen Bestattungen dem Bild einer romantischen Ruinenlandschaft. Unter den von Flechten und Moosen überzogenen Arkaden der Nordseite kaum zu sehen, findet man hier zwei schöne Darstellungen des hl. Franziskus. Eine davon zeigt den stigmatisierten Heiligen mit den Wundmalen, eine andere zeigt ihn als Prediger auf einer Kanzel, daneben ein Baum mit Vögeln, mit denen er ja Zwiesprache pflegte. Creevelea ist das letzte in Irland erbaute Kloster der Franziskaner vor der Aufhebung der Klöster unter König Heinrich VIII. Es wurde 1508 gegründet und sah die wichtigsten Bauten schon drei Jahre später für den Einzug der Brüder bereit. Noch unvollendet, wurde das Kloster 1536 ein Raub der Flammen. Nach der Aufhebung um 1540 wurden die Mönche aus den Gebäuden vertrieben. Sie kehrten, mit Unterstützung der Bevölkerung, auch in den dunkelsten Zeiten der Verfolgung immer wieder zurück, so dass das Kloster bis ins 19. Jh. bestand. Der letzte Franziskaner hier starb 1837.

▲ *Creevelea Friary: Das Querschiff am Langhaus der Kirche.*

## Bettelordensklöster

Die Bettelorden der Franziskaner und Dominikaner kamen im Gefolge der Anglonormannen schon bald nach ihrer Gründung im frühen 13. Jh. nach Irland. Die enge Anbindung an die Invasoren führte dazu, dass die ersten Ordenshäuser fast ausschließlich in den neu aufblühenden Städten oder bei den Herrensitzen der Eroberer entstanden. Sie unterschieden sich kaum von den Niederlassungen in England oder Frankreich. Im ausgehenden 14. und im 15. Jh. begannen die einheimischen Iren die Bettelorden zu dominieren, was in zahlreichen Neugründungen in den unter irischer Herrschaft stehenden Gebieten, vor allem im Westen der Insel, seinen Niederschlag fand. Da in Irland die kirchliche Organisation der Pfarreien bis in das 19. Jh. sehr unterentwickelt und nicht flächendeckend war, fanden die Bettelorden über ihren selbst gestellten Auftrag der Predigt und inneren Mission hinaus in der Pfarrseelsorge auf dem Land ein reiches Betätigungsfeld. Das führte dann auch zu dem heute außerhalb der Städte so typischen Klosterschema der Bettelorden in Irland. Eine in der Regel einsam gelegene, kompakte Baugruppe enthält eine Saalkirche, bestehend aus Schiff, Chor und einer meist südlich angefügten, querschiffartigen Seitenkapelle von oft beträchtlichen Ausmaßen. Um den Kreuzgang an der Nordseite der Kirche liegen die Konventsgebäude, Speisesaal und Küche, Schlaf- und Arbeitsräume sowie zusätzliche Räumlichkeiten für den Prior und Gäste. Ein hoher Turm von quadratischem Grundriss über der Nahtstelle zwischen Kirchenschiff und Chor überragt die Bauten und ist wie sein Vorbild, der Rundturm der frühen Klöster, Wahrzeichen und letzte Zuflucht in Gefahr zugleich.

## **Doe Castle,** Co. Donegal

Die malerisch auf einem Felssporn in der Bucht von Sheep Haven gelegene Burg von Doe hat eine zwar kurze, aber von fortwährendem Kampf erfüllte Geschichte, die treffend die Verhältnisse im alten Ulster seit Beginn des 16. Jh. wiederspiegelt. Hervorgegangen ist die Burg aus einem *Tower-House,* dessen noch stehender Turm 1544 aus Anlass eines kriegerischen Konflikts erstmals erwähnt wird. Gründer waren wohl die McSweeneys, eine aus Schottland eingewanderte Familie, die sich schnell mit den alten irischen *Clans* verband. 1588 wurden hier Seeleute der spanischen Armada geborgen, als die Flotte um Irland herum den Rückweg ins Heimatland suchte und viele Schiffe im Sturm an den felsigen Küsten verlor. Anfang des 17. Jh. wechselte die Burg häufig den Besitzer, bis sie als *Plantation Castle* an den englischen Captain Sandford kam, der die zugehörigen Ländereien mit englischen Familien bewirtschaftete. Dennoch erlangten in den folgenden 200 Jahren die McSweeneys des Öfteren die Burg zurück, genauso oft wieder vertrieben durch die Truppen Cromwells oder der englischen Krone. 1642 war die Burg Ausgangspunkt einer Aufstandsbewegung unter der Führung des aus Spanien zurückgekommenen Owen Roe O'Neill, die unter den Schlägen englischer Truppen schließlich schei-

▲ *Doe Castle: Tower-House und Bawn.*

terte. Zu einem unbekannten Zeitpunkt am Ende des 18. Jh. war die Burg im Besitz von George Vaughan Hart, welcher der Burg durch einschneidende Umbauten ihr heutiges Aussehen verlieh. Seit 1843 verlassen, wurde sie zur Ruine. In Doe verdichten sich die Ereignisse des irischen Spätmittelalters zu einem großartigen und einsam gelegenen baulichen Ensemble.

## **Donegal Castle,** Co. Donegal

Im Zentrum der Stadt Donegal gelegen bietet der neu eingedeckte Hauptturm von Donegal Castle wieder einigermaßen eine Vorstellung von der Wohnqualität einer Burg am Beginn des 17. Jh. Die gepflegte Anlage und die reichen Formen der Sprossenfenster dürfen allerdings nicht darüber hinwegtäuschen, dass auch der Wohnturm von Donegal einst ein sehr viel weniger komfortables *Tower-House* des 16. Jh. war. Der Platz war ursprünglich Eigentum der O'Donnell von *TirConnell,* die zur Führungsschicht von Ulster gehörten. Das vermutlich um 1500 als Residenz der O'Donnell erbaute *Tower-House* brannte 1589 ab und wurde noch einmal 1595 zerstört, um es für heranrückende englische Truppen unbrauchbar zu machen. Danach wurde es mit reichem Landbesitz als *Plantation Castle* an Sir Basil Brooke übertragen, der ab ca. 1623 den eleganten, mit Giebeln geschmückten Flügel zu Seiten des wiederhergestellten und mit größeren Fenstern versehenen Wohnturmes aufführte. Diesem Ensemble

▲ *Donegal Castle: Das Schloss der Tudor-Zeit.*

aus dem hoch aufragenden Turm und dem breit gelagerten, dennoch durch die Giebel vertikal orientierten Anbau inmitten eines kleinen Parks verdankt Donegal Castle heute seine malerische Gestalt. Der Kamin im Obergeschoss des Turmes und der hoch gelegene Eingang in den Flügel zeigen, dass feinstes Dekor im Stil der Renaissance auch der irischen Provinz nicht fremd war. Dennoch wurde das Schloss schon im 18. Jh. wieder verlassen und verfiel zur Ruine.

## **Donore Castle,** Co. Meath

Der mangels überlieferter Namen, Daten und Fakten fast geschichtslose Turm von Donore erfreut sich in der irischen Burgenforschung großer Beliebtheit, seit Harold Leask ihn in seinem seit 1941 vielfach aufgelegten Standardwerk zum typischen Beispiel eines *£-10-Castle* erklärte. Dahinter verbirgt sich die von König Heinrich VI. allerdings nur seinen königlichen Vasallen 1429 gegebene Zusage, jedem Lehnsmann, der in den kommenden zehn Jahren einen Turm „sufficiently embattled or fortified" von „twenty feet in length sixteen feet in width and forty feet in height or

▲ *Donore Castle: Ansicht des sog. £-10-Castle.*

more“ erbauen werde, einen Zuschuss von £ 10 zu zahlen. Da Donore Castle in seinen Maßen weitgehend diesen Anforderungen entspricht und außerdem sehr nahe an der Grenze des *Pale* an einem strategisch wichtigen Flussübergang an der Straße nach Trim liegt, wurde es kurzerhand zum Prototyp des *£-10-Castle* auserkoren. Das würde jedoch heißen, dass Donore in der Zeit zwischen 1429 und 1449, nach welcher diese Zuschüsse schon wieder begrenzt wurden, entstanden sein müsste. Das ganz ähnliche *Tower-House* von Athgoe, Co. Dublin, entstand aber erst um 1579, was Zweifel an der frühen Entstehung von Donore aufkommen lässt. Auch wissen wir nicht, ob überhaupt ein königlicher Lehnsmann der Bauherr war. Fazit ist: Donore ist ein einfaches *Tower-House* vom Allerweltstyp, mit vier Geschossen, davon zwei gewölbt, gerundeten Außenkanten und einem vorspringenden Treppenturm auf einer Ecke, wie es vom 15.–17. Jh. entstand. Ein *£-10-Castle* kann so ausgesehen haben, ob Donore selbst eines ist, bleibt offen.

## **Dunluce Castle,** Co. Antrim

Dunluce ist nicht nur einer der Hauptanziehungspunkte für Touristen im äußersten Norden der Insel, es ist auch ein weiteres Mal ein Beispiel für den auch schon vor der Periode der *Plantations* lebhaften Austausch zwischen Schottland und Irland. Das betrifft nicht nur die Bauherren der Burg, sondern auch manche Bauformen, die der Burg ihr heutiges Aussehen verleihen. Möglicherweise bestand Dunluce schon im 14. Jh. als Burg der MacQuillan. Die Rundtürme auf der Ostseite des steil aus dem Meer aufragenden Burgfelsens könnten auf sie zurückgehen. In einer Mischung aus Heirats- und Gewaltpolitik gelangten die MacDonnells, eine Nebenlinie der schottischen Macdonalds, im 16. Jh. in den Besitz der Burg, die damals permanent umkämpft war. Nachdem 1584 eine englische Armee mit Hilfe von drei Kanonen die unzugängliche Burg bezwungen hatte, nutzte Sorley Boy MacDonnell 1588 das Stranden des spanischen Armadaschiffs Girona, um Dunluce mit Kanonen von diesem Schiff zu befestigen. Unter dessen Sohn James brach die kurze glanzvolle Zeit der Burg an. Sie wurde zum befestigten Wohnschloss mit Garten und einer in Resten noch heute sichtbaren Loggia. Randal MacDonnell, der die Witwe des Herzogs von Buckingham geheiratet hatte, stattete

▲ *Dunluce Castle: Die große Halle und die Reste der Loggia des 17. Jh.*

dann Dunluce 1636 mit der großen Halle, komfortablen Wohnräumen und dem aufwendigen, zur See hin gelegenen Küchentrakt aus. Von diesem stürzte schon 1639 ein Teil ins Meer und als der Hausherr 1642 von den Engländern verhaftet wurde, verließ seine Ehefrau mit allem Besitz die von ihr nie geliebte Burg. Zwar wurde diese 1660 den MacDonnells zurückgegeben, aber ihre Zeit als Residenz war vorbei. Umtost von Sturm und Wellen wurde sie zur Ruine.

## **Fiddaun Castle,** Co. Galway

Man muss schon einigen Spürsinn aufwenden, um zum *Tower-House* von Fiddaun am Ostrand des Burren zu gelangen, so versteckt liegt die Burg auf einer flachen Felseninsel zwischen Seen, Sümpfen und Weideland. Den Besucher erwartet jedoch eine stattliche Anlage mit einem *Bawn*, der zu den am besten erhaltenen in Irland zählt. Die Insel selbst ist durch einen sie umziehenden Bachlauf und einen *Turlough* geschützt. Nur die ehemaligen Brücken an der Nord- und Südseite werden durch gemauerte Tore gesichert, von denen das der Nordseite einen aufwendigen und bewohnbaren Torbau besitzt. Auf der höchsten Erhebung der Insel steht inmitten des durch eine nach Süden ausgerichtete Bastion zusätzlich verstärkten *Bawn* das fünfgeschossige, von einem Wehrgang und einem Dachgeschoss bekrönte *Tower-House,* dessen Räume im Erdgeschoss und im dritten Obergeschoss gewölbt sind. Ein weiterer Torbau führt auf der

▲ *Fiddaun Castle: Ansicht von Süden.*

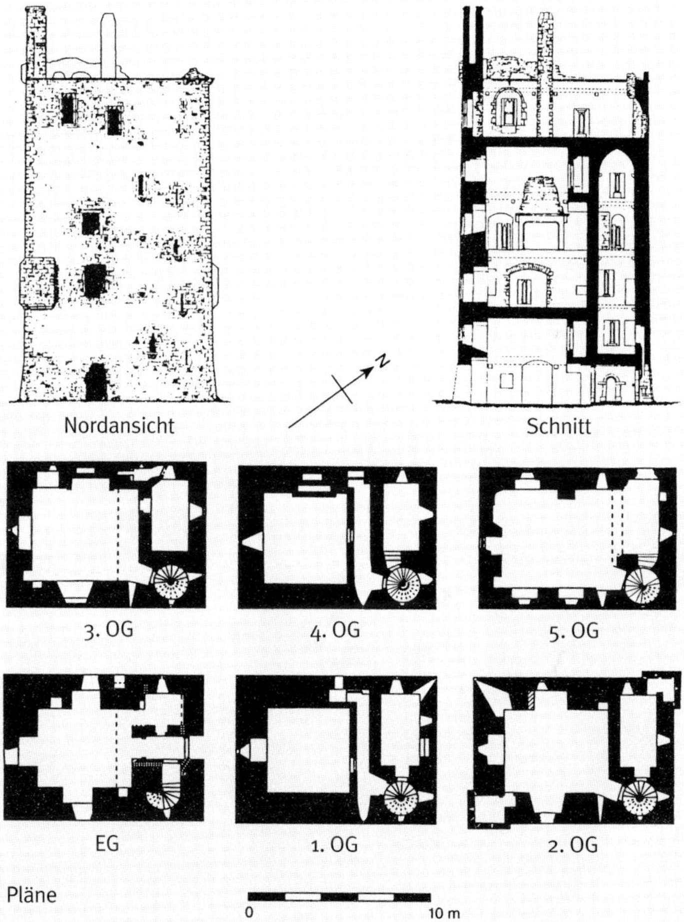


*Fiddaun Castle: Ansicht und Schnitt von Tower-House und Bawn.*

Ostseite in den *Bawn*; in dessen Westmauer öffnet sich eine Pforte. Die auf den südlichen Zugang ausgerichtete Dreiecksbastion ist eine Übernahme aus dem Festungsbau. Fiddaun wurde errichtet, als Feuerwaffen schon ganz selbstverständlich im Gebrauch waren, vermutlich im 16. Jh. Das älteste bekannte Datum von der Burg besagt, dass der *Clan* der O'Shaughnessy 1574 hier einen seiner Sitze hatte, ein zweites, dass er 1697 von hier vertrieben wurde. Fiddaun war danach das Schicksal beschieden, gerade durch seine Abgeschiedenheit und Unzugänglichkeit dem Verfall und der Zerstörung zu entgehen und so als eines der schönsten *Tower-Houses* Irlands darauf zu warten, entdeckt zu werden.

▲ *Fore Abbey: Ansicht von Süden.*

## **Fore Abbey,** Co. Westmeath

In der reichen Klosterkultur Irlands finden sich die Benediktiner, immerhin der älteste Orden der abendländischen Christenheit, auf einem der hinteren Plätze. Zwar gab es Mönche dieses Ordens an der Cormac's Chapel in Cashel, an der Kathedrale von Downpatrick in Ulster und in Rosscarbery, Co. Cork, Fore Abbey ist jedoch das einzig nennenswerte Kloster der Benediktiner in Irland. Um 1200 berief der anglonormannische Baron Hugh de Lacy Mönche aus dem Kloster St. Taurin in Evreux

in der Normandie und übergab ihnen die Kirchen des frühchristlichen Klosters St. Feichin in Fore. Sogleich wurde im Talgrund unterhalb der alten monastischen Siedlung, von der noch eine – in späterer Zeit durchgreifend veränderte – Kirche auf dem Friedhof steht, das neue Kloster erbaut. Dessen Kirche und Gebäude waren schlichte Bauten ohne nennenswerten Schmuck. Wegen der Bindungen an das französische Mutterhaus galt Fore im Hundertjährigen Krieg als Feindbesitz und wurde vom englischen König 1340 konfisziert. Nachdem das Kloster 1418 durch Papst Martin V. an den Abt William Englond übertragen worden war, baute dieser das Kloster zu einer starken Befestigung aus und gab ihm somit sein heutiges, für das irische Spätmittelalter so typische Erscheinungsbild. In der Tat gleicht es von weitem eher einer Gruppe von *Tower-Houses* oder einer Burg als dem Wohnort frommer Mönche. Um 1540 wurde es aufgehoben und 1912 die Ruinen teilweise restauriert.

## **Gleninagh,** Co. Clare

▲ *Gleninagh Castle: Ansicht des Tower-House von Süden.*

Das *Tower-House* von Gleninagh steht einsam, aber nicht abgelegen in der Nähe von Ballyvaughan am Nordrand der Steinwüste des Burren unmittelbar am Rande der Galway Bay. Die Lage der Burg ist gut gewählt, kann man doch von hier den gesamten Schiffsverkehr zur Handelsstadt Galway im Innern der Bucht mühelos kontrollieren. Auch die unmittelbare Umgebung der Burg ist als Siedlungsplatz gut geeignet. Zwischen den unfruchtbaren Steinhalden der südlich der Burg mehr als 300 m hoch steil ansteigenden Bergkette und dem Meer gibt es bei der Burg entlang der Küste einen schmalen, gut bewässerten und fruchtbaren Landstreifen, der den Bewohnern gute Bedingungen für den Lebensunterhalt bot. So findet man hier nicht nur das *Tower-House* aus dem 16. Jh., sondern auch die Reste einer mittelalterlichen Kirche und von kleinen Häusern, Zeugnis einer dörflichen Ansiedlung, die ursprünglich der Diözese von Kilfenora unterstand, im späten Mittelalter aber, wie die Burg selbst, zum Besitz der O'Loughlins, der „Fürsten des Burren", gehörte, welche das *Tower-House* noch bis 1840 bewohnten. Wie viele Wohntürme seiner Art in Clare waren im *Tower-House* von Gleninagh die beiden unteren von insgesamt vier Geschossen gewölbt, was mehr Standfestigkeit und Sicherheit, in den flach gedeckten Obergeschossen aber mehr Wohnkomfort bedeutete. Eine Wendeltreppe befindet sich in dem seitlichen Anbau. Auch wenn die Burg Mittelpunkt eines winzigen Territoriums war, galt die Aufmerksamkeit ihrer Bewohner doch dem Schiffsverkehr in der Bucht, zum Leidwesen der Kaufleute von Galway, deren Waren nicht selten eine willkommene Beute der Piraten an den Küsten wurden.

## **Jerpoint Abbey,** Co. Kilkenny

Kaum ein Kunstreisender, der die wichtigsten historischen Denkmäler der Insel sehen will, würde einen Besuch in Jerpoint Abbey auslassen. Tatsächlich ist es eines der schönsten, zugleich eines der berühmtesten Klöster des hohen Mittelalters in Irland. Allerdings gilt die Aufmerksamkeit weniger den Bauwerken des 1180 gegründeten Zisterzienserklosters als vielmehr seiner reichen Hinterlassenschaft an Werken spätmittelalterlicher Plastik. Die Ostteile der Klosterkirche erinnern in ihrer strengen Kargheit noch an die burgundischen Baugepflogenheiten der Frühzeit des Ordens. Das Kirchenschiff mit seinen schönen Faltenkapitellen weist Einflüsse aus dem irischen Kloster Baltinglass auf, von wo aus Jerpoint mit Mönchen besiedelt wurde. Möglicherweise ist die eigentliche Gründung 20 Jahre früher anzusetzen und geht auf eine Stiftung von König Donal MacGillapatrick für die Benediktiner nach 1158 zurück. Das heutige Erscheinungsbild erhielten die Kirche mit ihrem befestigten Vierungsturm und der Kreuzgang im 15. Jh., als der reiche Skulpturenschmuck auf dessen Pfeilern entstand. Weltliche Figuren, Ritter und vornehme Damen mischen sich hier mit Aposteln, Heiligen und Äbten. Es wird angenommen, dass diese in zeitgenössische Gewänder gekleideten Figuren nach 1442 entstanden sind. Die Kirche enthält außerdem eine Reihe von bemerkenswerten Grabmälern. Auch Reste von farbigem Freskenschmuck sind erkennbar. Hervorzuheben sind die sog. Weinenden im nördlichen Seitenschiff, Apostelfiguren, die von der Werkstatt der im 15. Jh. in Ossory tätigen Bildhauerfamilie O'Tunney geschaffen wurden. Sie gehören mit denen im benachbarten Kilcooly zu den schönsten Plastiken des 15. Jh. in Irland.

▲ *Jerpoint Abbey: Kreuzgangarkade und Vierungsturm.*

## **Johnstown, Kruzifix,** Co. Kilkenny

Irland ist nicht gerade reich an mittelalterlicher Plastik. Die wenigen erhaltenen Stücke bezeugen jedoch ein hohes Können und sind von erstaunlicher Ausdruckskraft. Das gilt ganz besonders für die Kreuzigungsdarstellung, die links vor der unscheinbaren katholischen Kirche von Johnstown in die Friedhofsmauer eingelassen ist. Ursprünglich befand sich die Plastik in dem nahen Kloster von Fertagh, von wo sie um 1800 mit anderen Stücken, einem Taufstein und Maßwerkfenstern, nach Johnstown verbracht wurde. Der expressive Charakter der Skulptur lässt an eine Entstehung um die Wende vom 15. zum 16. Jh. denken. Die asymmetrisch verzerrten Gliedmaßen, das Hervortreten von Rippen und sogar Adern auf dem Brustkorb und den ausgestreckten Armen, der im Schmerz geöffnete Mund führen dem Betrachter in drastischer Weise die Leiden Christi am Kreuz vor Augen. Die ursprüngliche Nase fehlt. Der an ihrer Stelle sichtbare Spalt wirkt heute wie eine zusätzliche klaffende Wunde. Es gibt in der irischen Plastik des Mittelalters feiner ausgearbeitete Stücke, andere sind monumentaler oder wirken durch den Zusammenklang mit der umgebenden Architektur. Die Isolierung des Gekreuzigten von Johnstown lenkt den Blick auf das Wesentliche: das die Erlösung bewirkende Leiden Christi.

▲ *Johnstown: Der Kruzifix auf dem katholischen Friedhof.*

## **Kanturk Castle,** Co. Cork

Es gibt keine Anzeichen dafür, dass das feste Schloss von Kanturk jemals vollendet war. Dennoch ist das Bauwerk aus dem frühen 17. Jh. ein eindrucksvolles Beispiel für die Übergangszeit im irischen Wehrbau, als auch die irischen Clanchefs allmählich begannen, von dem beschränkten Wohnkomfort im *Tower-House* Abschied zu nehmen. 1601 war das Schloss im Auftrag von Dermot MacDonagh MacCarthy im Bau. Aber

▲ *Kanturk Castle: Ansicht des Schlosses mit den Eckpavillons.*

schon kurz darauf stoppte die englische Regierung das Vorhaben, so dass nur die Außenmauern, in drei Vollgeschossen über einem Sockelgeschoss, bis zum Ansatz eines Wehrganges, der auf mächtigen Konsolen aufliegen sollte, fertiggestellt waren. Man bezeichnet Kanturk in der Regel als eine Kombination von irischem *Tower-House* und schlossartiger Architekter der Tudor-Zeit mit Elementen der Renaissance. Letzteres gilt vor allem für das schöne, in einer antikischen Ordnung mit Säulen und einer doppelten Attika geschmückte Portal auf der Nordseite und einige Kamine. Die eigentliche Grundform des Bauwerks, ein rechteckiger Baukörper flankiert von vier mächtigen, pavillonartigen Rechtecktürmen, kommt im 17. Jh., ausgehend von Italien, in ganz Europa vor und repräsentiert den neuen Wohnkomfort der Renaissance. Dem entsprechen auch die großen Fenster, allerdings in den gotisierenden Formen des englischen Tudor-Stils, welche die großen und komfortablen Säle und Wohnappartements belichten sollten. Dennoch vermittelt Kanturk mit seinen Schießscharten und den bastionsartig hervortretenden Ecktürmen weiterhin ein wehrhaftes Erscheinungsbild, der Hauptgrund für die Engländer, ein Bauverbot zu verhängen.

## **Kilcooly Abbey, Urlingford,** Co. Tipperary

Die im weitläufigen Park- und Weideland eines Herrenhauses aus dem 18. Jh. stehende Abtei hält sogleich eine Überraschung bereit. Für Zisterzienserklöster völlig untypisch, ist sie nicht an einem Wasserlauf erbaut, verfügt also auch nicht über die zu erwartende Kanalisation. Die Baudaten sind schnell berichtet: 1184 wurde Kilcooly als Tochterkloster von Jerpoint von Donal Mór O'Brien von Thomond gegründet. 1418 und 1445 zweimal niedergebrannt und zerstört, stammen die heute sichtbaren Gebäude überwiegend aus dem 15. Jh. und der Zeit nach der Aufhebung des Klosters 1540, als die Gebäudegruppe zum befestigten Herrenhaus wurde und der Bereich des Kreuzganges als *Bawn* diente. Als solches blieb Kilcooly bis ins späte 19. Jh. bewohnt. Das Schicksal der Gebäude, deren Datierung im Einzelnen bis heute nicht genau zu klären ist, beeinträchtigte zum Glück nicht den größten Schatz von Kilcooly, seine Skulpturen aus dem 15. und 16. Jh., die es zu einem der bedeutendsten Orte für spätmittelalterliche Plastik in Irland machen. Sie stammen, wie in Jerpoint Abbey, überwiegend aus der Werkstatt der Familie O'Tunney. In der Ruine der Kirche steht auf der linken Seite des Chores das nicht im ursprünglichen Zustand erhaltene Grabmal des Pierce fitzOge Butler von 1526 mit der gepanzerten Liegefigur des Verstorbenen und zehn Aposteln an der Seite. Es ist von Rory O'Tunney signiert und sein frühestes bekanntes Werk. In der Südwand des Südquerschiffes sind zahlreiche Reliefplatten mit christlichen Motiven zu sehen, darunter aber auch eine Meerjungfrau mit zwei Fischen. Außerhalb der Klostergebäude stehen Reste einer spätmittelalterlichen Halle und ein gut erhaltenes Taubenhaus.

▲ *Kilcooly Abbey: Apostelfiguren von der Hand Rory O'Tunneys.*

## **Kilkenny, Rothe's House,** Co. Kilkenny

Kilkenny hat in seinem Kern nicht nur das spätmittelalterliche Stadtbild weitgehend bewahrt, sondern mit Rothe's House auch ein in diesem Erhaltungszustand einzigartiges Beispiel für das Anwesen eines reichen städtischen Kaufmannes aus dem 16. Jh. John Rothe fitzPiers ließ nach Ausweis des Wappens mit den Initialen IL den straßenseitigen Trakt 1594 errichten. Von den fünf Arkaden des Erdgeschosses gelangt man durch die mittlere in den Innenhof, die beiden auf jeder Seite gelegenen führten in je ein Ladenlokal. Das Obergeschoss ziert ein asymmetrisch in der Fassade sitzender Erker, der ganz in die für diese Zeit charakteristischen Fenster im Tudor-Stil aufgelöst ist. Das durch ein Gesims abgesetzte Dachgeschoss ist niedrig, aber durch einen in der Mitte sitzenden Giebel und drei hohe Kamine zur Straße hin akzentuiert. Ansonsten beschränkt sich der Schmuck der Fassade in zurückhaltender Weise auf die Blendfelder der Arkadenpfeiler und die Fenster. Typisch für das Haus eines Handelsherren ist die große Tiefe des Grundstücks, die hinter dem ersten Innenhof einem weiteren Hof und zwei Querbauten Raum gibt. Hier wohnte die große Familie des Hausherren, aber auch dem Gesinde und den benötigten Lagerflächen bot das Anwesen reichlich Platz.

▲ *Kilkenny, Rothe's House: Straßenfront.*

# **Kinvarra, Dunguaire Castle,** Co. Galway

▲ *Kinvarra, Dunguaire Castle: Ansicht von Südwesten.*

Die Postkartenidylle von Dunguaire Castle ist heute weit über Irland hinaus bekannt. Allzu malerisch liegt dieses gut erhaltene und restaurierte *Tower-House* am Rande einer kleinen Bucht auf der Südseite der Galway Bay. Es handelt sich um ein etwa 1520 erbautes *Tower-House* mit allen klassischen Merkmalen dieses spätmittelalterlichen Burgentyps: Über einem gewölbten Untergeschoss gibt es zwei weitere Wohngeschosse, auf die noch ein weiteres unter der Dachschräge, teilweise hinter dem zinnenbekrönten Wehrgang verborgen, folgt. Den größten Teil des Burgfelsens, der auf drei Seiten vom Wasser umgeben ist, nimmt der unregelmäßig geschnittene *Bawn* ein. Ein einfaches Tor, das auf seiner Westseite von einem niedrigen rechteckigen Turm gesichert wird, führt in den Innenhof. Der Name des *Tower-House* führt auf ein von dem 662 gestorbenen Guaire, König von Connacht, genutztes *Ring-Fort* zurück, dessen Reste auf einem östlich der Burg gelegenen Landvorsprung zu erkennen sind. *Tower-Houses* als direkte Nachfolger älterer *Ring-Forts* sind in Irland nicht selten und belegen eine lange Kontinuität der Siedlungsplätze. Die Nachkommen Guaires, die O'Hynes, erbauten und bewohnten das *Tower-House*, bevor es im 17. Jh. an die in Galway ansässige Kaufmannsfamilie der Martyns überging. Sie hielten es bis ins 20. Jh. 1924 begann der Arzt und Literat Oliver St. John Gogarty mit der umfangreichen Wiederherstellung, die auch nach seinem Tod langsam bis in die 50er Jahre fortgeführt wurde. Seit 1966 ist es für Touristen offen und wegen der Nähe von Galway gut besucht.

## **Leamaneh Castle, Burren,** Co. Clare

Leamaneh Castle gibt sich auf den ersten Blick als ein Bauwerk zu erkennen, in dem das Mittelalter und die frühe Neuzeit vereinigt sind. Unschwer ist im rechten Viertel der breiten Front noch das alte *Tower-House* mit den schmalen Licht- und Schießscharten zu erkennen, das der Überlieferung nach um 1480 von Turlough Donn, einem der letzten unabhängigen Könige von Thomond, erbaut worden sein soll. Das schmale Bauwerk ist mit sechs Geschossen ungewöhnlich hoch; bescheidenen Wohnkomfort lässt nur ein spitzbogiges Doppelfenster im obersten Geschoss der Eingangsseite erahnen. Zwei Konsolen darüber gehörten zu einem im Wehrgang sitzenden Gusserker, der den Eingang zu sichern hatte. Der Hauptbau wurde um 1640 aufgeführt und ist von ganz anderem Charakter. Die zahlreichen Kreuzstockfenster, vierteilig und grö-

▲ *Leamaneh Castle: Tower-House und Wohnbau des 17. Jh.*

ßer in den beiden Untergeschossen, dreiteilig und kleiner in den oberen Stockwerken, zeigen an, dass sich der Wehrbau in ein Wohnschloss verwandelt hatte. Möglich geworden war dieser Komfort nahe an der Steinwüste des Burren durch die reichen Erbschaften der mehrfachen Witwe Máire Rua (nach ihrer Haarfarbe die „Rote Mary"), die es nach dem Tod ihres ersten Gatten Conor O'Brien durch geschickte Heiratspolitik fertiggebracht hatte, ihr Erbe und ihr neues Anwesen unbeschädigt durch die Wirren und Zerstörungen der Cromwell-Periode zu bringen. Zum Schloss des 17. Jh. gehörte nicht nur die übliche Landwirtschaft, sondern auch ein Lustgarten mit Fischteich, dessen Reste allerdings heute kaum mehr wahrzunehmen sind. Leamaneh wurde bis zum Ausgang des 18. Jh. bewohnt und verfiel dann allmählich.

## **Lusk,** Co. Dublin

Der Kirchturm des uralten Klosters von Lusk ist ein Unikum. Zwar ist es in Irland keine Seltenheit, dass neben einer Kathedrale oder Klosterkirche des hohen oder späten Mittelalters ein Rundturm aus der Zeit vor dem 12. Jh. überdauert hat, die Einbeziehung eines klassischen Rundturmes in einen spätmittelalterlichen Kirchturm und die Orientierung von dessen Architektur an dem ehrwürdigen Vorgänger in Lusk ist jedoch einmalig. Das Kloster von Lusk soll schon um 500 vom hl. MacCuilinn gegründet worden sein. Es hatte ab der Wikingerzeit im 9. Jh. und auch noch danach ein schweres Schicksal. Wiederholt wurde es ausgeraubt, niedergebrannt und zerstört, ein Grund, weshalb von frühen Kirchenbauten heute keine Spur mehr zu sehen ist. Nur der aus dem 10. oder 11. Jh. stammende Rundturm mit der originalen flachen konischen Kappe überdauerte, ansonsten zeichnen sich die Grenzen des Klosterbezirks noch im heutigen Straßengrundriss ab. Dem Rundturm wurde im 15. oder 16. Jh. der wehrhafte rechteckige Kirchturm mit Wehrgang und Zinnen angebaut. Dabei fügte man diesem in

▲ *Lusk: Der Kirchturm mit dem älteren angelehnten Rundturm.*

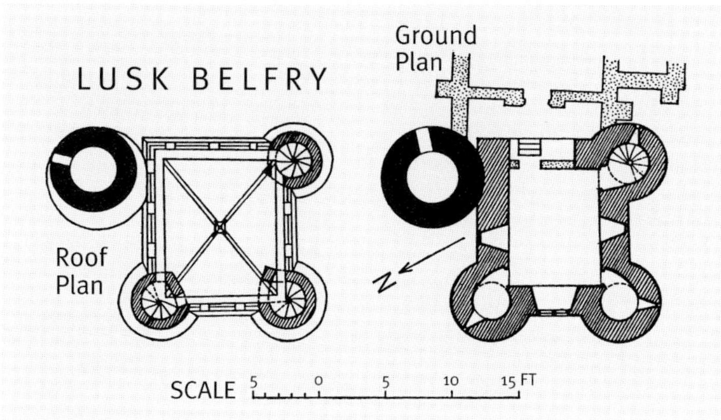


▲ *Lusk: Grundrisse des Kirchturms.*

Anpassung an den älteren Turm drei runde Flankentürme hinzu, wobei die vierte Seite dem Rundturm vorbehalten blieb, der aber nicht voll mit dem neuen Kirchturm verbunden wurde. Auf diese Weise entstand, gerade durch die unterschiedliche Höhe und Proportionen der Rundtürme und die Asymmetrie der Anordnung, eine sehr reizvolle Baugruppe. Die Kirche enthält noch einige sehr interessante Grabstätten des späten Mittelalters.

## **Monea Castle,** Co. Fermanagh

Monea zeigt wie wenige andere *Plantation Castles* aus dem 17. Jh., woher die Neusiedler, die im 17. Jh. systematisch die enteignete und verdrängte alteingesessene Bevölkerung in Ulster ersetzen sollten, ins Land kamen. Die Bauweise, sichtbar vor allem in den zwei runden Türmen der Eingangsfront mit ihren auf breiten getreppten Konsolen sitzenden Aufsatztürmen, beruht auf schottischen Gepflogenheiten. Turmhäuser dieser Bauart kann man überall im südlichen schottischen Hochland, vor allem im Irland gegenüberliegenden Dumfries und Galloway, sehen. Das von dem Schotten Malcolm Hamilton zu Beginn des 17. Jh. erbaute *Plantation Castle* war 1619 im Hauptbau vollendet. Ein durch Rundtürme bewehrter *Bawn,* dessen Mauern noch heute in einer Höhe von fast 4 m erhalten sind, kam bis 1622 hinzu. Einer dieser kleineren Rundtürme diente als Taubenschlag, aber die Wehrhaftigkeit stand im Vordergrund. Die Sicherheit der Neusiedler war am Anfang des 17. Jh. durch Truppen der englischen Regierung kaum gewährleistet. Man musste sich selbst schützen. So wurden auch die Hamiltons 1641 für kurze Zeit von den alteingesessenen Maguires vertrieben, kehrten aber mit englischer Hilfe bald zurück. Die schmalen, Schießscharten gleichenden Fenster des Untergeschosses zeugen von diesen unsicheren Zeiten. Erst im 18. Jh. waren die Iren von Ulster endgültig unterworfen. In dieser Zeit scheint Monea nach einem Brand bereits verlassen worden zu sein.

▲ *Monea Castle: Ansicht von Süden.*

## Plantations

Die *Plantations*, Siedlungsmaßnahmen der englischen Regierung im 16. und 17. Jh. mit dem Ziel, durch die Umverteilung von Grund und Boden und die Ansetzung loyaler, aus England und Schottland nach Irland geschickter Siedler die politische und militärische Kontrolle über die gesamte Insel zurückzugewinnen, sind vielen Iren noch heute ein Ärgernis und eine der Ursachen für den andauernden Konflikt in Nordirland.

Im Zuge der *Plantations* wurden die irischen Eigentümer von gutem Agrar- und Weideland meist enteignet und vertrieben oder allenfalls als abhängige Pächter der neuen Eigentümer geduldet. Dieses bittere Unrecht prägte sich tief in das kollektive Gedächtnis der Bevölkerung Irlands ein. Den vertriebenen Alteigentümern blieb nur, den neuen Status als Angehörige einer rechtlosen Unterschicht zu akzeptieren, oder aber in den unfruchtbaren Westen des Landes auszuweichen. „Go to hell or to Connemara" war vor allem in der Zeit Oliver Cromwells in der Mitte des 17. Jh. die trostlose Alternative für viele irische Bauern. Andererseits ist nicht zu übersehen, dass durch die *Plantations* die bis dahin noch in mittelalterlicher Weise betriebene Landwirtschaft durch die großen Agrargüter einen nicht unerheblichen Modernisierungsschub erfuhr. Die gesteigerten Erträge kamen allerdings nicht der breiten Masse der Bevölkerung, sondern nur den Neusiedlern und der Kolonialmacht England zugute.

## Moyne Friary, Co. Mayo

Moyne ist eine jener hervorragend erhaltenen Niederlassungen der Franziskaner in Irland, denen man eigentlich nur ihre Dächer zurückgeben müsste, um ein vollständig erhaltenes Kloster aus dem 15. Jh. zurückzuerhalten. Wie so viele seiner Art liegt es abseits einer städtischen Ansiedlung, in Sichtweite der Killala Bay, aber dennoch im engen Kontakt mit der hier wohnenden ländlichen Bevölkerung. Die Klöster der Franziskaner erbrachten im späten Mittelalter erhebliche Leistungen bei der seelsorgerischen Betreuung der Bevölkerung, vor allem im Westen von Irland. Und auch nach der Aufhebung der Klöster um 1540 und der Vertreibung der Brüder waren es die Bettelorden, welche zäh in ihren Regionen ausharrten, bisweilen versuchten, ihre Klöster zurückzugewinnen und so bis zur allmählichen Zurücknahme der Unterdrückung im 19. Jh. den Katholizismus in Irland am Leben erhielten. Moyne wurde um 1460 gegründet und die Kirche und die Gebäude in den folgenden 50 Jahren errichtet. Die Konzeption entspricht fast einem franziskanischen Standardtyp. Eine lang gestreckte Kirche, deren Chor durch einen schmalen Durchgang mit hoch aufragendem Turm darüber vom zweischiffigen Langhaus getrennt war, zeigt an, dass das geräumige Langhaus der Predigt für die Bevölkerung, der Chor aber der Liturgie der Brüder vorbehalten war. Der intime Kreuzgang liegt an der Nordseite der Kirche, umgeben von den zweigeschossigen Wohn- und Wirtschaftsräumen. In

▲ *Moyne Friary: Ansicht des Klosters.*

▲ *Moyne Friary: Schema der Klosteranlage.*

dem Klosterkomplex konzentrierte sich das ganze Leben der Gemeinschaft, das sowohl auf die innere Kontemplation wie auch auf die nach außen, zur Bevölkerung hin orientierte Seelsorgearbeit ausgerichtet war.

## **Narrow Water Castle,** Co. Down

Sowohl der Name als auch die geografische Lage von Narrow Water weisen darauf hin, dass es sich hier um einen unter rein strategischen Gesichtspunkten geplanten militärischen Stützpunkt handelt. Das *Tower-House* steht exakt an der Stelle, wo sich die tiefe, fjordartige Meeresbucht des Carlingford Lough zum Newry River verengt. Wer diesen vorzüglichen Hafen und zugleich den Wasserweg nach Ulster hinein unter Kontrolle haben wollte, musste hier einen festen und sicheren Ort in der Hand haben. Schon im hohen Mittelalter waren weiter draußen, am Eingang der Bucht, auf der Nord- und der Südseite, die Burgen Greencastle und Carlingford erbaut worden. Es waren noch Feudalburgen älteren Stils. Narrow Water wurde erst um 1560, nun aber speziell für eine englische Garnison, errichtet. Die Kosten sind genau bekannt und beliefen sich auf £ 361 4 s 2 d für das *Tower-House* und den umgebenden *Bawn.* Es ist bemerkenswert, dass man sich bei der Planung am traditionellen irischen *Tower-House* und nicht an den modernen englischen Küstenbefestigungen der Zeit Heinrichs VIII., wie z. B. Deal und Walmer in Kent, orientierte. Der Turm hat drei Geschosse, davon das mittlere gewölbt,

▲ *Narrow Water Castle: Ansicht von Osten.*

dazu Treppen, weitere Kammern und eine Latrine in der Mauerstärke. 1608 schon war die Burg in der Hand der Magennis und im 18. Jh. scheint hier eine Fabrik ansässig gewesen zu sein. Die Burg ist heute umfassend restauriert, entspricht aber weitgehend dem Bild der Erbauungszeit.

## **Newton Castle, Ballyvaughan,** Co. Clare

Die in den vergangenen Jahren in mustergültiger Weise restaurierte Burg gehört zu den wenigen *Tower-Houses* in Irland, die eine zylindrische Form aufweisen. Unter den 3000–4000 irischen Burgen dieses Typs dürften in der Tat kaum 20 Rundtürme aus dem späten Mittelalter zu finden sein. Damit können die drei Beispiele rund um den Burren, das etwas zu aufwendig restaurierte Doonagore bei Doolin und das fast vollständig zerfallene Faunaroosca zwischen Newton und Doolin am „Burren Way" gelegen, schon fast als eine eigenständige Gruppe bezeichnet werden. Nach den bauarchäologischen Untersuchungen der jüngsten Zeit geht man heute davon aus, dass Newton am Ende des 16. Jh. zur Kontrolle der wichtigen Straße von Ballyvaughan nach Lisdoonvarna errichtet wurde. Möglicherweise erbaut von den O'Brien of Thomond kam die Burg später in die Hand der O'Loughlin, der „Fürsten des Burren", die noch 1839 hier wohnten, was den guten Erhaltungszustand, auch vor der jüngsten Restaurierung, erklärt. Das *Tower-House,* dessen *Bawn* verschwunden ist,

▲ *Newton Castle: Ansicht von Westen.*

verfügt innen über fünf Geschosse, von denen das unterste und das zweite gewölbt sind. Ungewöhnlich ist der mächtige schräge Sockel, der fast pyramidenartig von dem quadratischen Untergeschoss in den ab dem ersten Obergeschoss rund aufsteigenden Turm überleitet. An den Gewölben des Innern ist noch das für irische *Tower-Houses* so typische originale *Wicker-Work* zu sehen, bei dem das Gewölbe nicht über einem hölzernen Lehrgerüst, sondern über einem elastischen, aber stabilen Geflecht aus Zweigen, das einer korbartigen Kuppel gleicht, aufgemauert wurde.

▲ *Parke's Castle: Das Plantation Castle von Südosten.*

## **Parke's Castle,** Co. Leitrim

Die malerisch am Ufer des Lough Gill gelegene Anlage gehört heute zu den wenigen auf dem Boden der Republik Irland gelegenen *Plantation Castles.* Zugleich wird hier nach den jüngsten Freilegungen deutlich, dass diese Siedlerburgen auch ältere Wehranlagen übernahmen, umbauten und weiter benutzten. Eine Turmburg des 16. Jh. erscheint schon 1588 in

den Quellen, als Francisco de Cuellar, Überlebender von einem Schiff der spanischen Armada, hier von Brian O'Rourke, Herr von Breifne, in Sicherheit gebracht wurde. Der Bericht des Spaniers spricht von unaufhörlichen Kämpfen O'Rourkes gegen die protestantischen Ketzer, was diesem zum Verhängnis wurde. 1591 endete er in London wegen Hochverrats am Galgen, das *Tower-House* wurde zerstört. Dessen Fundamente sind im Innenhof zu sehen. 1620 wurde der Besitz zur Neubesiedlung an Captain Robert Parke gegeben, der daraufhin die heutigen Gebäude errichtete, wobei er vom Vorgänger die Mauern des *Bawn* und das Torhaus übernahm. Die Burg wechselte im kriegserfüllten 17. Jh. mehrfach den Besitzer, bis sie unter Karl II. an die Parkes zurückerstattet wurde. Im 18. Jh. setzte der Verfall ein, der erst vor wenigen Jahren durch die vorzügliche Restaurierung durch das *Office of Public Works* gestoppt wurde. Parke's Castle zeigt heute in den freigelegten und wiederhergestellten Teilen sowohl die bewegte Geschichte des Anwesens in den vergangenen 400 Jahren wie auch alle typischen Elemente eines *Plantation Castle* des 17. Jh.

## **Quin Friary,** Co. Clare

Viele Klöster in Irland wurden in den unsicheren Zeiten des späten Mittelalters zu wahren Festungen ausgebaut. Umso erstaunlicher ist das Schicksal von Quin, wo eine 1280 erbaute und bereits 1288 zerstörte Burg der de Clare sich erst allmählich, dann durch eine gezielte Gründungsmaßnahme im 15. Jh. in eines der schönsten und am besten erhal-

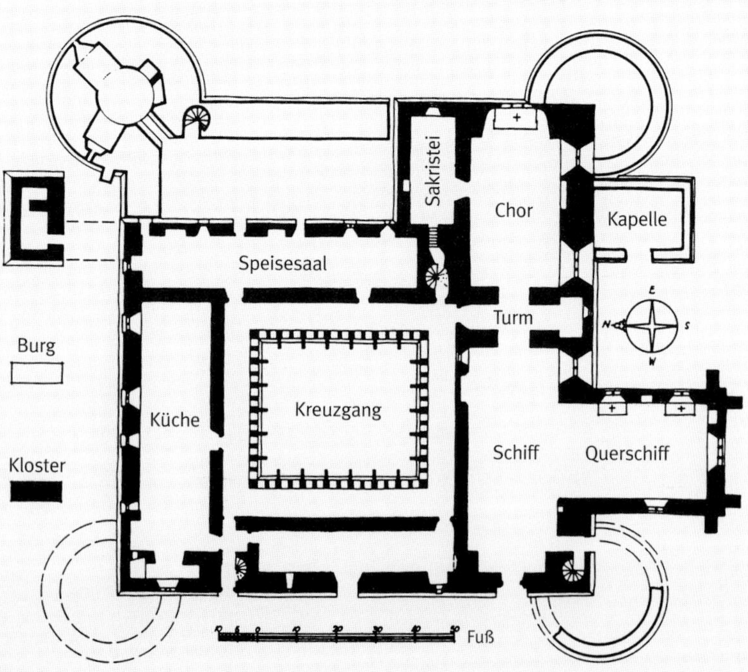


▲ *Quin Friary: Grundriss des Klosters mit den Rundtürmen der älteren Burg.*

▲ *Quin Friary: Die Arkaden des Kreuzganges.*

tenen Franziskanerklöster Irlands verwandelte. Nachdem schon um 1350 auf den Ruinen der Burg eine Kirche bestand, gründete 1433 Sioda Cam MacNamara hier ein Kloster der Franziskaner der strengen Observanz. Diese waren gerade in den ländlichen Gebieten des Westens hochwillkommen, weil sie, zusammen mit anderen Orden, in der Lage waren, die seelsorgerische Betreuung der Bevölkerung zu gewährleisten. Das ganze Kloster wurde nach der Gründung völlig neu erbaut. Von der alten Burg sind nur noch die Reste von drei Eckflankentürmen und Mauerreste in der Südwand der Kirche erhalten. Die Anordnung der Gebäude folgt dem Schema der irischen Bettelordensklöster. Die lange, einschiffige Kirche, bei der Presbyterium und Langhaus durch einen abschnürenden Bogen mit dem üblichen hohen Turm darüber getrennt sind, besitzt auf der Südseite des Langhauses eine querschiffsartige Erweiterung. Die zweigeschossigen Klausurgebäude liegen rund um den intimen, gut erhaltenen Kreuzgang auf der Nordseite der Kirche. Für eine Wiederherstellung bedürfte es eigentlich nur einer erneuten Eindeckung. Bemerkenswert ist die über eine Brücke an der Nordseite des Küchentraktes zu erreichende Latrine, dezentral, aber gut erreichbar gelegen.

## **Raphoe Castle,** Co. Donegal

Raphoe Castle gehört zu jenen im 17. Jh. erbauten Schlössern neuen Typs, die modernen Wohnkomfort bis hin zum Luxus mit traditionellen Bauformen und einer weiterhin gegebenen Verteidigungsbereitschaft zu verbinden suchten. Dabei waren die übernommenen Formen des Wehr-

▲ *Raphoe Castle: Der Bischofspalast.*

baus nicht allein durch die unsicheren Zeiten bedingt, sondern auch Statussymbol der Bauherren. Der 1636/37 erbaute Palast des Bischofs John Leslie von Raphoe repräsentiert, wie Kanturk, einmal mehr den Typus des über quadratischem oder rechteckigem Grundriss errichteten Kernbaus mit turm- oder bastionsartigen Eckpavillons. Vorbild war wahrscheinlich das ebenfalls von einem Bischofskollegen, Adam Loftus, Erzbischof von Dublin und Armagh, 1583 erbaute, im 18. Jh. in ein georgianisches Landhaus verwandelte Rathfarnham, heute ein Vorort von Dublin. Hier wie in Raphoe finden wir die einer Festung nachempfundenen, spitz zulaufenden Eckbastionen, die mächtige, den Bau teilende Mittelmauer und die Gliederung in drei Hauptgeschosse über einem niedrigen Sockel. Die großen Fenster wurden beiden Bauten erst im 18. Jh. im Zuge einer Modernisierung eingefügt, während in Raphoe die Bekrönung des Obergeschosses mit Zinnen und kreuzförmigen Schießscharten, die sowohl einer Mittelalterromantik wie auch dem kirchlichen Stand des Bauherren geschuldet waren, erst nach 1822 hinzugefügt wurde. Vorher war Raphoe 1650 unter Cromwell und im Bürgerkrieg von 1688 schwer beschädigt worden. Zur heutigen Ruine wurde der Palast 1838, als er durch einen Pächter des Bischofs in Brand gesetzt wurde.

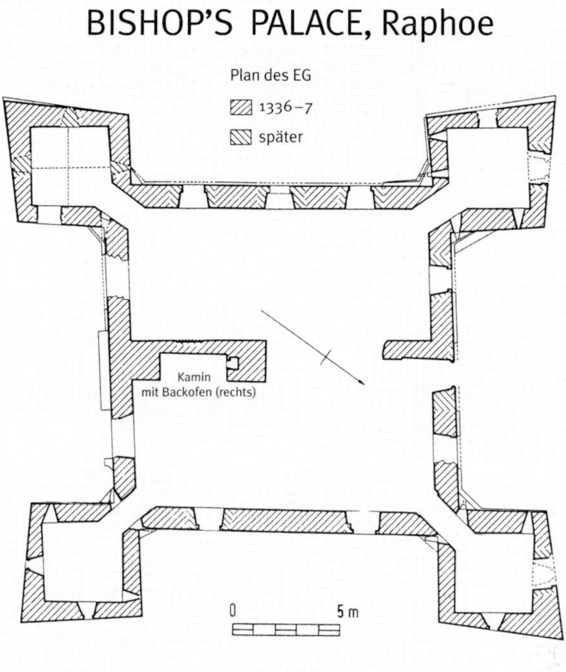


▲ *Raphoe Castle: Grundriss des Bischofspalastes.*

## **Ross Errilly Friary, Headford,** Co. Galway

Die hervorragend erhaltenen Ruinen von Ross Errilly Friary stellen nicht nur das größte Kloster der Franziskaner in Irland dar, sondern stehen auch für eine bemerkenswerte Kontinuität des Konvents durch alle Zeiten der Verfolgung im 17. und 18. Jh. Insgesamt siebenmal ausgewiesen, kehrten die Brüder immer wieder hierher zurück, lebten jedoch nach 1753 in Kilroe. Erst 1832 wurde der nur noch aus drei Mitgliedern bestehende Konvent durch den Ordensprovinzial aufgelöst. Zur Blütezeit des Klosters, kurz nach der Gründung 1498 und der Errichtung der Gebäude, müssen, urteilt man nach der Größe der Anlage, zahlreiche Brüder hier gelebt haben. Das beginnt schon mit der lang gestreckten Saalkirche, die den üblichen, durch einen sehr niedrigen Bogen mit darüber aufragendem hohem Turm vom Langhaus abgetrennten Chor, aber am Kirchenschiff eine doppelte querschiffsartige Erweiterung hat. Hinter dem kleinen Kreuzgang im Norden der Kirche folgt noch ein weiterer Innenhof, die beide von den ausgedehnten Klausurgebäuden mit Speise- und Schlafsaal, Küchen und Arbeitsräumen, die nicht alle mehr im Einzelnen bestimmt werden können, umgeben sind. Am Ost-

▲ *Ross Errilly Friary: Kreuzgang und Konventsgebäude.*

ende der Kirche, jedoch ohne Verbindung zu dieser, steht angelehnt an das Kloster ein wohnlicher Bau in der Art eines *Tower-House*, gewöhnlich als *Burke's Castle* oder einfach *Residence* bezeichnet. Er verweist auf die Förderer und Beschützer des Klosters, die angloirischen Burkes of Clanricarde, die, ursprünglich anglonormannischer Abkunft, zu den entschiedenen Verfechtern der irischen Freiheiten gegen den Frühabsolutismus der Tudor-Monarchie gehörten und die dem Konvent über die Aufhebung der Klöster um 1540 hinweghalfen.

## **Rosserk Friary,** Co. Mayo

Rosserk bildet zusammen mit den benachbarten Klöstern von Moyne, Killala und Rathfran eine kleine Klosterlandschaft auf der Westseite der Killala Bay. Man könnte die gut erhaltene Gebäudegruppe fast als eine Miniaturausgabe der benachbarten Moyne Friary bezeichnen. Das um 1440 für die Tertiarier, den Dritten Orden der Franziskaner, gegründete Kloster folgt, in sehr reduzierter Form, dem franziskanischen Schema. Auf der Südseite die lang gestreckte Kirche mit trennendem Bogen und hohem Turm zwischen Chor und Langhaus, nördlich davon um den Kreuzgang die Wohngebäude mit drei gewölbten Räumen auf jeder Seite des Erdgeschosses und drei großen Räumen darüber, in denen Schlafsäle und der Speisesaal Platz fanden. Von letzterem ist die Küche durch eine Wand mit doppeltem Kamin abgetrennt. Die Kirche hat, wie so häufig, an der Südseite des Langhauses einen Kapellenanbau in der Art eines Querschiffs und in der Ostwand des Chores ein sehr elegantes Maßwerkfenster, in dem sich die geometrischen Formen des *Decorated Style* der englischen Hochgotik mit den zart angedeuteten Fischblasen der Spätgotik vermischen. In der Südostecke des Chores findet sich auf einem der achteckigen Pfeiler der *Piscina* eine bildliche Darstellung, die im 15. Jh. als Kuriosität bezeichnet werden muss: die vollständige Darstellung eines

▲ *Rosserk Friary: Das Kirchenschiff nach Osten.*

Rundturmes, mit Fenstern und konischem Dach, wie er im 11./12. Jh. bei den altirischen Klöstern die Regel war. Vielleicht gab der Rundturm im nahen Killala die Anregung. Der das Kloster bewohnende Dritte Orden der franziskanischen Tertiarier lebte hauptsächlich kontemplativ, übernahm aber auch Aufgaben im Erziehungs- und Bildungswesen und in der ländlichen Seelsorge.

## **Roughan Castle,** Co. Tyrone

Roughan Castle zeigt sich dem Betrachter als ein Burgentyp, wie er im 13. Jh. in Irland in den Burgen von Carlow oder Lea eine kurze Blüte erlebte, als Wohnturm mit vier runden Flankentürmen auf den Mauerecken. Roughan wurde jedoch erst von Andrew Stewart, dessen Name seine schottische Abkunft anzeigt, als *Plantation Castle* erbaut. Mit dieser ersten Welle von *Plantations* im Norden Irlands am Beginn des 17. Jh. versuchte die englische Regierung, die spätere Grafschaft Tyrone, bis zur

▲ *Roughan Castle: Ansicht von Süden.*

„Flucht der Grafen“ von 1608 das Machtzentrum des alteingesessenen *Clans* der O’Neill, unter Kontrolle zu bringen, mit nur kurzem Erfolg. Beim Aufstand von 1641 war Roughan in der Hand von Phelim O’Neill, der allerdings nach dessen Niederschlagung 1653 in Dublin gehängt wurde. Erst danach folgte die endgültige Unterwerfung von Ulster und die, aus englischer Sicht, auf Dauer erfolgreiche Ansetzung von Neusiedlern. Bei näherer Untersuchung erkennt man in Roughan mühelos, dass das Bauwerk erst im 17. Jh. entstanden ist. Die runden Schießscharten im Untergeschoss verraten den Gebrauch von Feuerwaffen und auch die die drei Geschosse trennenden Gesimse waren im 13. Jh. als Schmuckform nicht üblich. Dennoch ist Roughan in seiner baulichen Gestalt ein bewusster Rückgriff auf die Zeit der Eroberung im Hochmittelalter, im 17. Jh. durchaus kein Einzelfall, wie die zur gleichen Zeit entstandene, im Erscheinungsbild fast identische Burg von Ballinafad, Co. Sligo, zeigt.

## **Termonfeckin Castle,** Co. Louth

Das vergleichsweise kleine *Tower-House* steht auf einem Felsriff bei der gleichnamigen Ortschaft. Baudaten sind nicht überliefert. Aufgrund der Fensterformen wird eine Entstehung des Bauwerks im 15. oder frühen 16. Jh. erwogen. Bauherr war der Erzbischof von Armagh, der wegen der unsicheren Lage seines unmittelbar am Rand des von den O’Neill beherrschten Ulster gelegenen Hauptsitzes, der Stadt Armagh, häufig in Termonfeckin im äußersten Südosten seiner Erzdiözese residierte. Das dreigeschossige *Tower-House* ist einfach gegliedert, aber in den oberen Wohnräumen nicht ohne einen bescheidenen Komfort, wie die Kamine und die geräumigen separaten Toilettenräume bei beiden Wohnräumen anzeigen. Das Untergeschoss verfügt über eine einfache Tonnenwölbung, das zweite Obergeschoss bietet jedoch eine Überraschung. Mehr als 3500 Jahre nach der Errichtung des jungsteinzeitlichen Grabhügels im nicht weit entfernten Newgrange steht der Betrachter hier vor einem mit

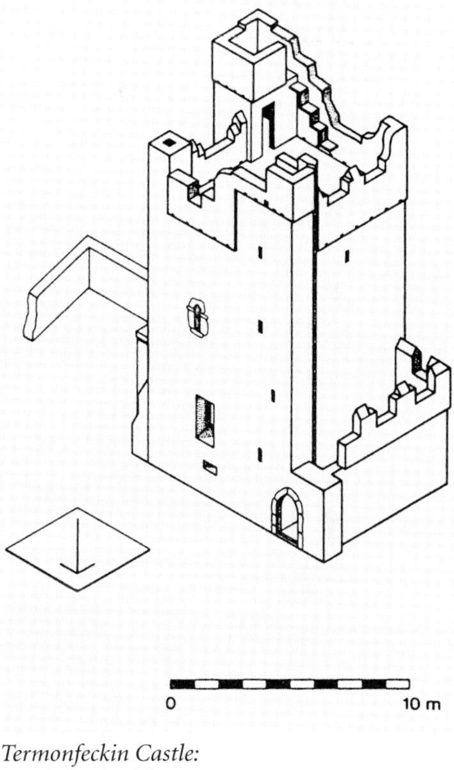


▲ *Termonfeckin Castle: Isometrische Ansicht.*

▲ *Termonfeckin Castle: Das Kragsteingewölbe in der Art von Newgrange.*

großer Präzision ausgeführten Kragsteingewölbe, das seinem neolithischen Vorbild in nichts nachsteht. Termonfeckin ist nicht der einzige Beleg in Irland für das Fortleben uralter Traditionen, die gerade in der Bautechnik mühelos Jahrtausende zu überbrücken vermochten. Vergleichbare Erscheinungen gibt es im irischen Westen, vor allem auf der Dingle-Halbinsel im Co. Kerry, wo die Bauern bis ins 20. Jh. Ställe und Schuppen in der Art der eisenzeitlichen Bienenkorbhütten errichteten.

## **Tully Castle,** Co. Fermanagh

Nicht allzu weit von Monea Castle entfernt liegt auf dem hohen Ostufer von Lower Lough Erne ein weiteres *Plantation Castle* aus dem frühen 17. Jh., dessen Besuch durch die schöne Lage und den im Frühjahr und Sommer in dem dortigen Ziergarten anzutreffenden Blumenschmuck von besonderem Reiz ist. Auch Tully hat, wie andere *Plantation Castles* in Ulster aus der ersten Siedlungsphase, nur eine kurze Geschichte. 1610 wurde ein großer Teil des Landes, das zuvor den Maguires gehört hatte, an den aus Berwickshire in Südschottland stammenden Sir John Hume of Polwarth mit der Maßgabe übertragen, einen festen Stützpunkt der Krone im feindlichen Ulster zu begründen. 1613 wurde das nach schottischen Vorbildern konzipierte Herrenhaus mit quadratischem *Bawn,* auf dessen vier Ecken niedrige pavillonartige Ecktürme saßen, erbaut. Die Elemente der Wehrarchitektur waren eher symbolischer Natur, so dass der Begriff des *Castle* für Tully nur in sehr eingeschränkter Form Verwendung finden kann. Das Ende des Anwesens kam schon sehr bald.

▲ *Tully Castle: Ansicht von Südwesten.*

1641, als die enteigneten und entrechteten Iren von Ulster sich noch einmal in einem großen Aufstand gegen die englische Regierung und deren Siedlungspolitik erhoben, kam der frühere Eigentümer des Landes Rory Maguire nach Tully und fand fast ausschließlich Frauen und Kinder im Haus vor. Während die Angehörigen der Familie Hume verschont wurden, töteten die Iren alle Übrigen, die sie antrafen, insgesamt 60 Frauen und Kinder und 15 Männer. Danach kehrte die Familie Hume nicht mehr zurück und das Haus blieb Ruine.

## V. Aufklärung und Aufbruch – Die englische Kolonie

Mit dem Anbruch des 18. Jh. war die englische Herrschaft in Irland vollständig etabliert. Damit kam ein Prozess zum Abschluss, der 200 Jahre zuvor, am Ende des 15. Jh. von den Königen der frühabsolutistischen Tudor-Monarchie, besonders von Heinrich VIII., eingeleitet worden war. Die englische Krone verfolgte hartnäckig das Ziel, sowohl die noch bestehenden Rechte und Freiheiten der alteingesessenen irischen Bevölkerung als auch die politischen Privilegien der Angloiren, die ja noch von der gewaltsamen anglonormannischen Landnahme herrührten, zu beseitigen. Das geschah nicht ohne Rückschläge, aber immer unter Einsatz modernster Methoden, sowohl bei der Anwendung fortschrittlicher Militärtechnologie als auch in der Siedlungs- und Agrarpolitik, einem Feld, auf dem, nach der Überwindung des irischen Widerstandes durch militärische Gewalt, demografische und politische Strukturen geschaffen wurden, welche die englische Herrschaft auf Dauer sicherten. Ein Hauptaugenmerk der englischen Politik galt dabei der strikten Trennung von treuen Untertanen der englischen Krone und Neusiedlern einerseits und der irischen Landbevölkerung andererseits, wozu nach den reformatorischen Bewegungen des 16. Jh. noch der Gegensatz zwischen Katholiken, gleichbedeutend mit Iren und Angloiren, und Protestanten verschiedener Richtungen, welche die Partei der englischen Krone verkörperten, trat.

Die Diskriminierung der Iren durch die Engländer hatte eine lange Tradition und lässt sich bis zu den Statuten von Kilkenny 1366, welche den Engländern verboten, sich in Sprache und Lebensweise den Iren zu assimilieren, und darüber hinaus bis ins 13. Jh. zurückverfolgen. Vor dem 17. Jh. waren diese diskriminierenden Gesetze jedoch von nur geringer Bedeutung, da die englische Krone viel zu schwach war, ihnen im ganzen Land Geltung zu verschaffen. Nach den Cromwell'schen Vernichtungsfeldzügen in der Mitte des 17. Jh. und endgültig nach dem Sieg König Wilhelms III. von Oranien 1690 am River Boyne, wo eine letzte große irische Erhebung unter Führung der 1688 in England entthronten Stuarts scheiterte, wurde die Trennung der Bevölkerung Irlands in eine kleine, königs- und englandtreue Oberschicht und in eine entrechtete irische Unterschicht konsequent durchgeführt und in einer Reihe von Gesetzen, den *Penal Laws,* festgeschrieben. Diese mit schweren Strafandrohungen versehenen Gesetze regelten die Vertreibung der Katholiken von allem halbwegs ertragreichen Agrarland, verboten den Iren weitestgehend den Besitz und Erwerb von Grund und Boden und stellten auch die Ausübung der katholischen Religion unter Strafe. Die Kirchen im Land kamen in das Eigentum der *Church of Ireland,* eines Ablegers der von Heinrich VIII. unter Loslösung vom Papsttum gegründeten englischen Nationalkirche, oder blieben als heute noch allgegenwärtige Ruinen im Land zurück. Der katholische Klerus sah sich Verfolgungen ausgesetzt, die Messe für die Landbevölkerung konnte vielfach nur noch an versteckten Orten, unter freiem Himmel oder hinter dichten Hecken gelesen werden. So wie die katholische Religion wurde die ganze irische Bevölkerung entrechtet und unterdrückt, statt zu Bürgern wurden die Iren im eigenen Land zu Menschen zweiter Klasse. Das Land wurde zu einer englischen Kolonie, die man ausbeutete, in deren Entwicklung aber nicht investiert wurde.

Entsprechend stellt sich das Bild Irlands im 18. Jh. dar. Die alte irische Kultur gab, mit Ausnahme der Sprache, ihre Existenz praktisch auf: Kulturdenkmäler, die man mit einer spezifisch irischen Lebensweise und Kultur in Verbindung bringen könnte, gibt es aus dieser Zeit nicht. Unter der harten englischen Repression fiel auch die katholische Kirche als Kulturträger völlig aus. Die verfolgten Priester und Bischöfe durften froh sein, wenn sie ihr bloßes Dasein fristen und dabei noch zeitweise die Seelsorge aufrechterhalten konnten. Vor allem in der Baukunst ist diese Lücke allerorten erkennbar. Die Tradition des irisch-katholischen Kirchenbaus riss vollständig ab. Eigenständige Typen von irischen Sakralbauten, vergleichbar den Kirchen und Klöstern, Rundtürmen und Hochkreuzen der Jahrhunderte zuvor, konnten sich nicht mehr entwickeln. Das gilt auch für den Profanbau, wo die für Irland so typischen *Tower-Houses* und die ersten Schlösser der Wende des 16. zum 17. Jh. keine Nachfolge mehr fanden. Das war nur folgerichtig, denn es gab keine irischen Landbesitzer und keinen irischen Adel mehr. Mit der Enteignung und Vertreibung hatten sie auch die wirtschaftliche Grundlage verloren, die ein repräsentatives Bauen erst ermöglichte.

Im Gegensatz dazu stehen die prachtvollen Schlösser der mit reichem Landbesitz ausgestatteten englischen Aristokratie. Auch wenn sie von ihren Eigentümern, die sich vielfach in London oder auf ihren englischen Besitzungen aufhielten, nur selten aufgesucht wurden, stehen sie an Pracht und erlesenem Geschmack den großen Landsitzen des Adels in England nicht nach. Wie in England dominierte in der Herrschafts- und Schlossarchitektur des 18. Jh. der Einfluss des italienischen Renaissancearchitekten Andrea Palladio (1508–1580). Die nach diesem so benannte, vor allem im englischen Kulturraum zwischen dem 17. und dem 19. Jh. verbreitete, palladianische Architektur beschränkte sich allerdings nicht nur auf das Nachahmen der in dessen weit verbreitetem Architekturtraktat *Vier Bücher über die Architektur* wiedergegebenen Entwürfe, sondern griff auch direkt auf das Vorbild der von ihm im Veneto gebauten Villen und Paläste des venezianischen Adels zurück. Auch die Verwaltungsbauten der Engländer im 18. Jh. folgten diesem Vorbild. Betrachtet man heute die typischen Bauten der englischen Kolonialarchitektur in Irland, Gerichtsgebäude und Gefängnisse, Verwaltungsbauten und die zahlreichen Landhäuser der Gentry, der wohlhabenden Landbesitzerschicht unterhalb der Aristokratie, so schimmert zumeist eine von Palladio entlehnte oder inspirierte Bauidee durch. Hinter dieser Bauidee stand das Ideal der antiken römischen Baukunst, die Vorstellung vom Leben in einem vom Geist antikischer Philosophie und Aufklärung erfüllten Arkadien. Während sich jedoch die englischen Herren des Landes solchen

Träumen hingaben, litten vor den Toren ihrer Landsitze ihre irischen Pächter, die übergroße Mehrheit der Bevölkerung in Irland, bitterste Not. Zugleich wurden in der Wirtschaft des Landes Verhältnisse geschaffen, die im folgenden Jahrhundert zur schlimmsten Katastrophe in der gesamten irischen Geschichte führen sollten, der großen Hungersnot von 1845 bis 1849.

Die Enteignung und Vertreibung der irischen Bauern und die Vergabe des Landes an englische Großgrundbesitzer hatte zwei unmittelbare Folgen: erstens das Abdrängen der irischen Bauern in die unfruchtbaren Gebiete des irischen Westens, wo sie auf winzigen und kargen Parzellen gerade in der Lage waren, von der Hand in den Mund zu leben, sich eine gesicherte Existenzgrundlage aber nie zu schaffen vermochten; zweitens die Umwandlung von Acker- in Weideland durch die neuen Herren, während Ackerflächen nur noch auf den besten Böden in Antrim, Down oder Leinster beibehalten wurden. Beides aber, Vieh und Getreide, wurde ausschließlich nach England ausgeführt, dem Land und der Masse seiner Bewohner kamen diese hochwertigen Agrarprodukte nicht zugute. Das gilt auch für die Erlöse. Das englische Kolonialsystem untersagte es den irischen Produzenten, sich eigene attraktive Exportmärkte zu schaffen, alle Ausfuhr lief über England, was eine Abschöpfung der Gewinne durch die englische Finanzverwaltung ermöglichte. Das englische Kolonialsystem entzog Irland nicht nur seine wertvollsten Produkte, sondern auch die mit diesen zu erzielenden Gewinne. Für diejenigen, die im Lande selbst ihren Lebensunterhalt zu erwirtschaften hatten, blieb gerade noch das Existenzminimum. Dieses wurde von der breiten Mehrheit der Bevölkerung durch den Anbau der Kartoffel bestritten. Der Anbau dieser aus Südamerika stammenden nährstoffreichen Frucht ist 1606 in Irland zum ersten Mal bezeugt, aber erst ab der Mitte des 18. Jh. wurde sie, praktisch in der Art einer Monokultur, zur Nahrungsgrundlage der irischen Landbevölkerung. Eine Beeinträchtigung oder ein Ausfall dieser Nahrungsgrundlage musste katastrophale Folgen haben. Diese Katastrophe trat in den Jahren zwischen 1845 und 1849 ein, als durch die Kartoffelfäule drei Ernten vollständig ausfielen und zwei weitere völlig unzureichend waren. Da die englische Regierung jegliche Hilfe zugunsten der Notleidenden ablehnte und die privaten karitativen Organisationen überfordert waren, kam es zu einer furchtbaren Hungersnot, der direkt mehr als 1 Million Menschen zum Opfer fielen, während noch einmal so viele ihr Heil in der Auswanderung nach Amerika suchten. Auch wenn die Zahl der Opfer bis heute nicht genau bekannt ist, muss man davon ausgehen, dass Irland damals mindestens ein Fünftel seiner ausschließlich der irischen Unterschicht angehörigen Bevölkerung verlor, ein Aderlass, von dem sich das Land bis heute nicht erholt hat. Die kollektive Erinnerung an die letztlich durch die schrankenlose koloniale Ausbeutung verursachte Hungersnot ist noch heute eine der vielen Ursachen für den Konflikt in Nordirland.

Im Umfeld der traumatischen Erfahrung des Großen Hungers kam es 1848 zu einem Aufstandsversuch der 1845 gegründeten *Young Ireland*-Bewegung. Sie war ebenso erfolglos wie alle anderen Rebellionen gegen die englische Kolonialmacht zwischen 1690 und 1915, darunter die glorifizierte Erhebung der *United Irishmen* von 1798. Im Gegenteil, England schuf auch auf der Verfassungsebene vollendete Tatsachen, als 1800/01 das zwar weitgehend rechtlose, aber noch bestehende irische Parlament in Dublin aufgehoben und die vollständige Union zwischen Irland und England verkündet wurde. Am kolonialen Status des Landes änderte dies nichts. Aus englischer Sicht geschah dies auch, um in der Zeit der Napoleonischen Kriege die englischen Kräfte in der Abwehr gegen französische Versuche, Irland gegen England zu mobilisieren, zu bündeln und zu stärken. Bei den Aufständen von 1798 und 1803 gab es zwar zaghafte französische Unterstützung, aber der Erfolg blieb aus. Dennoch kam es im Umfeld der Französischen Revolution zu einzelnen Maßnahmen, welche auf lange Sicht eine Wiederbelebung Irlands auf allen Feldern der Politik, Wirtschaft und Kultur einleiteten. 1782 wurden, noch unter dem Einfluss der Philosophie der Aufklärung, die diskriminierenden *Penal Laws* erstmals gemildert, 1793 erhielten die Katholiken das passive Wahlrecht.

Nach dem Ende der Napoleonischen Kriege traten dann in Irland nach und nach die Männer auf den Plan, die nicht in gewaltsamen Erhebungen, sondern in beharrlicher politischer Arbeit und Agitation das Ziel anstrebten, in Irland für die alteingesessene Bevölkerung die Freiheitsrechte durchzusetzen, die in den modernen Verfassungsstaaten des 19. Jh., allen voran England und Frankreich, selbstverständlich waren. Zum wirksamen Instrument in den Händen dieser irischen Reformer wurden das Parlamentsmandat und Massenorganisationen. Eine der ersten war die 1823 von Daniel O'Connell gegründete *Catholic Association,* deren erster großer Erfolg die Katholikenemanzipation von 1829 war. Es folgten im Verlauf des 19. Jh. die *Tenant League* von 1850, in der sich die kleinen Landpächter gegen die Willkür der Landbesitzer wehrten, und 1879 die *Land League,* die sich in langen Auseinandersetzungen für gerechte Pachten und gegen die Unsitte der Vertreibung der Pächter bei rückständiger Pacht einsetzte. Trotz aller Erfolge, vor allem durch Anwendung des Boykotts gegen die *Landlords,* blieben aber besonders im bitterarmen Westen die *Evictions,* die Vertreibung zahlungsunfähiger Pächter bei Zerstörung ihres Wohnhauses durch die englische Staatsmacht, ein gewohntes Bild. Irische politische Parteien wie *Sinn Féin* 1904 und die *Irish Labour Party* 1912 entstanden im Zuge der politischen Erneuerung ebenso wie auf kulturellem Gebiet die *Gaelic Athletic Foundation* von 1882 und vor allem die *Gaelic League* von 1893, die sich die Wiederbelebung der irischen Sprache und Literatur zur Aufgabe gemacht hatte. Letzteres war seit der großen Hungersnot zu einem wirklichen Problem geworden. Hatten bis dahin trotz aller Unterdrückung noch drei Viertel der Bevölkerung die irische Sprache gesprochen, so kam es in der Hungersnot durch Tod und Abwanderung gerade der irisch sprechenden Unterschicht zu einem dramatischen Rückgang des Irischen als lebender Sprache. Das englische Schulsystem und die besseren Chancen bei Gebrauch des Englischen bewirkten ein Übriges, und so kam es, dass am Ende des 19. Jh. das Irische, das um 1850 noch von rund 4 Millionen

Menschen gesprochen wurde, eine vom Aussterben bedrohte Sprache war. Daran hat sich trotz aller Wiederbelebungsversuche bis heute nichts geändert.

Die zahlreichen Vereinigungen, der Kampf um die Sprache und damit um die nationale Identität, die machtvolle Organisation der katholischen Kirche und als einigendes Band die einhellige Ablehnung alles Englischen führten in der 2. Hälfte des 19. Jh. tatsächlich eine nationale Belebung in der irischen Politik und Kultur herbei. Wirkliche Erfolge stellten sich allerdings erst an der Wende zum 20. Jh. ein, als die zwischen 1870 und 1909 erlassenen Landgesetze die Stellung des Pächters von einem rechtlosen Arbeitssklaven seines Grundherren in ein modernes Pachtverhältnis auf gesetzlicher Grundlage umwandelten und zugleich die schlimmsten Formen der Ausbeutung beseitigten. Auf dem Feld der Politik war es der lange Kampf um die innere Selbstverwaltung, die *Home Rule,* welche zwischen 1870 und 1918 die politische Szenerie in Irland bestimmte. Die Verabschiedung und zugleich Aussetzung der inneren Selbstverwaltung Irlands am Beginn des 1. Weltkrieges war eine der wichtigsten Ursachen für den Osteraufstand von 1916 und die endgültige Loslösung von England in einem blutigen Konflikt von 1918 bis 1921. Rückblickend ist das 19. Jh. in Irland nach der langen Agonie des 18. Jh. von dem schwierigen und langwierigen Bemühen der irischen Bevölkerung um rechtliche Gleichstellung mit den Engländern und um die Wiedergewinnung der nationalen Identität gekennzeichnet. Dies geschah unter der Führung bürgerlicher Intellektueller, Juristen, Literaten, aber auch der katholischen Kirche, anfangs der einzigen überregionalen Institution, die sich der Sorgen und Nöte der einfachen Leute annahm. Die Verbindung aus Katholizismus, antienglischem Nationalismus und einer pseudohistorischen irisch-keltischen Identität wurde zu einem wesentlichen Ferment bei der Staatsbildung nach dem 1. Weltkrieg und ist bis zum heutigen Tag ein nicht unproblematisches Element in der irischen Innenpolitik und im Verhältnis zu Nordirland geblieben. Schaut man sich im Land nach charakteristischen Bauten und Denkmälern um, die geeignet sind, die Situation im 18. und 19. Jh. zu illustrieren, so stößt man ab der Mitte des 19. Jh. auf den vehement wieder einsetzenden Kirchenbau der katholischen Kirche. In einem gigantischen Bauprogramm wurde das Land flächendeckend mit neuen Kirchen in den nicht immer glücklichen Stilformen des Historismus überzogen, wobei der französischen Gotik als Vorbild absolute Priorität eingeräumt wurde. Daneben blieben alle anderen Bauvorhaben in ihrer Anzahl zurück. Dennoch muss betont werden, dass Dublin erst im 18. und 19. Jh. sein heutiges Stadtbild erhielt, mit den breiten Straßen, den großen Verwaltungsbauten und den äußerlich unscheinbaren, innen aber umso eleganteren georgianischen Wohnbauten rund um den St. Stephen's Green. Kaum bemerkt vollzog sich auch eine, in Nordirland stürmische, im übrigen Land bescheidene, Industrialisierung. Belfast wurde aus einem kleinen Städtchen zur Boomtown mit Textil-, Stahl- und Schiffbauindustrie. Im Land zeugen die wenigen Reste von Windmühlen von einer moderneren, aber noch vorindustriellen Verarbeitung landwirtschaftlicher Produkte, schon bald abgelöst durch fabrikartig arbeitende Mühlen, die ihrerseits heute schon wieder Ruinen oder ihrem ursprünglichen Zweck entfremdet sind. Zu den noch wahrnehmbaren industriellen Denkmälern zählen auch die Kanäle und Schleusen und die Eisenbahnbauten, obwohl auch auf deren Strecken kaum noch Lastkähne oder Lokomotiven zu sehen sind. Einen ästhetischen Wert im Sinne eines Werkes der Baukunst oder auch der Maschinenästhetik haben diese Denkmäler in der Regel nicht. Aber sie verdienen es auch nicht, dass man achtlos an ihnen vorbeigeht, sind sie doch Zeugnisse einer Zeit, in der Irland für den modernen Verkehr erschlossen wurde, so dass die Ideen, welche zur Wiederbelebung Irlands im 19. Jh. führten, auf diesen neuen Wegen umso schneller in die abgelegensten Teile des Landes gelangen konnten. In Irland wurden zwischen dem Ende des 17. und dem Beginn des 20. Jh. die geistigen und materiellen Grundlagen für die Gründung der Republik nach dem 1. Weltkrieg gelegt. Es ist auch die Epoche, in der die in der Zeit der *Plantations* und der Vertreibung im 17./18. Jh. in den Boden gelangten Keime erste Triebe entwickelten, mit unheilvollen Folgen bis in unsere Zeit. Bis zum Ende des 17. Jh. kann man vom irischen Mittelalter sprechen, mit der folgenden Epoche trat Irland in die Neuzeit ein.

## **Ballycopeland Windmill,** Co. Down

Das östliche Co. Down, vor allem die lang gestreckte, östlich des Strangford Lough zwischen Bangor und Portaferry sich erstreckende Halbinsel von Ard, ist eine der für den Getreideanbau am besten geeigneten Landschaften in Irland. Kein Wunder, dass allein in Co. Down die Überreste von mehr als 100 Windmühlen, die sich in der sanft gewellten Landschaft meist als auf den Höhenzügen stehende Turmstümpfe zu erkennen geben, zu finden sind. Sie haben ihre einstige Funktion längst an moderne, fabrikmäßig arbeitende Betriebe abgegeben, erinnern aber noch unübersehbar an die Rolle, welche die Getreideerzeugung und -verarbeitung vom 18. bis ins 20. Jh. in Irland spielte. Die Windmühle von Ballycopeland gehört, nach Stilllegung, Verwahrlosung und anschließender vorzüglicher Restaurierung, heute zu den am besten in originalen Teilen

▲ *Ballycopeland Windmill: Ansicht von Süden.*

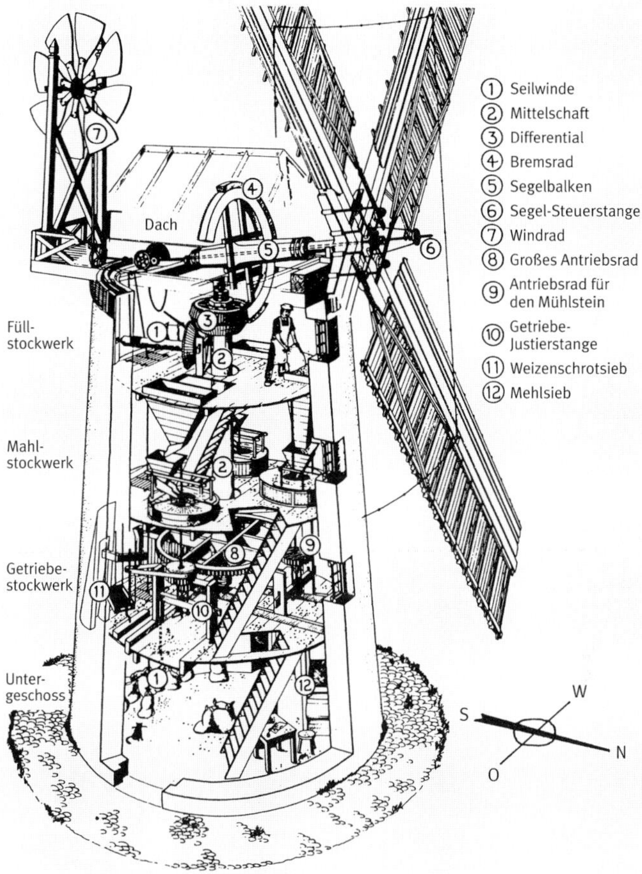


▲ *Ballycopeland Windmill: Die Stockwerke und das Mahlwerk.*

erhaltenen Denkmälern der frühen Agrarindustrie in Irland, vergleichbar nur noch mit ihrem Pendant in Blennerville, Co. Kerry, am Eingang der Dingle-Halbinsel. Die Mühle wurde vermutlich zwischen 1780 und 1790 errichtet. Das Vorbild der holländischen Windmühlen, deren Know-how über Ostengland nach Irland gelangte, ist nicht zu übersehen. Das über vier Geschosse sich erstreckende Mahlwerk wurde in den letzten Jahren wieder voll funktionsfähig gemacht. Nahezu alle Teile sind original, die wenigen ergänzten Werkstücke wurden nach alten Vorbildern gefertigt. Bis 1915 war die Mühle in Betrieb. Dann wurde sie stillgelegt und schon 1935 in die Hände der staatlichen Denkmalpflege gegeben, die sie noch heute betreut.

## **Castletown House, Celbridge,** Co. Kildare

Castletown House zählt zu den großen prachtvollen Landsitzen, die sich Aristokratie und Gentry, die reiche Oberschicht der großen Landbesitzer, ab dem 18. Jh. überall im Land errichteten. Dabei war es nicht allein der alte Adel, sondern mehr noch die neue Gruppe der Aufsteiger, welche sich die von Krieg und gesellschaftlichem Umbruch erfüllten Zeiten in der 2. Hälfte des 17. Jh. zunutze machten und, oft aus kleinen Verhältnissen aufgestiegen, gewaltige Vermögen ansammelten. Zu ihnen gehörte auch William Connolly, der Bauherr von Castletown. Aus Donegal stammend, hatte er über eine Anwaltskarriere Zugang zu Geschäften gefunden, welche die Übertragung der zahlreichen enteigneten Landgüter an neue Eigentümer regeln sollten, und war dabei selbst zum Großgrundbesitzer und einem der reichsten Männer Irlands geworden. Außerdem war er der Sprecher des irischen Parlaments in Dublin. Mit Castletown erfüllte er sich einen Traum. Der Entwurf für den Mittelbau, von dem italienischen Architekten Allessandro Galilei vor 1719 vorgelegt, orientiert sich noch ganz an der stadtrömischen Palastarchitektur. Die seitlichen viertelrunden Kolonnaden und die Flügelbauten gehen auf einen zweiten Entwurf von Edward Lovett Pearce zurück, der in Italien die Villenarchitektur des Andrea Palladio (1508–1580) kennen gelernt hatte. Dessen Entwürfe für die Villa Trissino oder die Villa Mocenigo im Veneto prägen auch, allerdings in sehr eigenständiger Weise, die Flügel von Castletown. Das Innere des Hauses stammt aus allen Stilperioden des 18. Jh. Heute gehört das Haus der *Irish Georgian Society,* die sich um den Erhalt der Schlösser des 18. Jh. bemüht.

▲ *Castletown: Die Säulenkolonnade zwischen Hauptbau und Flügeln.*

## **Cork, St. Finbarre's Cathedral,** Co. Cork

Das 19. Jh. sah in Irland auf dem Feld der Architektur einen heftigen Wettbewerb zwischen den nunmehr gleichberechtigten Religionsgemeinschaften, vor allem der katholischen Kirche und der *Church of Ireland*, der an England orientierten Staatskirche. Das mächtige Wiedererstarken des Katholizismus, ablesbar an zahllosen Kirchenneubauten im ganzen Land, forderte auch die irische Staatskirche zu Höchstleistungen heraus, paradoxerweise zu einer Zeit, als ihr Niedergang als Kirche einer verhassten Oberschicht schon vorprogrammiert war. Die Kathedrale von Cork ist der architektonisch eindrucksvolle Beweis für diese Bemühungen kurz vor dem Scheitern. Sie wurde von dem englischen Architekten William Burgess (1827–1881) zwischen 1865 und 1879 errichtet. Dabei orientierte er sich im Äußeren sowohl an der französischen Frühgotik des 12. Jh.

▲ *Cork, St. Finbarre's Cathedral: Ansicht von Osten.*

als auch an der neugotischen Architektur des französischen Architekten und Restaurators von Nôtre Dame in Paris, Eugène Viollet-le-Duc (1814–1879), wie die Nähe zu dessen Pfarrkirche in St. Denis bei Paris beweist. Im Innern folgte er jedoch mehr dem *Early English,* der englischen Frühgotik, was in dem hölzernen Dachstuhl, der reichlichen Verwendung von farbigem Marmor und den großartigen Messingarbeiten zum Ausdruck kommt. Die Vielfalt des Innern wird durch die farbigen Glasfenster noch gesteigert. St. Finbarre's ist eines der interessantesten Beispiele des viktorianischen *Gothic Revival* in Irland.

## **Dublin, Bank of Ireland,** Co. Dublin

Das prächtige Architekturensemble der Bank von Irland zählt zu den Bauten, die im 18. Jh. dem georgianischen Dublin sein Gesicht gegeben haben. Das Gebäude wurde in einem ersten Bauabschnitt zwischen 1729

▲ *Dublin, Bank of Ireland: Hauptfront.*

und 1739 von Edward Lovett Pearce, dem Architekten der Flügelbauten von Castletown House, als Sitz des irischen Parlaments errichtet. Die Hauptfront bestand anfangs nur aus dem nach Süden, zur heutigen Dame Street hin, ausgerichteten Ehrenhof. Die dem Trinity College gegenüberliegende Ostfront mit weiteren zusätzlichen Räumen wurde erst 1785 von dem Architekten James Gandon hinzugefügt. Pearce errichtete mit dem alten Parlament in Dublin ein ganz eigenwilliges, gleichwohl den Tendenzen der Zeit verpflichtetes Bauwerk. Erstmals wurden in einem Parlamentsbau dem Oberhaus der Lords und dem Unterhaus der einfachen Abgeordneten eigene, klar definierte Räume zugewiesen. Es ist bezeichnend für den Bauherren, den aus kleinen Verhältnissen zum reichsten Mann Irlands und zum Sprecher des Parlaments aufgestiegenen William Connolly, dass das Unterhaus dabei den prominenteren Platz im Zentrum des Gebäudes erhielt. In den Architekturformen ist erneut eine Übernahme von Ideen Andrea Palladios zu bemerken, dessen Villa Santa Sofia in Pedemonte bei den Kolonnaden der

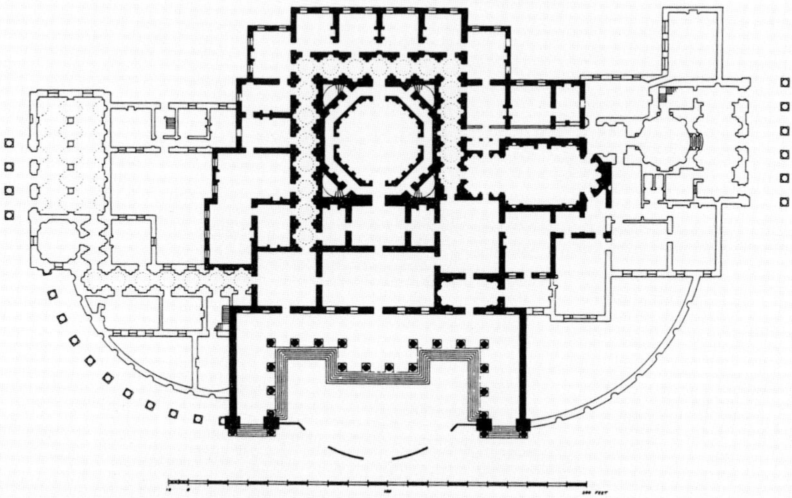

▲ *Dublin, Bank of Ireland: Grundriss.*

Hauptfront Pate gestanden haben könnte. Aber auch das Palais Bourbon in Paris zeigt verwandte Züge. 1801, als die Union mit England verkündet wurde, wurde das irische Parlament aufgelöst. Die Bank von Irland kaufte die Gebäude und hat seither hier ihren Hauptsitz.

## **Dublin, Casino Marino,** Co. Dublin

Casino Marino ist ein wenig beachtetes Kleinod nur wenige Meter abseits der viel befahrenen Straße vom Zentrum Dublins zum Flughafen im Norden der Stadt. Heute ganz von Wohnsiedlungen umgeben, lag der Pavillon zur Zeit seiner Erbauung zwischen 1765 und 1771 noch einsam in Weide- und Parkland auf einer Anhöhe im Norden der Stadt. James Caulfield, der erste Earl von Charlemont, hatte das zierliche Schlösschen als Landhaus vor der Stadt zusätzlich zu seiner Stadtresidenz am Parnell Square errichten lassen. Man sieht es dem eleganten Bauwerk nicht an, dass hinter seinen säulengeschmückten Fronten insgesamt zwölf Räume in den Obergeschossen und weitere acht Wirtschaftsräume im Sockelgeschoss Platz gefunden haben. Dem Architekten gelang damit das Kunststück, bei gering erscheinenden äußeren Abmessungen und einem von Säulen, Pilastern, Giebeln und einer zwar schweren, aber reich gegliederten Attika bestimmten Erscheinungsbild sowohl ein ganz einheitliches Baukunstwerk als auch ausreichenden Raum für die Repräsentation, das Wohnen und Wirtschaften zu schaffen. Die Architektur ist von einer geradezu kristallinen Klarheit, alle Einzelformen sind logisch aufeinan-

▲ *Dublin, Casino Marino: Ansicht von Nordwesten.*

der bezogen und entsprechen außerdem den in den Architekturtraktaten des 15.–18. Jh. im Hinblick auf die Säulenordnungen und die Proportionen gestellten Anforderungen und damit der geforderten antikischen Ästhetik des Erscheinungsbildes. Die Einbindung in die parkartige Landschaft, von der ehemals ein wundervoller Blick auf Dublin möglich gewesen sein muss, vervollkommnet die Situation.

## **Dublin Castle,** Co. Dublin

Dublin Castle ist alles andere als ein einheitliches Bauwerk. Seit an dieser Stelle in den ersten Jahren des 13. Jh. auf Befehl des englischen Königs Johann Ohneland am Rande der alten Wikingerstadt eine moderne und starke Burg über rechteckigem Grundriss errichtet wurde, war hier der Sitz der englischen Staatsmacht. In deren Rechtsnachfolge hat heute der irische Staatspräsident im Dublin Castle seinen Amtssitz. Von den Mauern der alten Burg, die im Grundriss, in Mauern und Türmen der Burg von Roscommon geglichen haben mag, ist außer ein paar Mauerresten, darunter Teile des *Record Tower,* und dem rechteckigen großen Ehrenhof nichts mehr erhalten. Alte Stiche geben aber noch einen guten Eindruck von der bis ins 17. Jh. weitgehend erhaltenen Burg. Die heutigen Bauten entstanden überwiegend im 18. und 19. Jh., als anstelle der alten Zwingburg moderne Bauten für Repräsentation und Verwaltung entstanden. Sie werden jetzt als Staatsgemächer für die Zwecke der Regierung genutzt, stehen aber außerhalb dieser Zeiten zur Besichtigung offen. Während für

▲ *Dublin Castle: Der Ehrenhof mit dem Torbau.*

den heutigen Besucher Dublin Castle ein zwar ansehnliches, in seiner Architektur aber nicht gerade mitreißendes Architekturensemble aus der Zeit nach dem 17. Jh. ist, muss man sich klar machen, dass für die Iren hier über viele Jahrhunderte der Sitz der englischen Macht angesiedelt war, dass von hier Ausbeutung und Enteignung, Unterdrückung und Verfolgung ausgingen. Deshalb hat Dublin Castle, auch wenn hier der Staatspräsident seinen Amtssitz hat, im Bewusstsein der Bevölkerung keinen allzu hohen Stellenwert.

## **Dublin, Custom House,** Co. Dublin

Das die nördliche Flussfront des River Liffey am Beginn des weitläufigen Hafengebietes von Dublin prägende Custom House ist heute nur noch Fassade. Zusammen mit den Four Courts und dem Schloss war das aufwendige Zollgebäude, in dem die englische Staatsmacht ihre Abgaben von allen ins Land kommenden Waren erhob, bis zur gewaltsamen Loslösung von England am Ende des 1. Weltkrieges eines der Symbole englischer Unterdrückung und Ausbeutung. Demzufolge gab Michael Collins, einer der Kommandeure im irischen Befreiungskampf, 1922 den Befehl, das Symbol britischer Macht zu zerstören. In fünf Tagen brannte der Komplex nahezu vollständig aus. Der Wiederaufbau 1924–1930 und eine sorgfältige, 1991 abgeschlossene Restaurierung gaben dem Bauwerk zumindest äußerlich sein ursprüngliches Erscheinungsbild zurück. Es beherbergt heute das Umweltministerium und eine Ausstellung zur Geschichte des Gebäudes. Erbaut wurde das Custom House 1781–1791 von

▲ *Dublin, Custom House: Ansicht von Süden.*

dem Architekten James Gandon (1742–1823) im Geist des Klassizismus. Die Flussfront ist mit Säulen, teils in Nischen eingestellt, teils in Form einer giebelgeschmückten Portikus, die zugleich den Unterbau der dominierenden Kuppel bildet, reich, aber nicht übertrieben geschmückt. Der allegorische Skulpturenschmuck bezieht sich auf Schifffahrt und Handel, auch auf die Vereinigung der beiden Länder Hibernia und Britannia, ein weiterer Grund für die Rebellen von 1922, den Bau zu zerstören.

## **Dublin, Four Courts,** Co. Dublin

Zu den repräsentativen Bauten der englischen Administration im 18. Jh. zählte auch das Ensemble der Four Courts, heute der Sitz von Irlands höchsten Gerichtshöfen. Zusammen mit der Erhebung von Abgaben und Steuern hatten das Gerichtswesen und die vollziehende Gewalt durch alle Jahrhunderte der englischen Herrschaft zu den wichtigsten Instrumenten bei der Durchsetzung des britischen Machtanspruches gehört. So standen auch die Four Courts beim Entstehen des irischen Freistaates im Brennpunkt der Ereignisse, nur dass von hier nicht das Signal zum Krieg mit England ausging, sondern mit der Besetzung durch die IRA im April 1922 der irische Bürgerkrieg begann. Beim Beschuss durch die Truppen des neu gebildeten Freistaates brannte die Gebäudegruppe vollständig aus. Sie wurde, unter leichter Zurücknahme der seitlichen Fassadenfronten zugunsten des Straßenverkehrs, im äußeren Erscheinungsbild originalgetreu wieder aufgebaut. Der Architekt der von 1786–1806 er-

▲ *Dublin, Four Courts: Ansicht von Südosten.*

richteten Four Courts war einmal mehr James Gandon, der das Bauwerk als städtebauliches Pendant zu dem weiter flussabwärts gelegenen Custom House verstand. Zwar übernahm er im Westflügel Vorgängerbauten von Thomas Cooley und beachtete auch die Teilung in die einzelnen Gerichtshöfe; mit der zentralen Kuppel, in den Arkaden und der Säulenportikus folgte er jedoch dem beim Custom House angewandten Formenkanon. Es entstand ein eindrucksvolles Beispiel georgianischer Baukunst.

## **Dublin, General Post Office,** Co. Dublin

Das General Post Office ist weniger ein Werk der Baukunst als vielmehr als ein Ort der irischen Geschichte von herausragendem Interesse. Das 1815–1817 von dem Architekten Francis Johnston errichtete Gebäude verfügt über klassisch ruhige Proportionen und eine Säulenportikus, welche der breiten Achse der O'Connell Street einen wichtigen städtebaulichen Akzent verleihen. Ins Zentrum der Ereignisse rückte das General Post Office beim Osteraufstand 1916. Unter der Führung von James Connolly und Patrick Pearse hatten die ansonsten völlig unzulänglich vorbereiteten Rebellen hier ihren wichtigsten Stützpunkt. Von der Treppe des Hauptpostamtes verlas Patrick Pearse die Unabhängigkeitserklärung Irlands. Die Reaktion der Engländer war hart und heftig. Mitten im 1. Weltkrieg konnten sie auf keinen Fall eine Revolution im eigenen Machtbereich hinnehmen. Bei ihrem Gegenschlag legten sie mit dem General Post Office fast die ganze Ostseite der O'Connell Street in Schutt und Asche, Connolly, Pearse und andere Führer des Aufstandes wurden unverzüglich im Kilmainham-Gefängnis in Dublin hingerichtet. Ohne diese brutale Reaktion wäre der Osteraufstand von 1916 vielleicht nur einer von vielen im langen Konflikt mit der englischen Herrschaft gewesen. So aber wurden die Rebellen des Osteraufstandes zu Märtyrern und Helden, die Rebellion war nicht mehr zu unterdrücken und endete mit der Unabhängigkeit des Freistaates im Jahre 1921. Das General Post Office wurde seither fast zu einem nationalen Heiligtum, in dem in charakteristischer Weise eine Bronzestatue des auf den Tod verwundeten keltischen Sagenhelden Cú chulainn an die Opferbereitschaft der Rebellen von 1916 erinnert.

▲ *Dublin: General Post Office.*

## **Dublin, Trinity College,** Co. Dublin

Das Trinity College ist die vornehmste Universität Irlands und eine der angesehensten akademischen Ausbildungsstätten in der angelsächsischen Welt. Gegründet 1592 durch Königin Elisabeth I. als ein protestantisches Bollwerk der Bildung in einem katholischen Land war es lange Zeit den Katholiken nicht zugänglich. Nachdem dann zwischen 1793 und 1873 allmählich sämtliche Schranken für Katholiken abgebaut waren, opponierte gerade die katholische Kirche gegen den am Trinity College herrschenden liberalen Geist und baute in Maynooth eine eigene katholische Universität auf. Heute spielen diese akademischen Parteikämpfe keine Rolle mehr.

Die Bauten des Trinity College stammen fast einheitlich aus dem 18. und 19. Jh. Den Mittelpunkt des alten Campus bildet der von Lord John Beresford, Erzbischof von Armagh, 1852 gestiftete Campanile, der zentrale Glockenturm. Zu den auch für Besucher zugänglichen größten Sehenswürdigkeiten zählt die 1712–1732 gebaute *Old Library,* die in einem erweiternden Umbau 1860 mit der Einführung des Emporengeschosses mit der hölzernen Tonnenwölbung ihr heutiges Gesicht erhielt. Der größte Schatz dieser Bibliothek von mehr als 3 Millionen Bänden ist das *Book of Kells,* eine illuminierte Handschrift vom Beginn des 9. Jh., die als der Höhepunkt der europäischen Buchmalerei im Frühmittelalter gilt. Sie ist mit anderen Codices in einem eigenen Raum ausgestellt. Trinity College ist nicht nur ein Zentrum der Wissenschaften, sondern auch eine Oase der Ruhe im Getriebe der Großstadt Dublin.

▲ *Dublin, Trinity College: Glockenturm.*

# **Killarney, St. Mary's Cathedral,** Co. Kerry

▲ *Killarney Cathedral: Mittelschiff nach Osten.*

Nach der Katholikenemanzipation 1829 nahm das Leben in Diözesen und Gemeinden einen gewaltigen Aufschwung. Aber nach den langen Jahren der Verfolgung fehlte es nicht nur an geistiger Nahrung. Im ganzen Land gab es fast keine einzige intakte Kirche für den katholischen Ritus, alle lagen seit mehr als 100 Jahren in Ruinen. Mithilfe von Spenden wurde ein gewaltiges Kirchenbauprogramm aufgelegt, aus dem die meisten heute noch immer genutzten katholischen Pfarrkirchen und Kathedralen hervorgingen. Mit dem gotischen Baustil, der im England des *Gothic Revival* über eine seit dem Mittelalter ungebrochene Bautradition verfügte, war der adäquate Stil bald gefunden. Bauen in gotischem Stil wurde im Irland des 19. Jh. praktisch zur Pflicht. Während aber viele Neubauten eher lehrbuchartig den gotischen Stil als reinen Formenkatalog übernahmen, gelang dem englischen Architekten Augustus Welby Pugin (1812–1852) mit der von 1842–1855 erbauten Kathedrale von Killarney ein ganz und gar eigenständiges Bauwerk in neogotischem Gewand. Schon durch seinen Vater, ebenfalls Architekt, mit den Problemen der Gotik vertraut gemacht, setzte er nicht auf sklavische Nachahmung, sondern schuf unter Beachtung alter irischer Bautraditionen etwas völlig Neues. So leiten sich die in grobem Bruchsteinmauerwerk belassenen Arkaden des Langhauses von der ruinösen alten Kathedrale des Bistums in Ardfert ab, während die steilen Lanzettfenster des Chores an die gotischen Bauten der irischen Zisterzienser und Augustiner erinnern. Die Kathedrale von Killarney gilt als das Meisterwerk Pugins in der Architektur des *Gothic Revival* in Irland.

## **Kinsale, Charles Fort,** Co. Cork

Im 16. Jh. war der Naturhafen in der Bucht von Kinsale einer der bedeutendsten Warenumschlagsplätze im südlichen Irland. Nach den Bedrohungen durch spanische Schiffe wurde die Hafeneinfahrt zunächst durch einfache Artilleriebastionen gesichert, ehe zwischen 1677 und 1685 das heutige Fort auf der Landzunge an der Stelle einer älteren Befestigung erbaut wurde. So effektiv jedoch das Fort mit seinen Kanonen die Einfahrt in die Bucht zu sichern vermochte, so schwach war es gegen die

▲ *Kinsale, Charles Fort: Die Festung über der Kinsale Bay.*

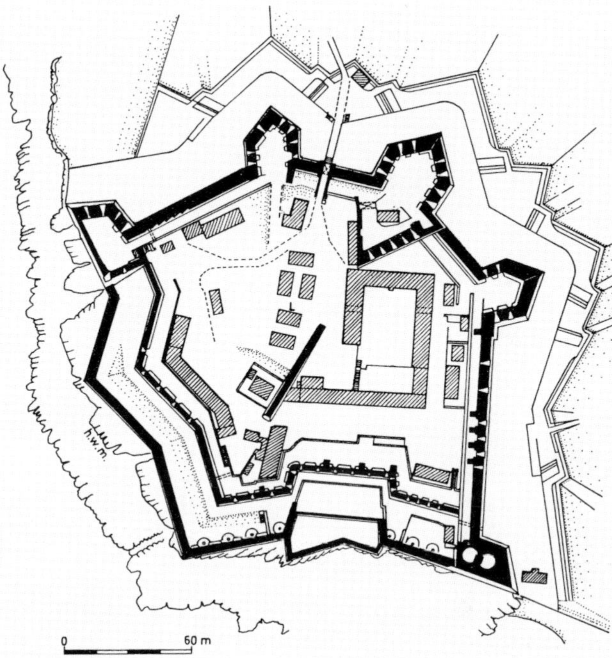


▲ *Kinsale, Charles Fort: Grundriss der Festung.*

Landseite, wo man von einem Höhenzug die gesamte Befestigung mühelos unter Feuer nehmen konnte. Das geschah dann auch in den letzten Kämpfen zwischen König Wilhelm III. von Oranien und den Stuarts, die 1690 nach der verlorenen Schlacht am River Boyne Kinsale als letzten Stützpunkt hielten. Nach einer 13-tägigen Belagerung war eine Bresche geschossen, und die Verteidiger mussten kapitulieren. Das Fort wurde danach wieder instand gesetzt, büßte aber im Verlauf des 18. Jh., wie die Stadt Kinsale, deren Handel sich in das aufstrebende Cork verlagerte, seine Bedeutung ein. Dennoch blieb Kinsale bis zur Unabhängigkeit Irlands 1921 ein englischer Militärstützpunkt. Heute ist das malerisch nahe bei dem idyllischen Seebad von Summercove gelegene Kinsale, restauriert und unterhalten von der irischen Denkmalpflege, das bedeutendste Beispiel einer Festung aus den konfliktreichen Zeiten des 17. Jh. in Irland.

## **Kylemore Abbey,** Co. Galway

Die in ausgesprochen malerischer Lage am Kylemore Lough gelegene Abtei ist heute nicht nur ein Magnet für die ins gebirgige Innere von Connemara gelenkten Touristenströme, sondern in ihrer Nutzung auch ein charakteristisches Beispiel für den Verlauf der irischen Geschichte

▲ *Kylemore Abbey: Ansicht von Südwesten.*

in den letzten Jahrhunderten. Die heutige Abtei und Klosterschule ist eigentlich eine etwas aufwendig geratene viktorianische Fabrikantenvilla, die sich der aus Manchester stammende Mitchell Henry ab 1864 errichten ließ. Der Erbauer gönnte sich und seiner Gattin nicht nur die schlossartige Anlage, sondern war auch nachhaltig bemüht, durch Hilfen und Arbeit für die bettelarme Bevölkerung deren Lebensstandard zu verbessern. Zugleich vertrat er bis 1885 den Wahlkreis Galway im englischen Parlament. Zwar wurde nach dem frühen Tod seiner Frau Margaret noch die kleine Kirche als Mausoleum im Stil der viktorianischen Gotik errichtet, Henry zog sich jedoch bald aus Kylemore zurück, worauf das Schloss durch mehrere Hände ging, bis es 1920 von den irischen Benediktinerinnen aus dem belgischen Ypern gekauft und anschließend vom

Papst zur Abtei erhoben wurde. Damit schloss sich ein Kreis, war doch das Kloster in Belgien bereits 1598 von irischen Nonnen, die vor der Unterdrückung der katholischen Klöster auf den Kontinent ausgewichen waren, gegründet worden. Sie behielten jedoch immer ihren Status als irische Benediktinerinnen und kehrten erst 1914, als der 1. Weltkrieg Ypern zum Schlachtfeld machte, über England nach Irland zurück. Nach einem schweren Brandschaden 1959 wurden die Gebäude als Kloster und Mädcheninternat wiederhergestellt und sind heute eines der meistbesuchten Touristenziele im Westen von Irland.

## **Mussenden Temple, Downhill,** Co. Derry

Nur ein Romantiker würde in dieser grandiosen Einöde, auf einer steilen, zum Nordatlantik gerichteten Klippe, ein bewohnbares Gebäude erwarten und nur ein Verrückter würde hier bauen; so kann man die erstaunliche Anlage des heute als Ruine zu bestaunenden Downhill Castle mit dem vollständig erhaltenen Mussenden Temple charakterisieren. Der anglikanische Bischof Frederick Hervey von Derry erfüllte diese Voraussetzungen und ließ ab 1772 von dem irischen Architekten Michael Shanahan das Schloss für seine reichhaltigen Kunstsammlungen erbauen. Es brannte schon 1851 mit den meisten Kunstwerken nieder und trotz teilweisen Wiederaufbaus trotzt heute nur noch eine dachlose Ruine den Stürmen des Atlantik im Norden Irlands. Erhalten blieb die klassizistische Rotunde des Mussenden Temple, eines direkt auf die Klippenkante gesetzten Bauwerks nach dem Vorbild römischer Rundtempel. Mussenden Temple ist ein Denkmal der Vorlieben des steinreichen Bischofs, der zugleich der vierte Earl of Bristol war, aber auch seines aufgeklärten Geistes und seiner Toleranz. Meist war der Bischof mit einem Tross von Damen in Italien unterwegs, wo er die Sonne, das Leben und die Kunst genoss. Mussenden Temple wurde 1885 zur Erinnerung an die geliebte Cousine des Bischofs errichtet. Hier wurde aber auch den Katholiken der Gegend erlaubt, die Messe zu feiern, bemerkenswert für einen anglikanischen Bischof und in einer Zeit, als der katholische Glaube und die Feier der Messe noch bei strenger Strafe verboten waren.

▲ *Mussenden Temple: Die Rotunde.*

## Penal Laws

Die zwischen 1695 und 1728 von der englischen Regierung durchgesetzten *Penal Laws* markieren den Tiefpunkt in dem Bestreben der englischen Kolonialmacht, der breiten Masse der katholischen Bevölkerung Irlands nur noch den Status einer rechtlosen Unterschicht zuzubilligen. Ihrem Inhalt nach richteten sich diese Gesetze nur gegen die Ausübung des katholischen Glaubens auf der Insel. Da sie mit dem Verbot für Katholiken, Land von Protestanten zu kaufen oder zu erben, tief in die Eigentumsverhältnisse an Grund und Boden eingriffen, bewirkten sie neben der weitgehenden Unterdrückung katholischer Kulthandlungen vor allem die fortschreitende Verdrängung der katholischen Oberschicht von ertragreichen Ländereien, die danach in die Hände von loyalen Protestanten fallen mussten.

Der am Beginn des 18. Jh. noch immer existenten katholischen Aristokratie blieb damit nur der Weg in die Verarmung oder der Übertritt zur england- und staatstreuen Church of Ireland. In der Tat richteten sich die *Penal Laws* vor allem gegen die alte katholische Oberschicht Irlands, die damit aus dem politischen Leben ausgeschaltet wurde. Nicht grundbesitzende katholische Kaufleute waren kaum behindert und die Masse der katholischen Kleinstbauern besaß ohnehin meist nur Pachtland. Auch wurde das Ziel der Ausmerzung des katholischen Klerus nur lasch verfolgt, so dass ab 1760 eine Gegenbewegung zunehmende Erfolge verzeichnete. Unter dem Einfluss der Aufklärung wurden die *Penal Laws* zwischen 1778 und 1793 zunächst gelockert und mit dem *Catholic Emancipation Act* von 1839 endgültig aufgehoben.

## **Russborough House, Blessington,** Co. Wicklow

Russborough gehört in Irland zu den Schlössern, in denen der Stil des italienischen Renaissancearchitekten Andrea Palladio (1508–1580) in seiner reinsten Form Eingang in die irische Architektur gefunden hat. Das Schloss wurde zwischen 1741 und 1751 im Auftrag des Kunstmäzens Joseph Leeson von dem aus Deutschland stammenden Architekten Richard Cassels errichtet. Es scheint vollständig nach dem Lehrbuch der *Vier Bücher über die Architektur* Palladios konzipiert worden zu sein. Vergleicht man die Fassaden des Ehrenhofes, den zweigeschossigen Hauptbau und die elegant gebogenen Kolonnaden, so wird man an die Villa erinnert, die Palladio für den Venezianer Leonardo Mocenigo an der Brenta entwarf und am Ende seines 2. Buches beschrieb. Nur die in Russborough mit Halbsäulen aufgeblendete Portikus ist etwas zurückhaltender konzipiert als bei dem italienischen Vorbild. Auch sind die bei Palladio die Giebel bekrönenden Skulpturen in Russborough in die Nischen der beiden Loggien gewandert. Der klaren, klassisch gegliederten Außenerscheinung steht im Innern eine reiche und beschwingte Rokoko-Ausstattung gegenüber. Diese wurde 1952 noch erweitert, als der Kunst-

▲ *Russborough House: Der Ehrenhof.*

mäzen Alfred Beit das Haus erwarb, um den Kunstsammlungen seiner Familie einen würdigen Rahmen zu geben. Zum erhaltenen Interieur des 18. Jh. kamen nun noch eine Gemäldesammlung der alten Meister des Barock und des Rokoko sowie Porzellane, Silber und weitere erlesene Kunstgegenstände, die den Besucher wie sonst nirgendwo in Irland den aristokratischen Luxus dieser Epoche erleben lassen.

## **Sandycove, Joyce's Tower,** Co. Dublin

Der gedrungene Turm auf einem Landrücken zwischen dem kleinen Hafen von Sandycove und der Irischen See ist heute vor allem als Gedenkstätte für den großen Dichter James Joyce bekannt, obwohl dieser hier insgesamt nur sechs Tage als Gast des Dichters Oliver St. John Gogarty verbrachte. Der hatte den 1804 als Artilleriebollwerk gegen eine befürchtete Invasion Napoleons in Irland errichteten Turm vom Kriegsministerium gemietet, was anzeigt, dass diese Art von Küstenbefestigung nach dem Ende der Napoleonischen Kriege schnell überflüssig geworden war. *Martello Towers* sind in der Regel über gerundetem oder ovalem Grundriss erbaut, haben zwei Stockwerke mit Zugang im Obergeschoss und waren meist mit einer oder mehreren weit tragenden, auf der oberen Plattform montierten Kanonen bestückt. Die Besatzung beschränkte sich auf die Bedienungsmannschaft des Geschützes. Der Name rührt von einer als *Mortella-Turm* bekannten Befestigung an der Einfahrt zur Fiorenza-Bucht auf Korsika, deren Kanonen 1794 erfolgreich eine Lan-

▲ *Sandycove: James Joyce Martello Tower.*

dung der britischen Marine vereitelt hatten. Nachdem die Briten den Turm dann doch in einem zweiten Landungsunternehmen unter großem Aufwand erobert hatten, schickten sie genaue Aufmaßpläne des Bauwerks nach London, wo man sie zwischen 1804 und 1812 zur Grundlage der Planungen machte, als man begann, gegen eine drohende Invasion Napoleons zu rüsten. Etwa 40 dieser Artillerietürme wurden rund um Irland errichtet – aber niemals gebraucht.

## **Swiss Cottage, Kilcommon,** Co. Tipperary

Swiss Cottage ist sowohl ein *Folly,* ein originelles, wenn nicht gar verrücktes Bauwerk im Ensemble eines englischen Landschaftsgartens, zugleich aber auch der späte Ausdruck einer im ausgehenden 18. Jh. verbreiteten Mode, nach der die Aristokratie – nicht nur auf den Britischen Inseln – es liebte, sich Stunden oder Tage in speziell dafür errichteten Häusern dem einfachen Landleben zu widmen, oder zumindest dem, was sie dafür hielt. Die bekannteste künstliche Idylle dieser Art ist das *Hameau* der Königin Marie Antoinette in den Gärten von Versailles. Auch Swiss Cottage hat mit einem Schweizerhaus absolut nichts gemein, sondern wurde von dem berühmten königlichen Architekten John Nash 1810 für die Jagd- und Anglerpartys von Richard Butler, dem zwölften

▲ *Swiss Cottage: Die Gartenseite.*

Baron von Cahir, und seiner Ehefrau Emily erbaut. Wichtig für ein solches Landhaus waren naturnahe oder naturbelassene Materialien wie Holz und Stroh sowie einc unmittelbare Einbindung in die Parklandschaft, die gleichwohl künstlich geschaffen war. Im Innern verfügt das Erdgeschoss über eine kleine Halle mit Treppe, einen Salon und einen Ballsaal, im Obergeschoss befinden sich die Schlafzimmer. Von den Wirtschaftsräumen im Keller führt eine Passage direkt zu dem unterhalb vorbeifließenden River Suir. Die originale Einrichtung des Hauses ist längst verschwunden. Nach der ab 1986 vorgenommenen gründlichen Restaurierung wurde das Haus jedoch im Stil der Zeit wieder mit entsprechendem Mobiliar und Kunstgegenständen ausgestattet, so dass heute das Haus und der umgebende Park wieder das gleiche Bild wie vor knapp 200 Jahren vermitteln.

# VI. Das moderne Irland – A Nation Once Again?

Irland trat in der von Hass und Gewalt erfüllten Zeit des 1. Weltkrieges in das 20. Jh. ein. Auch wenn am Beginn des Jahrhunderts die Unabhängigkeit und am Ende der wirtschaftliche Aufschwung standen, war diese jüngste Periode der irischen Geschichte doch weiterhin von Gewalt und Not, von Armut und Rückständigkeit geprägt. Die alten Wunden, dem Land vor allem in der langen gemeinsamen Geschichte mit England zugefügt, vernarbten nur sehr langsam; viele von ihnen rissen in dem seit 1968 erneut eskalierenden Nordirlandkonflikt wieder auf. Starrsinniges Festhalten an alten Feindbildern auf beiden Seiten, die Unfähigkeit zu Kompromissen, utopische und unrealistische Vorstellungen über die Gestaltung einer politisch und sozial gerechten Ordnung für ganz Irland behinderten für lange Zeit auf beiden Seiten den Willen zu einer wirklichen Annäherung. Dabei taten sich viele Engländer ebenso schwer, von ihrem Status als Kolonialherren Abschied zu nehmen, wie sich andererseits die Iren nicht von ihrem kurzsichtigen, überwiegend aus der Abneigung gegen alles Englische gespeisten Nationalismus zu lösen vermochten. Nur aus dieser geistigen Starre heraus ist es zu verstehen, dass Adolf Hitler bei vielen Iren bis Anfang der 70er Jahre wegen seiner Kriegführung gegen England ein angesehener Mann war. Heinrich Böll hat das in seinem *Irischen Tagebuch* einfühlsam geschildert. Erst im letzten Jahrzehnt des 20. Jh. scheinen, nachdem nun schon die Enkel der Freiheitshelden von 1916–1922 die irische Politik bestimmen, die Konfliktparteien zögernd aufeinander zuzugehen. Ein völliges Ende der Gewalt ist aber noch nicht abzusehen.

Politisch und wirtschaftlich blieb Irland im 20. Jh. ein Armenhaus am Rande Europas. Es hatte noch hoffnungsvoll begonnen. Wenige Monate nach Ausbruch des 1. Weltkrieges war, nach Jahrzehnten des politischen Kampfes, die *Home Rule,* die innere Selbstverwaltung für Irland, vom englischen Parlament beschlossen, bis zum Ende des Krieges aber ausgesetzt worden. Der Osteraufstand der irischen Nationalisten 1916, militärisch ein Desaster, war dann das Vorspiel für die weiteren blutigen Konflikte, denen das Land auf dem Weg zur Unabhängigkeit bis 1922 ausgesetzt war. Der einseitigen Unabhängigkeitserklärung der irischen Abgeordneten im englischen Parlament vom 21. Januar 1919 folgte ein zweieinhalb Jahre dauernder Krieg mit England, in dem nicht nur reguläre Truppen eingesetzt wurden, sondern auch die *Black and Tans,* entwurzelte englische Offiziere und Soldaten aus dem 1. Weltkrieg, paramilitärische, freikorpsartige Verbände, deren sinnloser Terror ein friedliches Zusammengehen beider Länder endgültig unmöglich machte. Dem Friedensschluss vom Dezember 1921, der Irland als *Dominion* im englischen Weltreich weitgehende Unabhängigkeit bescherte, folgte dann ein Bürgerkrieg zwischen der neuen irischen Regierung und extremen

Nationalisten, die sich mit diesem Status nicht zufrieden geben wollten. Als 1922 die Waffen schwiegen, regierten die überlebenden „Helden" des Befreiungskrieges ein ausgeblutetes Land. Auch wenn sich letztlich die eher moderaten Kräfte durchgesetzt hatten, vermochten sich nahezu alle politischen Kräfte in Irland während der nächsten drei Jahrzehnte nicht von einer grundsätzlich antienglischen Politik zu entfernen. Angesichts der weiterhin bestehenden wirtschaftlichen Abhängigkeit von England brachten die gegen den ungeliebten Nachbarn gerichteten Wirtschaftskriege der 30er Jahre keinen Gewinn und führten das Land in den Ruin. Dennoch wurden die Bande zu England weiterhin gelockert und der Austritt aus dem Commonwealth betrieben. 1949 konstituierte sich die unabhängige *Republic of Ireland.* Im 2. Weltkrieg blieb Irland neutral, die Not trieb aber viele Iren in die englische Rüstungsindustrie und in die englische Armee, was zwar den irischen Arbeitsmarkt entlastete, das Land zugleich aber auch ein wertvolles Potenzial an ausgebildeten Arbeitskräften kostete. Die wirtschaftlichen Zwänge führten aber auch gleichzeitig zu einer Gegenbewegung des Ausgleichs mit England, der mit den Handelsverträgen von 1936 und 1938 einsetzte. Wirtschaftlich gewährten sie dem Land eine Atempause, politisch leiteten sie langfristig eine Entspannung zwischen beiden Ländern ein. Dennoch stand das unterentwickelte Agrarland vor immensen Problemen. Die permanent hohe Arbeitslosigkeit führte zu einer hohen Auswanderung, vor allem junger Akademiker, wodurch dem Land die besten Kräfte für einen wirtschaftlichen Aufschwung entzogen wurden. Seit den 50er Jahren gelang es dann, allerdings auf bescheidenem Niveau, Investitionen aus dem Ausland nach Irland zu lenken, ab den 60er Jahren begann der Tourismus eine Rolle im Wirtschaftsleben zu spielen. Der Beitritt zur Europäischen Gemeinschaft 1973 verschaffte dem Land in den Wirtschaftskrisen der 70er Jahre, besonders in den beiden Ölkrisen, mittelfristig einige Vorteile. Immerhin kam es jetzt zu Strukturhilfen aus Brüssel und zu vermehrten Investitionen. Es dauerte jedoch bis zur Mitte der 90er Jahre, bis Irland in einem bis dahin nie gekannten Wirtschaftsboom die Ernte aus den Reformbemühungen der letzten Jahrzehnte, die Irland aus einem vergessenen Kleinstaat am Rande Europas in einen attraktiven Wirtschaftsstandort verwandelten, einfahren konnte. Billige, gut ausgebildete Arbeitskräfte, steuerliche Vergünstigungen und eine im neuen Klima der weltweiten Globalisierung günstige geostrategische Lage zwischen Europa und Nordamerika ließen Irland zum *Celtic Tiger,* wirtschaftlich vergleichbar den ostasiatischen Schwellenländern, werden. Der Wirtschaftsboom fand sichtbaren Ausdruck in der Verwandlung der irischen Städte. Dublin, Cork, Limerick, Galway und viele weitere Orte änderten architektonisch ihr Gesicht wie kaum in Jahrhunderten zuvor. Zwischen 1925 und 1990 hatte es, mit Ausnahme des Kirchenbaus, nur wenige moderne und repräsentative Neubauten von Regierung, Verwaltung und Industrie gegeben. Es fehlten sowohl das Geld als auch der Bedarf. Beispiele moderner irischer Architektur konnte man deshalb an den Fingern abzählen. Die gegenüber dem privaten Sektor ungleich lebhaftere Bautätigkeit der katholischen Kirche setzte im Rahmen der modernen Architektur ebenfalls kaum Akzente. Entweder griff man, so bei den Bauten im Stil eines *Irish Revival*, auf historische Vorbilder zurück oder baute in einem Stilmix, der moderne und großzügige Raumgestaltung mit historisierenden Versatzstücken zu verbinden suchte. Die Kirche St. Peter and Paul von 1937 in Athlone und die ab 1957 errichtete Kathedrale von Galway sind mit ihren der spanischen Kolonialarchitektur entlehnten Einzelformen ein Beleg für die Orientierungslosigkeit vieler Architekten und Bauherren bei ihrer Suche zwischen Tradition und Moderne. Dem stehen einige zwar vereinzelte, aber bemerkenswerte Versuche gegenüber, mit Blick auf Vorbilder im kontinentalen Europa und in den USA zu eigenständigen, sowohl funktionalen wie auch ästhetisch befriedigenden architektonischen Lösungen zu gelangen. Der Expressionismus der 20er Jahre, die sachliche Funktionalität des Bauhauses oder die Glas- und Stahlbauten in der Nachfolge eines Walter Gropius oder Ludwig Mies van der Rohe fanden auch in Irland ihre Nachfolger.

Das alles wird in den Schatten gestellt durch die Bautätigkeit der vergangenen 15 Jahre. Ganze Stadtbezirke wurden entkernt und neu geordnet, wobei man ältere Bausubstanz sowohl gnadenlos vernichtete als auch behutsam integrierte. *Temple Bar* und der bis zur Christ Church Cathedral angrenzende Bezirk in Dublin, das neue Stadtzentrum von Limerick und die Neugestaltung des zwischen Hafen und altem Stadtkern liegenden Quartiers in Galway sind gute Beispiele für eine gelungene Stadterneuerung unter Bewahrung gewachsener Strukturen. Eine architektonische Missetat hingegen ist der Pavillon des Besucherzentrums in der mittelalterlichen Burg von Limerick, obwohl gerade unter den zahlreichen *Heritage Centres* bei den historischen Sehenswürdigkeiten des Landes bemerkenswerte Beispiele für modernes Bauen in historischem Kontext zu finden sind.

Irland befindet sich zur Zeit, nicht nur architektonisch, wirtschaftlich und in seiner strukturellen Erschließung, in einem rasanten Umbruch. Langjährige Irlandbesucher registrieren von Jahr zu Jahr gewaltige Veränderungen, die alle Lebensbereiche berühren. Darüber zu trauern ist unangebracht, umso berechtigter die Hoffnung auf die Bewahrung einer jahrtausendealten und überreichen kulturellen Tradition.

## **Burt, Dorfkirche,** Co. Donegal

Mit der Dorfkirche von Burt gelang dem auf Kirchenbauten spezialisierten Liam McCormick 1964–1965 der Sprung von einem an der irisch-romanischen Baukunst des Mittelalters orientierten *Irish Revival* in die Moderne, ohne dass er dabei auf einen bewussten Bezug zur irischen Tradition verzichten musste. Die unterhalb des berühmten eisenzeitlichen Ring-Forts *Grianan of Aileach* gelegene Kirche übernimmt in ihrem Mauerwerk ebenso wie in der Dachform Elemente der irisch-keltischen Bautradition aus dem ersten Jahrtausend. Das grobe Bruchsteinmauerwerk erinnert von weitem an das Trockenmauerwerk der irischen Ring-Forts, während das steil aufragende Dach in seiner Genese auf die runden Hütten im Innern der Ringwälle, wie sie durch die Archäologen erschlossen wurden, zurückgeht. Dennoch ist Burt alles andere als eine historistische Spielerei in modernem Gewand. So wie die Dachform asymmetrisch verändert wurde, spielt auch im Grundriss die Asymmetrie zweier ineinander gelegter Kreise eine entscheidende Rolle. Der Architekt gewann so zwischen den Schalen des Mauerwerks nicht nur zusätzlichen Platz für die Sakristei und Nebenräume, sondern auch die Möglichkeit, das kreisrunde Altarpodest dezentral unter der Lichtöffnung der Dachspitze anzuordnen, wodurch ein langweiliger Zentralraum vermieden wurde. Burt ist ein einheitlich konzipierter moderner Kirchenraum, der sich jedoch sowohl der Landschaft am Lough Swilly als auch der Tradition irischen Bauens anpasst.

▲ *Burt: Die moderne Dorfkirche.*

# **Céide Fields, Besucherzentrum,** Co. Mayo

▲ *Céide Fields: Neolithische Feldmauern vor dem modernen Visitor's Centre.*

Mit den zahlreichen Besucherzentren bei den von Touristen aufgesuchten historischen Sehenswürdigkeiten Irlands entstand eine völlig neue Bauaufgabe, für die es bislang keine Vorbilder gab. Das gilt insbesondere für die Orte, die kein halbwegs aufrecht stehendes historisches Gebäude zur Wiederherstellung und Nutzung anboten. Die Aufgabe hieß: Bauen in sensiblem historischem oder landschaftlichem Umfeld zur Bewältigung und Kanalisierung der Touristenströme, ohne die Atmosphäre des Ortes zu beeinträchtigen. Die Architektur des Pavillons von Céide Fields, 1993 von Mary McKenna konzipiert, ist ein aufschlussreiches Beispiel. Einerseits gräbt sich das Gebäude in der grandios einsamen Landschaft, in welcher der Blick ohne Hindernis endlos über die Moore von Mayo, den Himmel und den Atlantik schweift, scheinbar schamhaft in die Erde ein, als solle die Existenz eines unziemlich von Menschenhand hier errichteten Gebäudes verschleiert werden. Auf der anderen Seite setzt das Bauwerk mit seiner Pyramidenform und dem gläsernen Oberlicht über den endlosen Linien von Steilküste und Horizont einen klaren Akzent. Mit der Anlage in dieser menschenleeren Gegend wird deutlich, dass die moderne Zivilisation begonnen hat, dieses vor 5000 Jahren mit der Bildung der ersten Moore verlorene Gebiet zurückzuerobern. Die Problematik des Bauens in einer unberührten Landschaft bleibt. Der Pavillon von Céide Fields ist aber mehr als ein Kompromiss zwischen den Erfordernissen des modernen Tourismus und dem Landschaftsschutz, er ist im Spannungsfeld zwischen Historie und Moderne ein typisches Bauwerk des heutigen Irland.

## **Cork, Kirche Christ the King,** Co. Cork

Der katholischen Kirche Irlands hat man im 20. Jh. weder eine liberale Einstellung noch entschiedenen Fortschrittswillen zum Vorwurf gemacht. Umso erstaunlicher ist für den Besucher, der sich nach Turner's Cross, eine der südlichen Vorstädte von Cork, verläuft, der Anblick und das Innere der Kirche *Christ the King*. Schon die Fassade erscheint wie eine in die Tiefe gestaffelte Stufenpyramide, dominiert von der mächtigen Christusfigur von der Hand des Bildhauers John Storrs. Der Architekt der Kirche, der Amerikaner Barry Byrne, wollte mit seinem 1927 vorgelegten Entwurf weniger einem bestimmten Stil folgen als vielmehr ein funktionales Bauwerk schaffen, das seinen Zweck, einer großen Gemeinde ausreichend Platz zu bieten, erfüllte. Das gelang ihm mit der 1931 geweihten Kirche vollständig. Dennoch ist der Kirchenbau auch ein Kind seiner Zeit. Die Stufungen der aufsteigenden Fassade setzen sich in dem überraschend weiten Innenraum fort. Bauten des europäischen Expressionismus, vor allem die von 1921–1926 erbaute Grundtvigskirche in Kopenhagen, haben dem Architekten vor Augen gestanden. Der Innenraum ist auf die Wand mit den drei Altären hin orientiert, wobei der Lichtführung aus den schmalen Fenstern und dem auf den Hochaltar zuführenden Oberlicht eine besondere Bedeutung zukommt. *Christ the King* ist ein anspruchsvoller Zweckbau des Expressionismus, aber den bescheidenen Möglichkeiten Irlands um 1930 angepasst.

▲ *Cork: Die Pfarrkirche „Christ the King".*

## **Dublin, Civic Offices,** Co. Dublin

Obgleich in dem Quartier zwischen Dame Street und dem River Liffey, zwischen der Christ-Church-Kathedrale und der Bank von Irland, die Keimzelle der Wikingerstadt Dublin lag und inzwischen auch vorbildlich ausgegraben und erschlossen wurde, machte das Viertel bis vor wenigen Jahren einen ungepflegten und städtebaulich verwahrlosten Eindruck. Mit dem von 1992–1994 von Ronald Tallon konzipierten Gebäudekomplex der Stadtverwaltung fand die seit den 80er Jahren energisch betriebene Sanierung dieses Stadtbezirks von Dublin ihren erfolgreichen Abschluss. Dabei bestand das Hauptproblem weniger in der Schaffung einzelner aufeinander bezogener und in ihren Fassaden und Proportionen gut gegliederter Baukörper, sondern in deren Einbindung in eine gewachsene Stadtstruktur mit herausragender historischer Bausubstanz. Die Lage an der Flussfront, in unmittelbarer Nähe zu den Four Courts, die Nachbarschaft zur Christ-Church-Kathedrale und der behutsame Übergang zum benachbarten *Temple Bar* mit seiner gemischten Bebauung aus drei Jahrhunderten, aber auch außergewöhnlichen Beispielen moderner Baukunst, stellten höchste Anforderungen. Für Ronald Tallon war nicht gesichtslose Unterordnung, sondern selbstbewusste Gegenüberstellung, bei Wahrung des Vorranges der Christ-Church-Kathedrale, das Ziel. Während er zum Fluss hin eine lange Front mit der auf die Four Courts zeigenden Spitze baute, lockerte er zu der Anhöhe der Kathedrale hin die Gebäudegruppe durch weite Zwischenräume auf. So entstand im ältesten Teil Dublins eine Keimzelle für die Stadt des 21. Jh.

▲ *Dublin: Die „Civic Offices“ am River Liffey.*

## **Dundalk, Zigarettenfabrik Carroll's,** Co. Louth

Ronald Tallon, der Erbauer der Fabrik in Dundalk, zählt zu den auch international beachteten und mit Preisen bedachten Architekten Irlands. Der 1927 geborene und in Dublin ausgebildete Architekt trat ab 1958 mit dem berühmten Abbey Theatre in Dublin erstmals in besonderer Weise hervor. Unter seinen wichtigen Arbeiten finden sich auch mehrere Fabrikbauten. Bei der von 1967–1969 in Dundalk errichteten Fabrik schuf Tallon auf unregelmäßigem Grundriss über einem Rasterplan einen klar gegliederten Baukomplex aus Stahlfachwerk, Glas und steinernen Füllwänden. Das ordnende Raster des Grundrisses findet sich auch in den Flächen der lang gestreckten Fassaden wieder. Man wird an die gläsernen Konstruktionen der Bauhaus-Architekten Ludwig Mies van der Rohe und Walter Gropius erinnert. Allerdings lässt Tallon in Dundalk die gläsernen Fassaden sich nie verselbstständigen. Sie bleiben in das Raster des stählernen Fachwerkes eingebunden. Zugleich korrespondieren sie mit der parkartig gestalteten Umgebung des Fabrikgebäudes. Die Spiegelungen in dem lang gestreckten Wasserbecken vor der Hauptfassade mit der verchromten, von Gerda Frommel geschaffenen Skulptur vervielfältigen die einzelnen Elemente der Fassade und leiten zugleich in die Parklandschaft zwischen Straße und Fabrikgebäude über. Die dunkel gefärbten Glasflächen und Stahlbänder verleihen dem Gebäude einen kraftvollen Ausdruck, der bei unterschiedlicher Witterung vielfältige Erscheinungen hervorbringen kann, vom mysteriösen Dunkel bis zu gleißenden Reflexen im Sonnenlicht.

▲ *Dundalk: Carroll's Factory.*

## **Galway, Kathedrale,** Co. Galway

▲ *Galway Cathedral: Ansicht von Nordwesten.*

Galway ist eine junge Diözese. Erst 1831 wurde die Stadt zum Bischofssitz erhoben. Die erste Kathedrale war eine bescheidene, 1750, als die Verfolgung der Katholiken erstmals nachließ, errichtete Kirche. Die Planungen für den Bau einer neuen Kathedrale begannen bereits 1876 und gewannen an Dringlichkeit, als 1883 die alte Diözese von Kilmacduagh dem Bistum Galway inkorporiert wurde und der Papst den Bischof zugleich zum apostolischen Administrator des Bistums Kilfenora, dessen Bischof der Papst selbst ist, ernannte. Der 2. Weltkrieg verhinderte einen Baubeginn, so dass die Planungen erst 1949 wieder aufgenommen wurden. Nach der Genehmigung durch Papst Pius XII. 1957 wurde dann zwischen 1958 und 1965 das heutige Bauwerk an der Stelle des alten Gefängnisses errichtet. Der Stil der Kathedrale mit seiner mächtigen Vierungskuppel wird in dem offiziellen Führer als Renaissance bezeichnet. In Wahrheit stellt das Kirchengebäude eine modernistische Mischung historischer Stile dar, typisch für die überwiegend konservative Gesinnung im irischen Katholizismus des 20. Jh. Die Arkaden des Kirchenschiffs erinnern an romanische Rundbögen über Pfeilern im Stil der späten Gotik. Die Kuppel und die Fassadentürme lassen sich noch am ehesten dem 16.–18. Jh. zuordnen. Letztere erinnern bewusst an die spanische Kolonialarchitektur und damit an die Handelsbeziehungen Galways zu Spanien im 16. Jh. Die übrige Außenerscheinung ist die eines nüchternen Zweckbaus. Im Innern gibt es einige bemerkenswerte Kirchenfenster und von der Neuen Sachlichkeit beeinflusste Wandbilder.

## **Sandycove, Haus Geragh,** Co. Dublin

▲ *Sandycove, Haus Geragh: Ansicht von Westen.*

Der 1905 geborene Architekt Michael Scott gehörte zu den entschiedensten Verfechtern der modernen Architektur in Irland. Mit dem 1937–1938 in Sandycove, südlich von Dublin erbauten Haus Geragh schuf er sich sein Wohnhaus und versuchte damit zugleich, der Moderne auch auf dem Feld des Wohnbaus einen Weg zu bahnen. Er baute an einem ebenso schönen wie bedeutenden Ort. Auf dem Felsenriff oberhalb der Scotsman's Bay stand, nur wenige Meter vom Bauplatz entfernt, mit dem heute nach dem Dichter James Joyce benannten *Martello Tower* der fiktive Schauplatz der ersten Seiten von dessen Roman *Ulysses,* einem Meilenstein der modernen Literatur. Scott nahm die Rundformen des alten Artillerieturmes in der Architektur seines Wohnhauses wieder auf und beschrieb selbst das Bauwerk als „eine Abfolge herabfallender Kreise, ein jeder größer als der vorherige. Es ist mein Tribut an den Turm und an James Joyce." Auf einem Untergeschoss, das Garagen und Lagerräume beherbergt, erheben sich eine halbrunde Terrasse und darauf in zwei Stockwerken zurückspringende halbrunde Räume mit großen Fensterfronten. Der seitliche Flügel ist, wie der gerundete Gebäudeflügel, nach Westen, zur Bucht und zur Nachmittagssonne hin ausgerichtet. Möglicherweise entstanden die ersten Entwürfe unter dem Einfluss des deutschen expressionistischen Architekten Erich Mendelsohn, der in den 30er Jahren Vorlesungen in Dublin gehalten hatte. Haus Geragh hält sich jedoch mehr an die Architektur des Bauhauses und den sich damals formenden „Internationalen Stil".

# Glossar

**Angloiren** Nachkommen von englischen Einwanderern, welche sich weitgehend der irischen Sprache und Kultur assimilierten.

**Anglonormannen** Nachkommen der 1066 aus der Normandie gekommenen Eroberer Englands. Hier: die Eroberer Irlands ab 1169 und ihre Nachkommen.

**Armada** die 1588 zur Eroberung Englands ausgesandte spanische Kriegsflotte. Im Kanal von den Engländern zerschlagen, suchten viele Schiffe um Irland herum den Rückweg nach Spanien.

**Attika** Mauerstreifen über dem Gesims einer Säulen- oder Pilasterordnung.

**Barden** keltische Poeten und Sänger.

**Bawn** von irisch *badhún,* ummauerter Hof eines *Tower-House* mit geringem Verteidigungswert.

**Beehive-Hut** → Clochán.

**Cairn** künstlicher Hügel über einem stein- oder bronzezeitlichen Grab.

**Caiseal** → Ring-Fort.

**Caistel** von lat. *castellum,* mittelalterliche Befestigung bzw. Burg.

**Campanile** in Italien seit dem 6. Jh. auftretender einzeln stehender Kirchturm.

**Cashel** → Ring-Fort.

**Cathair** → Ring-Fort.

**Chevaux de frise** Annäherungshindernis aus aufrecht stehenden Steinen vor dem Wall eines steinernen *Ring-Forts.*

**Church of Ireland** das irische Gegenstück zur anglikanischen Church of England.

**Clan** von irisch *clann.* Stamm aus mehreren Familiensippen.

**Clochán** auch *Beehive-Hut* (Bienenkorbhütte). Behausung aus Trockenmauerwerk mit einem aus Kragsteinen errichteten Dach (falsches Gewölbe).

**County** Grafschaft. Englische territoriale Verwaltungseinheit, entspricht etwa einem Landkreis.

**Court Tomb** Steinzeit-Grab mit einem offenen Vorhof für kultische Zwecke.

**Crannóg** künstliche und befestigte Insel in einem See. Seit der Eisenzeit als Gegenstück zum *Ring-Fort* in Irland gebräuchlich.

**Cromlech** → Dolmen.

**Danelag** der von den angelsächsischen Königen unabhängige Machtbereich der im 9. Jh. aus Skandinavien nach England eingedrungenen Wikinger.

**Dolmen** Bezeichnung für ein steinzeitliches Grab, dessen Deckstein auf drei oder mehr aufrecht stehenden Tragsteinen ruht.

**Dominion** weitestgehend unabhängiger Staat innerhalb des britischen Weltreiches.

**Donjon** → Keep.

**Dormitorium** Schlafsaal der Mönche im Kloster.

**Druiden** Priester und Gelehrte im keltischen Kultbereich.
**Dún** → Ring-Fort.

**Ériú** modern *Éire,* in der irischen Sprache Bezeichnung für Irland.
**Eviction** engl., Austreibung. Bis zum 1. Weltkrieg die Vertreibung zahlungsunfähiger Pächter von ihrem Hof bei gleichzeitiger Zerstörung ihres Hauses.

**Folly** engl., Verrücktheit. Originelle Bauidee ohne besonderen funktionalen Wert in der Architektur der englischen Landschaftsgärten.

**Gothic Revival** die Fortdauer bzw. Wiederbelebung der gotischen Baukunst in England ab dem Ende des 18. Jh.

**Heritage Centre** auch *Visitor's Centre.* Besucherzentrum bei den Sehenswürdigkeiten Irlands, das aktiv von *Dúchas,* der irischen Behörde für Denkmalpflege und Tourismus, betreut wird.
**Hill-Fort** → Ring-Fort.

**Irish Revival** Bewegung in der irischen Architektur des späten 19. und frühen 20. Jh., die sich den irischen Kirchenbau bis zur Romanik zum Vorbild nahm.

**Keep** Hauptwohn- und Wehrturm einer Burg des hohen Mittelalters, frz. *donjon.*

**Landlord** Eigentümer großer Ländereien, die z. T. verpachtet sind.
**Liberty** Herrschaftsbezirk, in der Ausdehnung dem County vergleichbar, in dem der englische König nur eingeschränkte Rechte hatte.
**Lios** → Ring-Fort.
**Lothringerkreuz** Kreuz mit zwei Querbalken.

**Martello Tower** im englischen Machtbereich einzeln stehender Artillerieturm zur Küstenverteidigung aus napoleonischer Zeit.
**Megalith...** „Großstein...“. Die Megalithkultur ist die Epoche der großen Steingräber der Jungsteinzeit.
**Menhir** einzelner aufrecht stehender Stein aus vorgeschichtlicher Zeit.
**Mesolithikum** die mittlere Steinzeit, ca. 10000–4000 v. Chr.

**Neolithikum** die Jungsteinzeit, ca. 5000–2000 v. Chr.

**Oppida** von lat. *oppidum* = Stadt. Ausgedehnte, von Wällen und Mauerwerk umgebene stadtartige Siedlungen keltischer Kulturen in Kontinentaleuropa.
**Orthostat** aufrecht stehender großer Stein im Verband eines Mauerwerks oder in einer Reihe von Steinen.

**Pale** das englisch beherrschte Gebiet um Dublin im Spätmittelalter, bestehend aus dem Co. Dublin und Teilen der Counties Kildare, Meath und Louth. Es war z. T. durch Wall und Graben mit Palisaden vom übrigen Irland getrennt.
**Passage Tomb** steinzeitliches Ganggrab.
**Penal Laws** Strafgesetze des 18. Jh. gegen Iren und Katholiken.

**Piscina** Weihwasserbecken in einer Kirche.

**Plantation** Ansiedlung von englischen und schottischen Siedlern in Irland durch die englische Regierung nach Enteignung und Vertreibung der ursprünglichen Landbesitzer.

**Portal Tomb** Dolmen, bei dem zwei Tragsteine so gestellt sind, dass sie einen Eingang in die Grabkammer bilden.

**Priorat** klösterliche Niederlassung ohne die Rechte einer Abtei.

**Promontory Fort** *Ring-Fort* auf einem Felssporn oder einer Klippe mit einem geraden oder halbrunden Abschnittswall.

**Rath** → Ring-Fort.

**Rí** irisch, König. In der Regel der Herr in dem von einem Clan beherrschten Gebiet (→ auch *tuath*).

**Ring of Kerry** Ringstraße im Co. Kerry mit wundervollen szenischen Ausblicken auf Meer und Gebirge.

**Ring-Fort** von Wall und Graben umgebener Siedlungsplatz mit Hütten im Innern. Ein großes *Ring-Fort* kann Sitz eines Clanchefs oder Rí, ein kleines das Gehöft eines reichen Bauern sein. Ähnlich bzw. identisch mit Caiseal, Cashel, Cathair, Dún bzw. Hill-Fort. Bei einer Bauweise aus Stein auch Stone-Fort, bei Wällen aus Erde häufig auch Lios oder Rath genannt. Im Gelände oft schwer vom einfachen Viehkorral abzugrenzen.

**Sheela-na-Gig** weibliche exhibitionistische Figur mit obszönem Gestus. Häufig an Kirchen, vereinzelt auch an *Tower-Houses.*

**Shire-System** Grafschaftsorganisation, → County.

**Simonie** der Verkauf kirchlicher Würden und Ämter an Kleriker.

**Souterrain** gemauerter Kriechgang unter dem Wall eines *Ring-Forts.* Sowohl als Notausgang, als Lagerraum wie auch für rituelle Gründungsbestattungen nachgewiesen.

**Stone-Fort** → Ring-Fort.

**Tertiarier** der Dritte Orden der Franziskaner. Vereinigung von Nichtklerikern, die sich aus religiösen oder sozialen Gründen einem Orden anschlossen.

**Tower-House** befestigtes Turmhaus.

**Tuath** Herrschaftsgebiet eines Rí oder Clanchefs. Kleinkönigreich.

**Turlough** von Tuar Loch (trockener See), im Karstgebiet des Burren, Co. Clare, auftretendes geologisches Phänomen von Seen ohne Zu- und Abfluss, die sich durch das Anschwellen von normalerweise unterirdischen Wasserströmen zeitweise an der Erdoberfläche bilden.

**Wedge Tomb** keilförmiges Grab der ausgehenden Jungsteinzeit.

**Wicker-Work** Schalung aus mit Lehm verstrichenem Weidengeflecht für den Bau eines kleinen Gewölbes. Meist in *Tower-Houses* des Spätmittelalters zu finden.

**Zölibat** die Verpflichtung des Klerus in der römisch-katholischen Kirche zur Ehelosigkeit. Diese wurde erst seit den Reformen des 11. Jh. allgemein in der katholischen Kirche durchgesetzt.

# Literatur

Aalen, F.H.A./Whelan, K./Stout, M. (Eds.): Atlas of the Irish Rural Landscape. Cork 1997.

Bartlett, T./Jeffery, K. (Eds.): A Military History of Ireland. New York 1996.
Becker, A./Olley, J./Wang, W.: Architektur im 20. Jahrhundert – Irland. München/New York 1997.
Breffny, B. de/Holliott, R.: The Houses of Ireland. London 1975.
Breffny, B. de/Mott, G.: The Churches and Abbeys of Ireland. London 1976.
Buckley, V.M./Sweetman, P.D.: Archaeological Survey of County Louth. Dublin 1991.

Conlan, P.: Franciscan Ireland. Mullingar 1988.
Connolly, S.J.: The Oxford Companion to Irish History. Oxford 1998.
Cosgrove, A. (Ed.): A New History of Ireland. Vol. II, III, IV, IX, Oxford versch. Jgg.
Cotter, C.: Western Stone Fort Project – Interim Report. Discovery Programme Reports 1, Dublin 1993.
Craig, M.: The Architecture of Ireland – From the earliest times to 1880. Dublin 1997.
Cuppage, J. (Ed.): Archaeological Survey of the Dingle Peninsula. Ballyferriter 1986.

Dept. of the Environment for Northern Ireland (Ed.): Historic Monuments of Northern Ireland. Belfast 1987.
Discovery Programme Reports. Royal Irish Academy. Dublin 1993.
Donegal County Council (Ed.): Archaeological Survey of County Donegal. Lifford 1983.
Duffy, P.J./Edwards, D./FitzPatrick, E. (Eds.): Gaelic Ireland – Land Lordship & Settlement c. 1250 – c. 1650. Dublin 2001.
Duffy, S. (Ed.): Atlas of Irish History. Dublin 1997.

Edwards, N.: The Archaeology of Early Medieval Ireland. London 2000 (1990).
Elvert, J.: Geschichte Irlands. München 1993.
Eogan, G.: Knowth and the passage-tombs of Ireland. London 1986.

Graham, B.J./Proudfoot, L.J.: An Historical Geography of Ireland. London 1997.

Harbison, P.: Die Kunst des Mittelalters in Irland. Darmstadt 1998.
Harbison, P.: Guide to the National and Historic Monuments of Ireland. Dublin 1992.
Harbison, P.: Pre-Christian Ireland – From the First Settlers to the Early Celts. London 1988.

Harbison, P.: The High Crosses of Ireland – An Iconographical and Photographic Survey. 3 Vols. Bonn 1992.
Henry, F.: Irish High Crosses. Dublin 1964.

Kerrigan, P. M.: Castles and Fortifications in Ireland 1485–1945. Cork 1995.
Killanin, L. / Duignan, M. V.: The Shell Guide to Ireland. Dublin 1989.

Lalor, B.: The Irish Round Tower – Origins and Architecture Explored. Cork 1999.
Leask, H. G.: Irish Castles and Castellated Houses. Dundalk 1986 (1951).
Leask, H. G.: Irish Churches and Monastic Buildings. 3 Vols. Dundalk 1985–1990.

Maier, B.: Lexikon der keltischen Religion und Kultur. Stuttgart 1994.
Maier, B.: Die Kelten – Ihre Geschichte von den Anfängen bis zur Gegenwart. München 2000.
Maier, B.: Die Religion der Kelten: Götter – Mythen – Weltbild. München 2001.
Mallory, J. P. / McNeill, T. E.: The Archaeology of Ulster – From Colonization to Plantation. Belfast 1991.
McNeill, T.: Castles in Ireland – Feudal Power in a Gaelic World. London 1997.
Metternich, W.: Die Darstellung des hl. Antonius auf irischen Hochkreuzen. In: Antoniter-Forum 5, 1997, S. 56–69.
Metternich, W.: Burgen in Irland – Herrschaftsarchitektur im Hochmittelalter. Darmstadt 1999.
Mitchell, F. / Ryan, M.: Reading the Irish Landscape. Dublin 1993 (1990).
Moody, T. W. / Martin, F. X.: The Course of Irish History. Cork 1994.

Newman, C.: The Tara Survey – Interim Report. Discovery Programme Reports. Royal Irish Academy. Dublin 1993.

O'Brien, J. / Harbison, P.: Das Alte Irland – Von der Frühgeschichte bis ins späte Mittelalter. London 1996.
O'Conor, K. D.: The Archaeology of Medieval Rural Settlement in Ireland. Discovery Programme Monographs 3, Royal Irish Academy. Dublin 1998.
O'Keeffe, T.: An Anglo-Norman Monastery – Bridgetown Priory and the Architecture of the Augustinian Canons Regular in Ireland. Cork 1999.
O'Keeffe, T.: Medieval Ireland – An Archaeology. Stroud 2000.
O'Kelly, M. J.: Newgrange – Archaeology, Art and Legend. London 1982.
O'Reilly, S. D.: Irish Churches and Monasteries – An Historical & Architectural Guide. Cork 1997.
Otway-Ruthven, A. J.: A History of Medieval Ireland. New York 1993.

Porter, A. P. Kingsley: The Crosses and Culture of Ireland. New York 1971 (1931).

Raftery, B.: Pagan Celtic Ireland – The Enigma of the Irish Iron Age. London 1994.
Richter, M.: Irland im Mittelalter – Kultur und Geschichte. München 1996.

Salter, M.: Castles and Stronghouses of Ireland. West Malvern 1993.
Slavin, M.: The Book of Tara. Dublin 1996.
Stalley, R.: The Cistercian Monasteries of Ireland. London & New Haven 1987.

Stalley, R. A.: Architecture and Sculpture in Ireland 1150–1350. Dublin 1971.
Stout, M.: The Irish Ringfort. Dublin 1997.
Sweetman, D.: The Medieval Castles of Ireland. Cork 1999.

The Office of Public Works (Ed.): Archaeological Survey of Co. Louth. Dublin 1991.
Tieger, G. P.: Unbekannter Nachbar Irland. Aarau/Stuttgart 1988.

Waddell, J.: The Prehistoric Archaeology of Ireland. Bray 2000 (Galway 1998).
Waddell, J./O'Connell, J.W./Korff, A.: The Book of Aran – The Aran Islands Co. Galway. Galway 1994.
Westropp, T. J.: Archaeology of the Burren – Prehistoric Forts and Dolmens in North Clare. Ennis 1999.
Westropp, T. J.: Cruise in connection with the Munster Meeting, a Descriptive Sketch of Places visited. JRSAI 27, 1897, S. 265–358.

## Register

**A**henny, Co. Tipperary 40
Ardboe, Co. Tyrone 41
Ardmore, Co. Waterford 82
Askeaton, Co. Limerick 83
Athassel, Co. Tipperary 84
Athlone, Co. Westmeath 86
Aughnanure, Co. Galway 128

**B**allinalackan, Co. Clare 130
Ballintubber, Co. Mayo 87
Ballycopeland, Co. Down 184
Ballykinvarga, Co. Clare 43
Bective, Co. Meath 132
Boa Island, Co. Fermanagh 37, 39, 44, 75
Boyle, Co. Roscommon 88
Browne's Hill, Co. Carlow 16
Burt Castle, Co. Donegal 134
Burt, Dorfkirche, Co. Donegal 209

**C**aherconnor, Co. Kerry 44
Cahir, Co. Tipperary 136
Carrickfergus, Co. Antrim 89
Carrick-on-Suir, Co. Tipperary 137
Carrowkeel, Co. Sligo 8, 13, 17
Carrowmore, Co. Sligo 13, 18
Carrowntemple, Co. Sligo 8, 39
Cashel, Co. Tipperary 56, 78, 92
Castlestrange, Co. Roscommon 36, 47
Castletown, Co. Kildare 186
Céide Fields, Co. Mayo 210
Céide Fields, Neolithische Feldsysteme, Co. Mayo 12, 19, 210
Clara, Co. Kilkenny 138
Clonfert, Co. Galway 95
Clonmacnoise, Co. Offaly 38, 47, 56, 67
Corcomroe, Co. Clare 96
Cork, Christ the King, Co. Cork 211
Cork, St. Finbarre's, Co. Cork 187
Creevelea, Co. Leitrim 140
Creevykeel, Co. Sligo 20

**D**húin Irguish, Co. Clare 50
Doe, Co. Donegal 141
Donegal, Co. Donegal 142
Donore, Co. Meath 143
Drogheda, Co. Louth 97
Drumskinny, Co. Fermanagh 21
Dublin, Bank of Ireland, Co. Dublin 188
Dublin, Casino Marino, Co. Dublin 190
Dublin Castle, Co. Dublin 191
Dublin, Christ Church, Co. Dublin 98, 208
Dublin, Civic Offices, Co. Dublin 212
Dublin, Custom House, Co. Dublin 192
Dublin, Four Courts, Co. Dublin 193
Dublin, General Post Office, Co. Dublin 194
Dublin, Trinity College, Co. Dublin 196
Dún Aonghasa, Co. Galway 51, 55
Dunamase, Co. Laois 99
Dúnbeg, Co. Kerry 52
Dunbrody, Co. Wexford 100
Dundalk, Co. Louth 213
Dundrum, Co. Down 101
Dún Duchathair, Co. Galway 54
Dunluce, Co. Antrim 145
Dysert O'Dea, Co. Clare 78, 102

**F**ethard, Co. Tipperary 104
Fiddaun, Co. Galway 147
Fore, Co. Westmeath 148

**G**allarus Oratory, Co. Kerry 38, 55, 71
Galway, Co. Galway 208, 214

Glendalough, Co. Wicklow 38, 56
Gleninagh, Co. Clare 150
Greencastle, Co. Donegal 105

Inishmurray, Co. Sligo 38, 57, 67

Jerpoint, Co. Kilkenny 151
Johnstown, Co. Kilkenny 153

Kanturk, Co. Cork 153
Kells, Co. Kilkenny 106
Kells, Broken Cross, Co. Meath 59, 67
Kells, St. Columba's House, Co. Meath 60
Kilcooly, Co. Tipperary 155
Kildare, Co. Kildare 56, 107
Kilfane, Co. Kilkenny 108
Kilfenora, Co. Clare 78, 109
Kilkenny, Rothe's House, Co. Kilkenny 156
Kilkenny, St. Canice's, Co. Kilkenny 110
Killala, Co. Mayo 61
Killarney, Co. Kerry 197
Killeany, Hochkreuz, Co. Galway 63
Killeany, Teampall Bheanáin, Co. Galway 64
Kilmalkedar, St. Brendan's House 112
Kilmalkedar, St. Brendan's Oratory, Co. Kerry 65, 71
Kilnasaggart, Co. Armagh 39, 66
Kinsale, Co. Cork 198
Kinvarra, Co. Galway 157
Knowth, Co. Meath 13, 24
Kylemore, Co. Galway 199

Labby Rock, Co. Sligo 8, 24
Lea, Co. Laois 113
Leamaneh, Co. Clare 158
Limerick, Co. Limerick 114, 208
Lough Gur, Co. Limerick 12, 25
Lusk, Co. Dublin 159

Mellifont, Co. Louth 78, 115
Monasterboice, Co. Louth 67, 68
Monea, Co. Fermanagh 160
Moone, Co. Kildare 68
Moyne, Co. Mayo 162
Mussenden Temple, Co. Derry 201

Narrow Water, Co. Down 163
Navan Fort, Co. Armagh 15, 27
Nenagh, Co. Tipperary 117
Newgrange, Co. Meath 13, 28
Newton, Co. Clare 164

Parke's Castle, Co. Leitrim 166
Poulnabrone, Co. Clare 30
Punchestown, Co. Kildare 31

Quin, Co. Clare 168

Raphoe, Co. Donegal 169
Reask, Co. Kerry 38, 39, 46, 67, 68
Roscommon, Co. Roscommon 117
Ross Errilly, Co. Galway 171
Rosserk, Co. Mayo 173
Roughan, Co. Tyrone 174
Russborough House, Co. Wicklow 202

Sandycove, Haus Geragh 215
Sandycove, Joyce's Tower, Co. Dublin 203
Skellig Michael, Co. Kerry 38, 45, 57, 70
Staigue Fort, Co. Kerry 72
Swiss Cottage, Co. Tipperary 204

Tara, Co. Meath 15, 31
Termonfeckin, Co. Louth 175
Timahoe, Co. Laois 73
Trim, Co. Meath 119
Tully, Co. Fermanagh 176
Turoe, Co. Galway 36, 47, 74

Waterford, Co. Waterford 120
White Island, Co. Fermanagh 39, 75

# Bildnachweis

Alle Fotografien:
**Wolfgang Metternich**

Dún Aonghasa,
Dún Dúchathair:
**Peter Frank**

Clonmacnoise,
Clonfert,
Kilkenny, Kath.,
Kilmalkedar, St. Brendan's House:
**Lucy Metternich**

**Quellennachweis der Zeichnungen:**

S. 21 nach Waddell 2000, S. 37 und Caulfield 1991;
S. 26 nach Waddell 2000, S. 35;
S. 28 nach Raftery 1994, S. 77;
S. 29 nach O'Kelly 1996, S. 18;
S. 32 nach Slavin 1996, S. 149;
S. 45 nach Cuppage 1986, S. 207;
S. 52 nach Cotter 1993, S. 5;
S. 53 nach Cuppage 1986, S. 93;
S. 58 nach Leask I, 1985, S. 12/ Edwards 2000, S. 120;
S. 63 nach Westropp 1897, S. 267;
S. 70 nach Cuppage 1986, S. 337;
S. 73 nach Craig 1997, S. 33;
S. 85 nach Stalley 1971, S. 12;
S. 87 nach Leask II, 1990, S. 62;
S. 88 nach Leask II, 1990, S. 62;
S. 94 nach Craig 1997, S. 41;
S. 99 nach O'Keeffe 1999, S. 121;
S. 107 nach O'Keeffe 1999, S. 135;
S. 116 nach Stalley 1971, S. 93;
S. 118 nach Leask 1986, S. 68;
S. 120 nach Leask 1986, S. 33;
S. 129 nach Sweetman 1999, S. 166;
S. 135 nach Leask 1986, S. 109;
S. 139 nach Leask 1986, S. 80, 83;
S. 147 nach Sweetman 1999, S. 163;
S. 160 nach Leask III, 1985, S. 24;
S. 163 nach Conlan 1988, S. 24;
S. 168 nach Craig 1997, S. 90;
S. 171 nach Arch. Survey Co. Donegal 1983, S. 379;
S. 175 nach Arch. Survey Co. Louth 1991, S. 342;
S. 185 nach DOENI-Card 1995;
S. 190 nach Craig 1997, S. 166;
S. 199 nach Kerrigan 1995, S. 258